国企视点

中国大连高级经理学院学术著作出版资助项目

大型国有企业第二曲线创新

SECOND CURVE INNOVATION OF LARGE STATE-OWNED ENTERPRISES

康宇航 著

中国经济出版社
CHINA ECONOMIC PUBLISHING HOUSE
·北京·

图书在版编目（CIP）数据

大型国有企业第二曲线创新 / 康宇航著 . -- 北京 ：中国经济出版社，2025. 6. -- ISBN 978-7-5136-8266-4

Ⅰ. F279. 241

中国国家版本馆 CIP 数据核字第 2025Q730J1 号

责任编辑　王西琨
责任印制　李　伟
封面设计　任燕飞装帧设计工作室

出版发行　中国经济出版社
印 刷 者　北京艾普海德印刷有限公司
经 销 者　各地新华书店
开　　本　710mm×1000mm　1/16
印　　张　13
字　　数　213 千字
版　　次　2025 年 6 月第 1 版
印　　次　2025 年 6 月第 1 次
定　　价　68. 00 元
广告经营许可证　京西工商广字第 8179 号

中国经济出版社 **网址** http://epc. sinopec. com/epc/ **社址** 北京市东城区安定门外大街 58 号 **邮编** 100011
本版图书如存在印装质量问题，请与本社销售中心联系调换（联系电话：010-57512564）

前言

作为国民经济的重要支柱，大型国有企业始终挺立于时代潮头，引领着国家经济的发展方向。然而，随着全球经济格局的调整、技术革命的加速以及市场需求的多样化，传统的发展模式已难以为继，大型国有企业正步入前所未有的转型关键期。如何在保持稳健运营的同时，通过创新实现转型升级，从而跨越发展瓶颈，开启新的增长路径，探索出一条符合自身特色、引领行业未来的第二曲线创新之路，成为大型国有企业亟待解答的时代课题。在这样的背景下，本书旨在深入剖析大型国有企业在第二曲线创新过程中的挑战与机遇，探索新的发展模式和可行路径，为企业的未来发展提供有益的参考和启示。

2024 年 11 月，国务院国资委提出，中央企业应积极转变利润结构、增长结构，穿越经济周期，开启增长的第二曲线。大型国有企业传统主业规模庞大、责任重大，创新转型不仅关系企业自身发展，更关系国家经济的整体布局和长远发展，确实是相当艰巨的挑战。一方面，全球市场竞争日益激烈以及市场需求快速变化，要求大型国有企业必须加快转型升级步伐，以适应新的市场环境；另一方面，大数据、人工智能、云计算等新兴技术的快速发展，为大型国有企业提供了前所未有的创新空间和发展机遇。然而，长期的体制惯性、决策束缚等历史原因，制约了大型国有企业的创新转型进程。但大型国有企业也拥有独特的资源优势、雄厚的资金实力、广泛的市场覆盖以及深厚的行业积累。如何将这些优势转化为创新动能，成为其成功的关键所在。

因此，大型国有企业亟须探索新的发展模式，以实现持续稳健的发展，而第二曲线创新正是这样一种全新的发展模式，它强调在原有业务增长趋于平缓时，必须寻找并培育新的增长点，以形成持续发展的动力。这一理论强调企业需突破固有的思维模式，从单一的增长路径跳转到全新的发展轨道，以应对未来市场的不确定性。对于规模庞大、业务复杂的大型国有企业，第二曲线创新不仅意味着要跳出传统的发展框架和思维模式，更需要在技术、市场、制度等多个方面实现全面突破，探索第二曲线创新之路，这既是大型国有企业应对外部环境变化的必然选择，也是实现自身持续健康发展的内在要求。

从理论层面来看，第二曲线创新为大型国有企业提供了全新的发展视角和战略框架。它要求企业不仅要关注当前的市场和竞争格局，更要洞察未来的发展趋势和潜在机遇。通过创新驱动，大型国有企业可以更好地应对市场变化，实现可持续发展。从实践层面来看，第二曲线创新为大型国有企业提供了具体的转型路径和操作方法。通过技术创新、市场拓展、制度优化等手段，大型国有企业可以逐步摆脱对传统业务路径的依赖，实现向新业务领域的拓展和转型，这种转型不仅有助于提升企业的市场竞争力，还为企业带来新的增长点和利润来源。

对大型国有企业而言，第二曲线不仅是理论上的探索，更是实践中的必由之路。如何在复杂的内外部条件下找到适合自身发展的第二曲线创新路径，需要深入研究和实践探索。本书围绕“大型国有企业第二曲线创新”这一主题，从理论到实践、从宏观到微观进行了全面深入的探讨。全书共九章，内容安排如下：第一章主要介绍了第二曲线创新的基础理论，为后续的研究奠定理论基础。第二章剖析了大型国有企业创新的典型特质。第三章分析了大型国有企业第二曲线创新的战略框架。第四章至第八章则分别从技术引领、市场导向、制度保障、跨界融合、全球视域等方面探讨了大型国有企业第二曲线创新的实施路径和关键要素。其中，技术引领部分强调了大型国有企业从传统业务到数字化转型，开辟新领域实现第二曲线创新；市场导向部分则分析了从需求驱动到价值创造对大型国有企业第二曲线创新的影响；制度保障部分从制度需求和制度保障优化的视角，探讨了如何建立健全创新机制保障大型国有企业第二曲线创新活动；跨界融合部分分析了大型国有企业构建开放创新生态系统实现第二曲线创新的现实路径；全球视域部分强调了国际化战略与创新路径在推动大型国有企业第二曲线创新中的重要作用。第九章通过深入分析典型案例的方式，提炼出大型国有企业第二曲线创新的创新规律和启示，为相关实践提供有益的参考和借鉴。

本书通过深入剖析大型国有企业在创新转型过程中的关键问题和实践案例，为大型国有企业提供了第二曲线创新的理论支撑和实践指导，有助于推动其实现高质量发展。同时，本书探讨了技术引领、市场导向和制度保障等关键要素在推动大型国有企业创新转型中的重要作用，有助于提升大型国有企业的创新能力和核心竞争力，以应对来自国内外市场的挑战。此外，本书对推动国家经济的整体布局和长远发展具有积极意义。大型国有企业作为国家经济支柱，其创新转型不仅关系企业自身的发展，更关系国家经济的整体布局和长远发展，本书的研究有助于推动大型国有企业更好地服务国家经济发展大局，为实现经济高质量发展贡献力量。

展望未来，我们期待看到更多的大型国有企业能够积极响应时代召唤，勇敢探索第二曲线创新之路。希望本书的研究成果能够为大型国有企业的创新发展提供有益的参考和启示。同时，期待本书能够激发更多学者和实践者对第二曲线理论的兴趣，并推动第二曲线在更多领域的应用与发展。

康宇航

2025 年 5 月

目　录

第一章　第二曲线创新的基础理论

在当今快速变化的商业环境中，企业如何实现持续增长和突破发展瓶颈成为一个重要课题。为了保持竞争优势，实现长远发展，企业不仅需要巩固和优化现有业务，更需要积极探索和开拓新的业务领域，而第二曲线创新正是这一探索过程中的重要战略选择。第二曲线创新是指企业在原有业务或市场达到成熟或顶峰前，主动创新并成功开辟出的一条全新增长路径。这一战略不仅能够帮助企业有效应对市场变化，规避业务衰退风险，更能够为企业带来新的增长点和竞争优势。

通过第二曲线创新，企业可以不断引入新技术、开发新产品、拓展新市场，从而保持业务的活力和创新性，不仅能够提升企业的市场竞争力，还能够为企业带来更加多元化的收入来源和利润增长点。同时，第二曲线创新是企业实现转型升级、提升整体运营效率的关键途径。更重要的是，第二曲线创新对于企业长远发展具有深远的影响，不仅能够增强企业的适应性和灵活性，使企业更好地应对未来的市场挑战和变化，还能够提升企业的品牌价值和市场影响力，为企业的可持续发展奠定坚实的基础。因此，企业应将第二曲线创新作为实现长远发展和持续竞争优势的重要战略选择，通过不断探索和实践，开辟出更加广阔的业务领域和市场空间，为自身的未来发展注入新的活力和动力。

一、第二曲线创新的理论起源

当前，企业要想持续保持竞争力，就必须不断寻求突破。第二曲线创新作为一种前沿的企业发展战略，旨在通过引入新业务、新产品或新模式，实现企业的二次增长和持续发展。在管理学和经济学的浩瀚理论中，第二曲线创新理论如同一颗璀璨的明珠，以其前瞻性的视野和深刻的洞察力，为企业持续发展和转型升级提供了强有力的理论支撑。第二曲线创新理论的提出，源于对企业增长规律的深入研究，在传统经济学中，企业增长规律通常被描述为沿着一条S型曲线（第一曲线）逐步推进的过程。然而，随着市场竞争的加剧和技术的快速发展，企业往往面临增长瓶颈，即所谓“极限点”或“失速点”。在这种情况下，继续沿着第一曲线进行渐进式创新（连续性创新）难以实现突破性增长，因此需要开辟新的增长路径——第二曲线。

李善友教授定义的第二曲线创新是一种非连续性的创新，不是在原有第一曲线业务结构上进行改革创新，而是从第一曲线转化到第二曲线上，这个跨越非连续性鸿沟的过程就是“创新发展战略”。第二曲线创新是一种非连续性创新的战略思维，当第一曲线接近极限点时，企业需要开辟新的增长路径，这完全不同于第一曲线的连续性创新。第二曲线本身是新业务、新产品或新技术，代表新的增长周期。这说明第二曲线创新是手段，第二曲线增长是结果，创新带来了新的增长曲线。

查尔斯·汉迪（Charles Handy）是最早在其经典著作《第二曲线：跨越“S型曲线”的二次增长》中提出“第二曲线”概念的人之一，旨在揭示企业在经历一段时间的增长后，如何通过引入新业务、新产品或新模式，实现跨越式的二次增长。他在20世纪80年代首次提出第二曲线创新理论，强调企业应在第一曲线达到极限之前，启动第二曲线，从而实现持续增长。李善友教授在《第二曲线创新》一书中进一步发展了第二曲线创新理论，将其与组合创新、分形创新等概念相结合，为企业提供了具体的实践框架。第二曲线创新理论的形成深受约瑟夫·熊彼特（Joseph Schumpeter）创新理论的影响。熊彼特认为，创新是经济发展的核心动力，而创新的本质在于通过“破坏性创新”（disruptive innovation）实现资源的重新配置和产业的升级。他提出创新不仅是技术突破，还包括新产品、新市场、新原料供应等多个方面的组合，这种观点为第二曲线创新理论提供了重要的理论基础。

（一）查尔斯·汉迪的学术背景与思想贡献

1932年，查尔斯·汉迪出生于爱尔兰，是欧洲伟大的管理思想大师之一，其学术生涯跨越了多个领域，包括组织行为学、战略管理、领导力和变革管理等。查尔斯·汉迪以其深刻的洞察力和独特的视角，为现代管理学的发展作出了重要贡献，他的学术思想深受多种学派影响，包括系统理论、权变理论、组织文化理论等，他将这些理论融会贯通，形成了自己独特的管理哲学。

查尔斯·汉迪毕业于牛津大学，主修古典文学、历史和哲学，并获得一等荣誉学位，这段学术经历为他打下了坚实的知识基础，并培养了他对人类历史和哲学的深刻理解。大学毕业后，查尔斯·汉迪在东南亚和伦敦的壳牌公司工作，并升任高级管理职位，这段职场经历使他深入了解了企业管理的实际运作，为他日后的管理学研究提供了宝贵的实践经验。随后，他进入美国麻省理工学院斯隆管理学院学习组织研究，开始对企业管理和组织运作原理产生浓厚兴趣，并积累了坚实的理论基础。1967 年，查尔斯·汉迪返回英国，创办了英国首家管理研究生院——伦敦商学院，并成为该学院的全职教授。

查尔斯·汉迪认为，管理不仅是技术和方法的运用，更是艺术和智慧的体现。他强调组织的灵活性和适应性，提倡以人为本的管理理念，关注员工的成长和发展。查尔斯·汉迪的著作丰富多样，其中最著名的包括《空雨衣》《理解组织》《个人与组织的未来》《第二曲线：跨越“S 型曲线”的二次增长》等。这些著作不仅深刻揭示了现代组织的本质和运作规律，也为企业管理者提供了宝贵的实践指导。

第二曲线理论的灵感来源于查尔斯·汉迪的一次偶然经历。有一次，查尔斯·汉迪在驾车前往阿沃卡的途中，在郊外的山林中迷了路。他向一个路人问路，路人告诉他沿着山路向上开，然后往下开大约 1 英里①，来到一条有座桥的小溪旁，小溪的另一边是戴维酒吧。查尔斯·汉迪记下了这些指示，然后路人继续说：“在离戴维酒吧还有半英里的位置，你向右转往山上开，那就是去往阿沃卡的路。”这次经历让查尔斯·汉迪意识到，企业的增长和发展也需要类似的“第二曲线”。他结合自己对人生“S 型曲线”的研究，以及对无数企业长年累月的观察，提出了企业增长的第二曲线理论。查尔斯·汉迪认为，就像驾车需要不断寻找新的路线以到达目的地一样，企业在发展过程中也需要不断寻找新的增长点，以实现持续发展和转型升级。

① 1 英里＝1609. 34 米。——编者注

（二）S 型增长曲线的理论框架

S 型增长曲线是第二曲线理论的核心概念之一，它揭示了企业或经济体在发展过程中经历的周期性变化。S 型增长曲线描述了在有限的资源条件下，事物随时间发展呈现出的增长趋势，其基本特征是增长初期缓慢，随后增长加速，直至达到饱和状态后增长趋于平稳（见图 1.1）。因为这种曲线形状类似英文字母“S”，所以被称为“S 型增长曲线”。S 型增长曲线在生态学、经济学、市场研究等多个领域具有广泛应用，为预测和决策提供了有力工具。查尔斯·汉迪认为，任何事物的发展都会经历类似 S 型的增长曲线，包括起始期、成长期、成就期、高成就期、下滑期和衰败期。

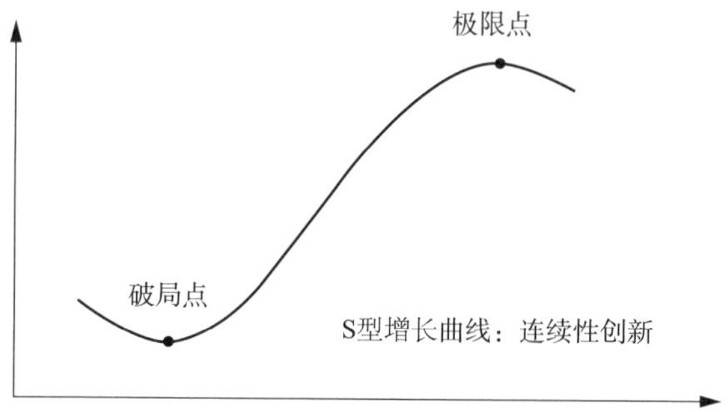

图 1.1　S 型增长曲线

在起始期，企业或经济体处于初创阶段，虽然增长缓慢但潜力巨大，此时企业需要不断摸索和尝试，寻找适合自己的发展道路。进入成长期后，随着市场规模的扩大和技术的成熟，企业或经济体开始快速增长，在这个阶段，企业需要抓住机遇，迅速扩大市场份额和影响力。在成就期和高成就期，企业或经济体达到巅峰状态，市场份额和利润达到最大化。然而，随着市场的饱和与竞争的加剧，企业或经济体开始进入下滑期，在这个阶段，企业需要寻找新的增长点，以应对增长放缓和市场竞争的挑战。最终，在衰败期，企业或经济体面临被市场淘汰的风险，为了避免这一命运，企业必须在下滑期之前就开始寻找和培育第二曲线。

S 型增长曲线在企业管理中得到普遍应用，在战略规划上，S 型增长曲线为企业提供了重要依据，企业可以通过分析自身所处的发展阶段和市场环境，制定符合实际情况的战略规划。在发展初期，企业应注重市场调研、品牌建设等方面的工作，为快速增长期奠定基础。在快速增长期，企业应加大市场推广力度，提升产品质量和服务水平，以抢占市场份额。在发展后期，企业应注重成本控制、服务优化等方面的工作，以保持竞争优势。在市场预测上，S 型增长曲线可用于预测企业未来的市场占有率、销售额等指标，通过观察类似企业或产品的历史数据建立 S 型增长曲线模型，以此估计未来的发展趋势，帮助企业提前洞察市场变化，为未来的决策提供依据。在资源配置上，S 型增长曲线有助于企业合理配置资源。在发展初期，企业应注重资源积累和有效利用，为快速增长期提供支撑；在快速增长期，企业应加大资源投入，以满足市场需求和业务拓展的需要；在发展后期，企业应注重资源优化配置和成本控制，以提高资源利用效率。在风险管理上，S 型增长曲线有助于企业识别和管理风险。在发展初期，企业可能面临市场风险、技术风险等不确定性因素；在快速增长期，企业可能面临竞争加剧、资源短缺等风险；在发展后期，企业可能面临市场饱和、成本上升等风险。通过分析 S 型增长曲线，企业可以提前预见这些风险，并采取相应措施进行应对。

（三）第二曲线创新理论的形成

基于 S 型增长曲线的理论框架，查尔斯·汉迪提出了第二曲线创新理论。他认为，要保持企业持续增长，必须在第一曲线下降之前找到一条新的增长曲线，这条新的增长曲线就是第二曲线，它代表新的业务领域或市场，具有广阔的增长潜力和市场前景（见图 1.2）。第二曲线创新理论的提出为企业应对增长瓶颈和实现可持续发展提供了新的思路与路径，通过引入新业务、新产品或新模式，企业可以开辟全新的市场空间，实现二次增长，这不仅有助于企业突破传统增长模式的限制，还可以推动企业整体转型升级，提升竞争力和创新能力。第二曲线创新理论的意义在于，它强调了创新和变革在企业发展中的重要性，在快速变化的市场环境中，企业只有不断创新和变革，才能适应市场需求和技术发展变化，保持领先地位；同时，第二曲线创新理论也提醒企业，要保持警惕和前瞻性，及时识别和抓住新的增长机会，以免被市场淘汰。

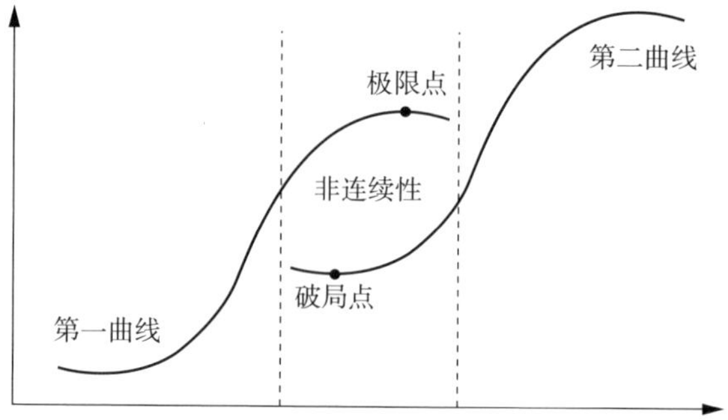

图 1.2 第二曲线创新

自查尔斯·汉迪提出第二曲线创新理论以来，这一理论在学术界和实践界都得到了广泛关注与应用。许多学者和企业家对第二曲线创新理论进行了深入研究与探讨，提出了许多有益的见解和建议。一些学者指出，第二曲线创新不仅适用于企业或经济体发展，也适用于个人成长和社会发展等多个领域。在个人成长方面，人们需要不断学习和提升自己的能力，以适应不断变化的社会环境和职业需求；在社会发展方面，政府和社会组织需要关注新兴产业的发展趋势与社会需求的变化，及时调整政策和规划，推动社会的持续发展和转型升级。此外，一些学者还对第二曲线创新理论的实施路径和方法进行了深入研究。他们认为，要实现第二曲线创新，企业需要具备前瞻性的战略眼光、突破性的创新能力和持续性的增长动力，不仅要加强内部研发团队建设、加大技术创新投入，还要积极引进外部创新资源和开展产学研合作等活动；同时，企业要加大市场营销和品牌建设力度，提升新产品或新服务的知名度和影响力。

第二曲线创新理论以 S 型增长曲线为基础框架，揭示了企业或经济体在发展过程中经历的周期性变化和增长瓶颈，通过引入新业务、新产品或新模式，企业可以开辟全新的市场空间，实现二次增长和持续发展。第二曲线创新理论的提出，为企业应对增长瓶颈和实现可持续发展提供了新思路、新路径，具有重要的理论价值和实践意义。在未来的发展中，第二曲线创新理论必将在更多领域得到应用和拓展，为企业和社会的持续创新发展与转型升级提供有力的理论支撑及实践指导。

二、第二曲线创新的核心思想

（一）核心概念解析

第二曲线创新的核心思想在于前瞻性的战略眼光、突破性的创新能力和持续性的增长动力，这些思想共同构成了第二曲线创新的基石，指导企业在激烈的市场竞争中取得领先地位。首先，前瞻性的战略眼光。前瞻性的战略眼光是第二曲线创新的前提，企业需要具备预见未来市场趋势和技术发展的能力，以便在合适的时机启动第二曲线创新；企业还需要关注当前的市场动态和消费者需求，深入研究行业趋势和技术变革，把握未来的发展方向，通过前瞻性的战略规划，在市场变化之前做好准备，抢占市场先机。其次，突破性的创新能力。突破性的创新能力是第二曲线创新的关键。企业需要具备持续研发新产品、新技术或新模式的能力，以打造具有差异化竞争优势的第二曲线。企业需要加强内部研发团队建设，积极引进外部创新资源，开展产学研合作和技术转移等活动，通过突破性的创新，企业可以开辟全新的业务领域或市场，实现跳跃式发展。最后，持续性的增长动力。持续性的增长动力是第二曲线创新的保障，企业需要建立灵活高效的创新机制，鼓励员工积极参与创新活动，不断推动新技术、新产品或新模式的研发与应用；企业还需要加强市场营销和品牌建设，提升新产品或新服务的知名度和影响力，以吸引更多的消费者和合作伙伴，通过持续性的增长动力，企业可以确保第二曲线创新的顺利实施和落地，实现长期稳健的发展。第二曲线创新作为一种重要的企业发展战略，其内在规律和核心要素如下。

颠覆性与创新性。第二曲线创新最显著的特征在于其颠覆性与创新性，这体现在企业敢于突破传统思维的束缚，勇于尝试全新的业务模式、产品或服务。与渐进式创新不同，第二曲线创新带来的是颠覆性的变革，它不仅能打破原有的市场格局，还能创造新的消费需求，引领行业发展新趋势，这种颠覆性与创新性使得企业能够在激烈的市场竞争中脱颖而出，实现差异化竞争。

非线性增长。与第一曲线（原有业务或产品的增长轨迹）的渐进式增长不同，第二曲线创新带来的是非线性增长，往往能在短时间内实现爆发式增长。这种非线性增长得益于新业务、新产品或新模式的创新性往往能够迅速吸引消费者关注，并在短时间内占领市场。这种快速增长不仅能为企业带来丰厚的利润，还能提高企业的市场地位和品牌影响力。

跨领域与跨界融合。第二曲线创新往往涉及跨领域与跨界融合，这意味着企业需要跨越原有的行业界限，探索新的业务领域和合作模式。通过与其他行业的合作，企业可以获取新的技术、资源和市场机会，从而加速第二曲线的形成和发展。这种跨领域与跨界融合不仅有助于企业拓展新的增长点，还能促进不同行业之间的协同创新，推动整个行业进步。

高风险与高回报。第二曲线创新伴随高风险与高回报，由于第二曲线创新往往涉及未知领域和新技术，企业需要不断试错和探索，风险相对较高。然而，一旦成功，第二曲线创新将为企业带来巨大的市场机会和利润回报。这种高风险与高回报的特性，要求企业具备强大的风险承受能力和创新能力，能够在面对失败和挫折时迅速调整策略，持续推动创新进程。

持续性与迭代性。第二曲线创新并非一蹴而就的，而是需要持续性。企业只有保持持续的创新能力，才能实现业务的持续增长。这要求企业建立完善的创新机制，鼓励员工敢于创新、勇于实践，不断推动新技术、新产品或新模式的研发与应用。同时，第二曲线创新需要具备迭代性，即企业需要不断对新产品、新业务进行迭代升级，以适应市场的变化和消费者的需求。这种持续性与迭代性使得企业能够在激烈的市场竞争中保持领先地位，实现可持续发展。

组织变革与文化重塑。第二曲线创新往往伴随企业的组织变革和文化重塑。由于新业务、新产品或新模式的引入，企业需要调整原有的组织结构、管理模式和企业文化，以适应新的增长需求。这种组织变革和文化重塑不仅有助于企业提高运营效率和管理水平，还能激发员工的创新精神和团队协作能力，为第二曲线创新提供有力的支持。

（二）第二曲线创新的实施路径

第二曲线创新作为企业在面对市场饱和、技术迭代加速等挑战时寻求持续增长的关键路径，其成功实施不仅需要深刻的洞察力与前瞻性的战略规划，还需要辅以一系列具体而有效的实施策略。

1. 明确战略愿景与目标设定

制定科学合理的战略规划是实施第二曲线创新的前提，企业需要明确自身的核心竞争力与未来发展方向，基于市场趋势、技术革新及消费者需求的变化，精准定位第二曲线的业务领域。这要求企业对自身资源和能力进行全面评估，具备敏锐的市场嗅觉，深入研究市场趋势和技术变革，深刻洞察行业未来的发展趋势，同时结合企业自身的资源与能力，找准既符合市场导向又体现企业特色的战略定位，确定适合自身发展的第二曲线创新方向和目标。此外，在明确战略愿景的基础上，企业应将长远目标分解为短期、中期和长期的具体目标，并设定可量化指标，如市场份额、用户增长率、技术创新成果等。上述具体目标不仅为团队提供清晰的工作导向，也是评估创新进展和调整策略的重要依据。

2. 组织与文化重塑

第二曲线创新往往伴随组织结构的调整与优化，企业应建立更加灵活、扁平化的组织结构，鼓励跨部门协作，打破信息孤岛，提升决策效率；同时，设立专门的创新团队或孵化器，赋予其足够的自主权和资源，以快速响应市场变化，推动创新项目落地。此外，创新文化的培育是第二曲线创新成功的关键，企业应倡导开放包容、勇于尝试、快速迭代的价值观，鼓励员工提出新想法，容忍失败，从错误中学习，通过定期举办创新工作坊、创意大赛等活动，激发员工的创新热情，营造全员创新的良好氛围。

3. 技术与产品创新

持续的技术研发是第二曲线创新的核心驱动力，企业应加大研发投入，不仅限于资金，还包括人才、设备等资源的倾斜，确保在关键技术领域保持领先地位。同时，建立产学研合作机制，借助外部智力资源加速技术创新步伐。在第二曲线领域，企业应聚焦差异化创新，打造具有差异化竞争优势的创新点，无论是产品创新、服务创新还是商业模式创新，通过深入洞察用户需求，提供超越竞争对手的独特价值主张，构建难以复制的市场壁垒。此外，研发团队建设是实施第二曲线创新的关键，企业需要加强研发团队建设，提高研发能力和创新能力，包括引进高素质的研发人才、加强内部培训和团队建设、建立完善的研发流程和制度等，通过加强内部研发团队建设，企业可以不断提升自身创新能力，为第二曲线创新提供有力支撑。

4. 市场细分与渠道拓展

一是市场细分与定位。针对第二曲线目标市场，企业应进行深入的市场细分，识别最具潜力的细分群体，并制定相应的市场进入策略，通过精准的市场定位，有效触达目标客户，提高市场占有率。二是多渠道布局与整合。随着数字化时代的到来，多渠道营销成为企业拓展市场的重要手段。企业应结合线上线下资源，构建多元化营销渠道，如社交媒体、电商平台、线下体验店等，同时利用大数据分析优化营销策略，提升营销效率。三是市场营销和品牌建设。企业需要加大市场营销和品牌建设力度，提升新产品或新服务的知名度和影响力，包括制定科学合理的市场营销策略、加强品牌推广和举办营销活动、建立完善的销售网络和渠道等。通过加强市场营销和品牌建设，企业可以吸引更多的消费者和合作伙伴，为第二曲线创新的顺利实施和落地提供有力保障。

5. 风险管理与资源配置

第二曲线创新伴随诸多不确定性，企业应建立完善的风险管理机制，包括市场风险、技术风险、财务风险等的评估与监控，通过定期的风险审查会议，及时发现并应对潜在风险，确保创新项目的稳健推进。同时，在资源有限的情况下，企业在第二曲线创新的关键环节应合理分配资源，如研发、市场营销、人才引进等，通过内部挖潜、外部合作等方式，高效利用资源，实现资源利用的最大化。

6. 持续学习与迭代

在第二曲线创新中，企业应建立快速有效的市场反馈机制，及时收集用户反馈，分析产品性能，不断优化产品和服务，通过持续的迭代改进，提升用户体验，增强市场竞争力；同时，鼓励持续学习。在快速变化的市场环境中，持续学习是企业保持竞争力的关键，企业应鼓励员工参与专业培训、行业交流等活动，不断提升团队的专业能力和创新思维。

总之，第二曲线创新的实施是一个系统工程，企业需要在战略、组织、技术、市场、风险管理等多个维度进行全面布局与协同推进，通过这一系列策略的有效实施，成功跨越传统业务的增长极限，在新的增长点上实现飞跃式发展。

（三）第二曲线创新的主要挑战

第二曲线创新是企业在第一曲线增长达到瓶颈后，通过突破传统思维模式和现有业务模式，开辟新增长路径的一种战略。然而，这一过程充满挑战，涉及文化阻力、资源分配、市场不确定性、人才短缺、组织惯性、技术风险、客户接受度等多个方面。

1. 文化阻力

企业文化是第二曲线创新的重要障碍之一，许多企业已经形成了根深蒂固的思维模式和行为习惯，这些文化特征往往限制了创新的实施。例如，企业内部可能过于重视稳定性和短期利益，而对失败和不确定性持保守态度，从而阻碍了创新项目的推进。此外，员工对现有系统的依赖，以及对未知风险的担忧也加剧了这种文化阻力，一些企业甚至害怕失败，导致创新战略难以落地。在某些情况下，企业职能部门间缺乏协同合作，甚至存在利益冲突，这进一步加剧了文化阻力。职能部门可能更关注自身的绩效目标，而不是整个组织的创新需求，在这种情况下，即使管理层支持创新，也会因为内部的权力斗争和文化冲突而难以实现。

2. 资源分配

企业在进行第二曲线创新时，往往需要投入大量的财力、技术和人力资源。然而，许多企业面临资源不足的问题，包括资金短缺、技术资源有限以及人力资源匮乏。一些企业可能缺乏足够的研发资金或外部融资渠道，导致创新项目难以启动。资源分配不均也是一个重要问题，许多企业在第一曲线业务上投入过多资源，而忽视了第二曲线创新的潜在机会，这种资源倾斜不仅限制了第二曲线的发展，还导致了第一曲线的衰落。此外，由于第二曲线创新通常涉及高风险和不确定性，企业内部可能会对这些项目缺乏足够的重视，从而导致资源分配不均衡。

3. 市场不确定性

市场不确定性是第二曲线创新面临的重大挑战，市场环境的快速变化和不可预测性使企业在制定长期规划时面临巨大困难。在数字经济时代，技术迭代速度极快，市场需求也在不断变化，企业只有快速适应这些变化才能抓住第二曲线创新的机会。与此同时，市场不确定性还为企业带来了竞争压力。许多企业在进入新市场或开发新产品时，可能会遇到激烈的市场竞争和消费者接受度低的问题，某些企业可能试图通过颠覆性创新进入低端市场，但如果没有准确把握消费者需求和市场趋势，这种策略可能难以成功。

4. 人才短缺

人才短缺是第二曲线创新中不可忽视的问题，许多企业在创新过程中需要具备特定技能和知识的人才，如技术创新需要具备前沿技术背景的研发人员，而商业模式创新则需要具有市场洞察力和战略思维的人才。然而，由于教育体系和行业需求之间的脱节，许多企业难以吸引和留住这些人才。人才短缺还体现在组织内部的职业发展机会有限，许多员工不愿意离开舒适区去从事与第二曲线相关的创新工作，担心无法获得与第一曲线相同的认可和奖励。此外，由于缺乏有效的激励机制和职业发展路径，员工可能缺乏参与创新的动力。

5. 组织惯性

组织惯性是指企业在面对变革时表现出的抗拒和迟缓反应，许多企业在第一曲线业务上已经形成了成熟的运营模式和流程，这些模式和流程在一定程度上限制了第二曲线创新的灵活性。一些企业的决策流程过于缓慢，无法快速响应市场变化；另一些企业则过于依赖传统业务模式，不愿意尝试新的方法和技术。组织惯性还体现在企业对新事物的怀疑态度上，许多企业对第二曲线创新项目持谨慎甚至抵触的态度，认为这些项目风险过高且难以成功。这种态度不仅限制了创新项目的推进，还导致企业在竞争中落后于对手。

6. 技术风险

技术风险是第二曲线创新中极为重要的因素，许多企业在进入新领域时，可能会面临技术难题和不确定性。例如，在数字化转型过程中，企业需要掌握先进的数字技术和工具，但这些技术往往需要高昂的研发成本和复杂的技术支持。此外，技术风险还包括技术失败的可能性，这可能导致巨大的经济损失和声誉损害。与此同时，技术风险还体现在跨领域的技术整合上，许多企业在尝试将新技术应用于现有业务时，会遇到技术兼容性和整合问题，如一些企业在尝试将人工智能技术应用于传统制造业时，会发现现有的生产流程和技术设备难以适应新的技术要求。

7. 客户接受度

客户接受度是第二曲线创新成功的关键因素之一，许多企业在推出新产品或新服务时，可能会遇到客户抵触或不接受的情况。例如，在推出颠覆性产品时，企业可能会发现目标客户群体与第一曲线产品客户群体完全不同。在这种情况下，企业需要重新确定市场定位和客户群体，并开发符合新客户期望的产品和服务。与此同时，客户接受度还受市场竞争的影响，许多企业在进入新市场时会面临竞争对手的强大压力。例如，在推出低价产品或服务时，企业会发现竞争对手已经占据了市场份额，并通过价格战或其他手段限制新产品的推广。

三、第二曲线创新的实践意义

（一）企业层面：突破增长瓶颈，实现可持续发展

1. 开辟新市场，创造新增长点

第二曲线创新的核心在于通过开发新产品、新服务或进入新市场，突破现有业务的增长极限，为企业创造新的增长点。这对于面临市场饱和、增长放缓的传统企业来说，是焕发生机、保持竞争力的关键。例如，传统汽车制造商通过向电动汽车、自动驾驶等前沿领域转型，不仅开拓了新的市场空间，也顺应了绿色、智能的出行趋势，为企业的长远发展奠定了坚实的基础。

2. 优化资源配置，提升整体效率

第二曲线创新往往伴随企业资源的重新配置，在资源有限的情况下，企业需要根据新业务的发展需求，灵活调整资金、人才、技术等资源的分配，以最大化整体效益。这一过程促使企业优化内部管理，提升资源使用效率，减少不必要的浪费；同时，新业务的开展能带动相关产业链的协同发展，形成良性循环。

3. 激发组织活力，促进文化变革

第二曲线创新要求企业具备高度的灵活性和创新能力，这意味着组织结构的调整、企业文化的重塑，通过引入扁平化管理、跨部门协作、敏捷开发

等新型工作模式，企业能够激发员工的积极性和创造力，形成更加开放、包容、创新的工作氛围，这种文化变革不仅有利于新业务的快速推进，也为企业的整体转型提供了动力。

4. 增强抗风险能力，提升市场竞争力

在不确定性日益增加的市场环境中，第二曲线创新成为企业增强抗风险能力的重要途径，通过多元化业务布局，企业可以在某个领域遭遇挫折时，依靠其他领域的稳定增长维持整体运营；同时，新业务的发展能为企业带来新的技术、市场和品牌优势，提升整体市场竞争力。

（二）行业层面：推动产业升级，引领行业变革

1. 促进技术创新与产业升级

第二曲线创新往往伴随新技术的引入和应用，这不仅能提升企业的生产效率和服务质量，还能推动整个行业的技术进步和产业升级。例如，云计算、大数据、人工智能等新兴技术的应用，正在深刻改变着金融、医疗、教育等多个行业的运作模式，提高了行业的整体服务水平和竞争力。

2. 激发市场竞争，优化产业结构

新业务的开展往往意味着新市场竞争者的加入，通过竞争，企业不得不提升自身的产品和服务质量，以满足消费者的多样化需求，这有助于打破原有的市场垄断格局，激发市场竞争活力；同时，市场竞争的加剧能促使行业内部资源的优化配置，推动产业结构的合理调整。

3. 带动产业链协同发展

第二曲线创新往往涉及多个产业环节的协同合作。例如，电动汽车的普及带动了电池、充电设施、智能电网等相关产业的发展；智能家居的兴起则促进了物联网、大数据、云计算等技术的融合应用。这种产业链上下游的协同发展不仅有助于提升整个行业的竞争力，还能带动相关产业的创新和升级。

（三）社会层面：促进就业，推动经济发展

1. 创造就业机会，缓解就业压力

第二曲线创新往往伴随新业务的扩张和新岗位的增加，这为社会提供了

大量的就业机会，特别是在经济下行期，新业务的开展有助于缓解就业压力，稳定社会大局。同时，新业务的发展能带动相关产业链的就业增长，形成就业增长的连锁效应。

2. 提升消费者体验，满足多样化需求

第二曲线创新往往伴随新产品、新服务的推出，这不仅丰富了市场供给，也为消费者提供了更多选择。通过竞争和创新，企业能够不断提升产品和服务质量，满足消费者的多样化需求；同时，新业务的发展能推动社会整体消费水平的提升，促进经济的繁荣发展。

3. 推动社会创新，提升整体福祉

第二曲线创新不仅关乎企业的经济利益，更关乎社会的整体福祉。通过引入新技术、新模式，企业能够解决环境污染、资源短缺、教育不公等社会难题。例如，绿色能源的开发和应用有助于减少碳排放，保护环境；在线教育平台的兴起则打破了地域限制，为更多人提供了接受优质教育的机会。这些创新成果不仅提升了企业的社会形象，也为社会的可持续发展作出了贡献。

（四）政策层面：引导产业方向，促进政策创新

1. 为政策制定提供参考

第二曲线创新的发展趋势和市场需求往往能为政府制定产业政策、引导产业发展方向提供参考，政府可以通过分析新业务的增长潜力、技术趋势和市场前景，制定更加科学合理的产业政策，促进产业健康有序发展。

2. 推动政策创新，优化营商环境

为了支持第二曲线创新的发展，政府需要不断优化营商环境，提供政策支持和保障。政府可以通过简化审批流程、降低税费负担、提供资金支持等措施，降低企业开展新业务的门槛和成本。同时，政府可以通过建立创新平台、推动产学研合作等方式，为企业创新提供更加便捷、高效的服务。

3. 促进国际合作与交流

第二曲线创新往往涉及跨国技术和市场的融合与合作，政府可以通过加强国际合作与交流，推动新技术、新产品国际标准和规则的制定与实施，提

升企业在国际市场上的竞争力和影响力。同时，国际合作有助于引进国外先进的技术和管理经验，推动我国产业的转型升级。

第二曲线创新在企业、行业、社会和政策等多个层面具有深远的实践意义。它不仅能突破企业的增长瓶颈，实现可持续发展，还能推动产业升级、引领行业变革，促进就业、推动经济发展，为政策制定提供参考、推动政策创新。因此，企业应当积极拥抱第二曲线创新，不断提升自身的创新能力和竞争力；政府也应当加强对第二曲线创新的支持和引导，为我国经济的持续健康发展注入新的活力。在未来的发展中，第二曲线创新将成为推动经济社会全面进步的重要力量。

第二章　大型国有企业创新的典型特质

在全球经济一体化和科技飞速发展的当下，大型国有企业作为国家经济的支柱，正面临着前所未有的挑战与机遇。为了在新时代背景下保持竞争优势，实现可持续发展，创新已成为大型国有企业不可或缺的核心驱动力。因此，深入研究大型国有企业创新的典型特质，不仅对理解大型国有企业创新机制、挖掘其创新潜力具有重要意义，而且对指导大型国有企业实践、推动经济高质量发展具有深远影响。尤为重要的是，大型国有企业的创新特质对其构建第二曲线创新战略框架具有关键性的指导意义。创新特质决定了大型国有企业能否在新兴领域成功探索、传统产业能否有效转型升级，以及业务能否实现多元化，通过对大型国有企业创新典型特质的研究，可以揭示其在创新过程中的独特路径、成功经验、关键要素以及面临的挑战，为其在新兴领域探索、第二曲线创新及制定科学合理的创新战略提供有力的理论支撑和实践指导。这不仅有助于大型国有企业成功开辟新的增长点，实现业务的多元化发展，提升其核心竞争力和盈利能力，更是推动大型国有企业第二曲线创新、实现长远发展的关键所在。

一、大型国有企业创新的总体情况

（一）大型国有企业创新取得的成绩

随着中国经济发展进入新常态，大型国有企业步入一个新的发展阶段。尽管面临着诸多困难与挑战，大型国有企业在国家加快实施创新驱动发展战略指引下，更加注重自主创新，进一步促进转型升级和创新型企业建设，并取得显著成效，在一些关键领域已取得重大突破。近年来，中国科技研发投入快速增加，在航空航天、交通运输、通信、能源、生物等关键领域的绝大多数重大技术突破，与大型国有企业的积极参与密不可分，特别是在载人航天、绕月探测、北斗系统、特高压电网等领域和重大项目的创新中，大型国有企业都发挥了主导作用。大型国有企业特别是中央企业，积极参与承担《国家中长期科学和技术发展规划纲要（2006—2020 年）》确定的 11 个重点领域，在 16 个国家科技重大专项中，中央企业牵头承担 1 个、共同承担 15 个，“863”计划参与率达 30%，科技支撑计划参与率达 23%，基础研究领域“973 计划”参与率达 14%。同时，一些大型国有企业掌握了关键核心技术，或填补国内相关领域空白，或赶超国际先进水平。

1. 大型国有企业已经成为国家创新体系的主体

大型国有企业拥有丰富的科技资源和雄厚的创新实力，是国家创新体系的主体。目前，中央企业的国家级研发机构、重点实验室均占全国总量的 50%左右，研发人员、工程院院士均占全国的 20%以上，研发经费投入占全国的近 30%。在专利申请中，发明专利的比重超过 53%，远高于全国 35%的平均水平。在近 5 年国家科技奖励中，约 1/3 的奖项由大型国有企业获得。在创新型国家建设的进程中，应切实用好大型国有企业的创新资源和技术积累，将其全面纳入国家创新体系建设，加大大型国有企业布局国家级重点实验室、工程技术中心的力度，鼓励大型国有企业增加研发投入，在资源整合的基础上，形成若干产业创新中心，全面增强引领产业技术进步和创新发展的能力。

2. 大型国有企业是国家重大产业技术攻关的主力

多年来，大型国有企业承担完成了一大批国家重大科技攻关项目，取得如探月工程、4G 通信标准、西气东输等自主创新成果，不仅打破了国外技术垄断，缩小了与世界先进水平的差距，而且在部分关键技术领域抢占了制高点，实现了从技术跟随到技术引领的历史性跨越。面对席卷全球的新一轮技术革命和产业革命，大型国有企业牵头承担的重大产业技术攻关项目在国家战略性新兴产业领域及实施“一带一路”倡议中发挥了重要作用，涉及国家安全、国民经济命脉及行业发展的重大、核心、关键技术始终掌握在大型国有企业手中，突出了大型国有企业的创新主力地位。

3. 大型国有企业是“产学研用”协同创新的主导

大型国有企业的创新具有显著的外溢和带动效应，尤其是借助重大科研项目或工程，组织吸纳产业链上下游企业、高校、科研机构等参与，形成广泛的技术、产业、市场等辐射联动网络。在全国目前146个产业创新战略联盟中，由中央企业牵头组建的达101个，大型国有企业主导“产学研用”协同创新作用显著。同时，大型国有企业积极参与创新创业投资，及时发现、资助、收购有发展前景的创新成果，把大型国有企业的创新实力与中小企业的创新活力结合起来，形成以大带小、以小促大的创新局面。

看到成绩的同时，要看到大型国有企业所处行业性质、发展阶段、实践经验不同，以及企业创新资源条件各有差异，使得大型国有企业创新体系总体呈现出参差不齐的发展特征。其中，一批大型国有企业已经建立了比较完善的创新体系，一批大型国有企业创新体系还不完善，还有少数大型国有企业创新体系建设刚刚起步。大型国有企业创新体系在战略、组织和机制等要素方面需要重点加强建设。

（二）大型国有企业创新存在的问题

在经济转型背景下，虽然国有企业在所有权和规模上具有鲜明特点，但在创新上仍然存在诸多问题。大型国有企业在创新方面与其他类型的企业既有区别也有共同之处，其要实现创新驱动，就需要对其创新存在的问题进行考察，并适时制定并实施切合实际的创新政策，指导创新实践。为此，本书结合国有企业创新发展的特质，以大型国有企业负责人为调研对象，从大型国有企业内部人的视角全面剖析大型国有企业的创新现状以及存在的主要问题。

1. 创新重视程度有待提升

调查结果显示，大型国有企业对创新的重视程度有了很大提升，认为企业“比较重视”创新活动的被调查者占比为44.3%，认为企业“非常重视”创新活动的被调查者占比为23.3%（见图2.1）。认为大型国有企业创新重视程度为“比较重视”“一般重视”“非常重视”的占比位居前三，“不太重视”和“很不重视”的企业占比合计为8.7%。总体来看，“一般重视”“不太重视”“很不重视”的占比合计为32.4%，说明仍有部分大型国有企业对创新的重视程度不够。

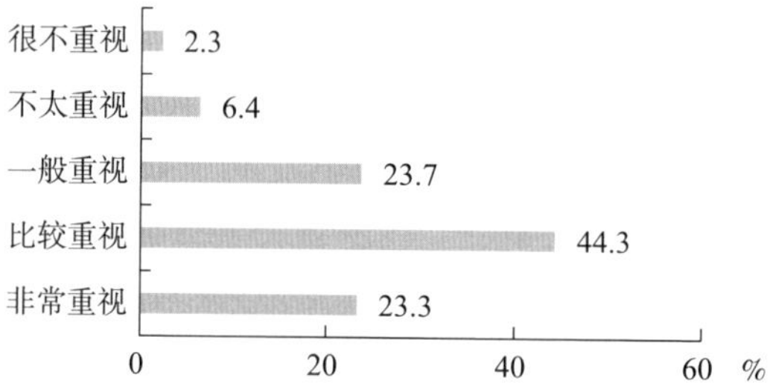

图2.1　大型国有企业创新重视程度

在“大型国有企业创新进展评价”中，“取得初步进展”和“创造一定效益”占比位居前二（见图2.2）。虽然绝大多数企业已开始创新工作，但创新失败率相对较高，其中“创新失败率较高”和“还没有看到成果”选项的比例合计为20%，虽然较3年前有所下降，但仍维持较高比例，这与大型国有企业创新的项目类型、体制机制以及支持环境有很大关系。

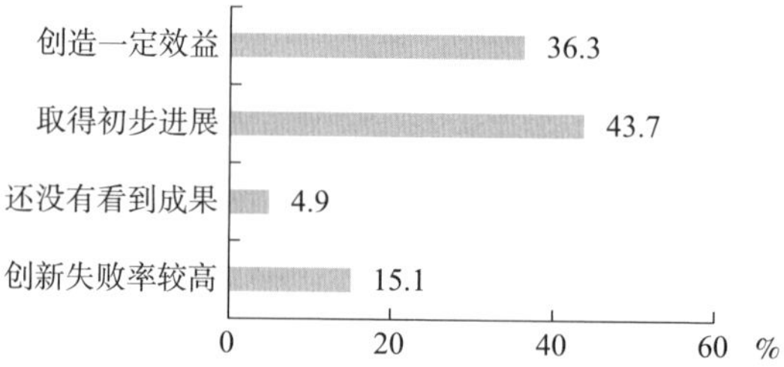

图2.2　大型国有企业创新进展评价

2. *以渐进式创新为主，创新突破有待加强*

调查表明，大型国有企业在创新模式方面主要以渐进式创新为主，对突破式创新的重视程度有所提升（见图2.3）。大型国有企业开展“渐进式创新为主”的创新活动占比为40.1%，其次为“两种创新并重”，占比为31.6%。虽然突破式创新在技术、市场、资源等方面不确定性较高，但选择“突破式创新为主”的企业占比有所提升，说明大型国有企业不断重视核心技术突破，坚持走原始创新之路。

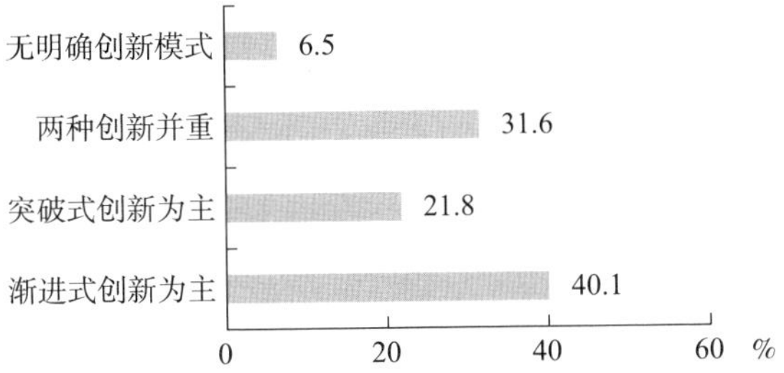

图 2.3　大型国有企业采用的创新模式

3. 观念创新、商业模式创新和技术创新是较难开展的创新工作

调查对象普遍认为，大型国有企业"观念创新""商业模式创新""技术创新"是开展难度最大的创新活动（见图 2.4）。其中 65.5%的被调查者认为"观念创新"最难开展，虽然较 3 年前降低了 3.8 个百分点，但仍说明部分大型国有企业没有完全形成创新发展观念，没有认识到创新驱动发展对企业可持续发展的巨大支撑作用。

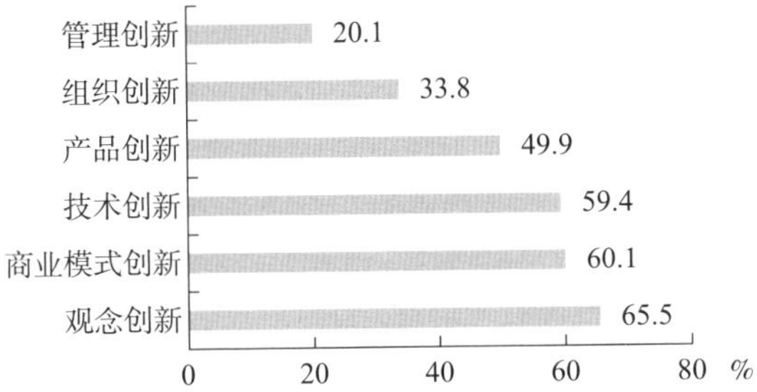

图 2.4　大型国有企业较难开展的创新工作

4. 管理创新、技术创新、产品创新是较为迫切开展的创新工作

调查发现，虽然"管理创新"没有被认为是创新工作中较难开展的一类，却被认为是当前最为迫切需要开展的，也是最应该加强的创新工作，这说明管理创新在大型国有企业创新中的重要性（见图 2.5）。虽然大型国有企业的管理创新取得了一定成果，实现了要素有机结合、资源优化配置，提高了生产效率，保证了企业产品的质量和竞争力，但仍存在诸多弊端。比如，战略管理意识薄弱，创新机制还没有从根本上转变过来，部分大型国有企业缺乏自我管理的内在动力和外部压力，等等。

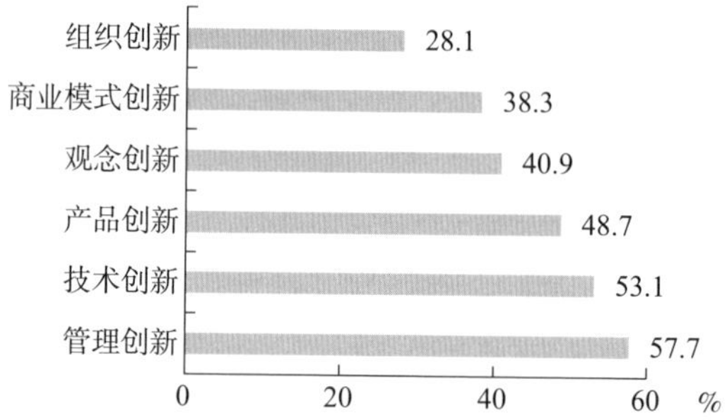

图 2.5 大型国有企业较为迫切开展的创新工作

5. 创新人才缺乏是阻碍企业创新的主要因素

被调查者普遍认为“创新人才缺乏”是妨碍企业开展创新工作的主要因素。其中“研发人才”“高端国际化人才”“本土管理人才”是创新活动最为急需的人才类型（见图 2.6）。和 3 年前相比，上述 3 类人才的紧迫性更为突出。大型国有企业通常对应用基础研究和关键核心技术领域的高端研发人才需求较大，如何制定出选、用、育、留的用人和激励机制是企业创新发展的关键。此外，大型国有企业迫切需要具有国际化视野、熟悉国际惯例与规则、拥有创新精神和跨文化沟通能力的“高端国际化人才”充实到企业创新中去。

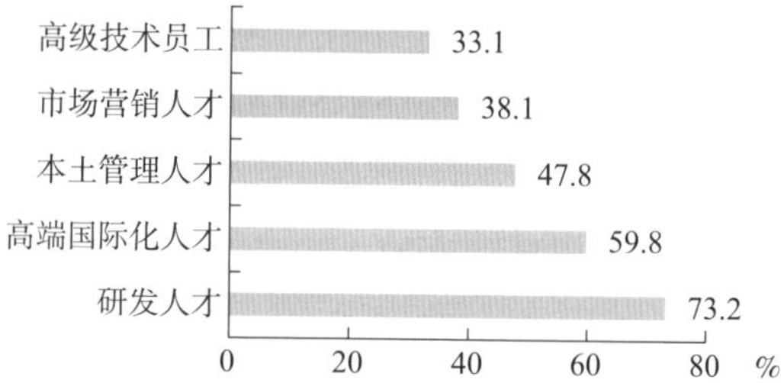

图 2.6 大型国有企业急需的创新人才类型

6. 创新资金渠道单一是制约企业创新的重要因素

总体来看，大型国有企业创新资金来源仍然比较单一，以自有资金为主，以政府资金支持为辅，通过资本市场获得创新资金的渠道仍然不畅通，主要表现为“缺乏银行贷款支持”和“缺乏风险投资支持”，作为企业外部资金主要来源的银行贷款对大型国有企业创新活动支持力度稍显不足（见图 2.7）。同时，由于大型国有企业对风险投资公司的规模、运作、背景等要求较高，也在一定程度上降低了风险投资公司参与大型国有企业创新的积极性。此外，“缺乏企业内部资金支持”选项的比例最低，仅为16.3%，这说明大型国有企业自有资金是支撑创新的最主要渠道，已经建立了稳定的科技投入机制，保证了科技投入的持续增长。

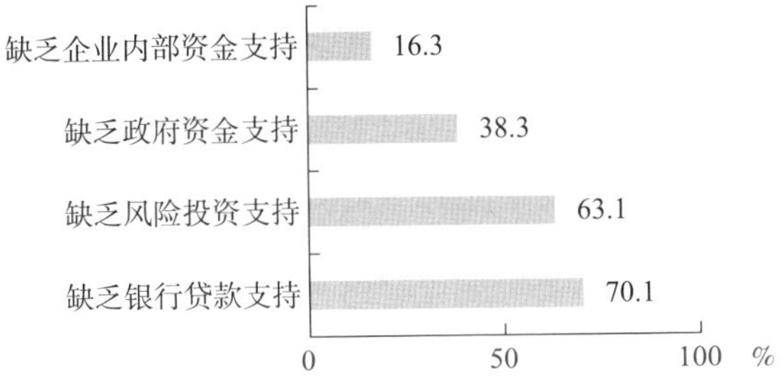

图2.7　大型国有企业创新资金渠道

7. 阻碍大型国有企业创新的其他要素

大型国有企业对良好创新环境的需求越来越高，79.1%的被调查者认为“缺乏鼓励创新的社会环境”是阻碍企业创新的重要因素（见图2.8）。当前，大型国有企业创新不仅取决于资金、人才等资源投入，还取决于良好的政策环境和市场环境，从而为创新要素集聚、创新潜能挖掘提供支持。“创新动力不足”也是阻碍企业创新发展的重要因素之一。究其原因，除了追求短期利润、缺乏创新精神、体制机制约束等传统因素，重要的一点是，大型国有企业创新多为政策推动，缺少市场拉动。此外，由于缺乏激励机制和创新考核体系，“创新激励不足”也成为阻碍企业创新的主要因素。

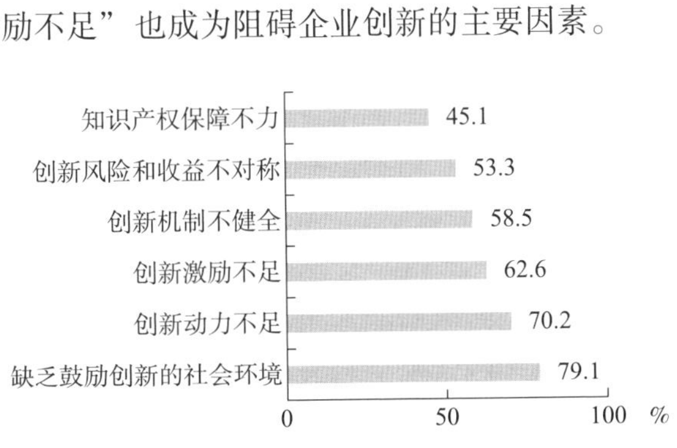

图2.8　阻碍大型国有企业创新的其他要素

（三）提升大型国有企业创新水平的对策建议

1. 加大保障力度，建立政府企业共同参与的高效创新体系

当前，国有企业中创新能力较强的大型国有企业平均研发强度仅为1.7%，远低于全球研发投入100强企业10%的水平。一方面，建议相关政府部门完善技术创新经营业绩考核制度，适当将科技成果转化等指标纳入负责人业绩考核体系；同时，协调相关部门促进研发费用加计扣除等创新激励政策的落实落地。另一方面，大型国有企业要做好研发投入的统筹平衡，把基础研究和应用基础研究摆在更加突出的位置，加大投入力度，形成关键核心技术突破的长效机制；此外，充分发挥市场导向作用，将研发经费投向当前能够创造最大价值的业务领域。

2. 明确企业创新战略，构建全球研发网络

从全球范围获取战略资源，不仅有利于大型国有企业创新发展，更有助于大型国有企业实现“弯道超车”。当前，大型国有企业集团直属海外研发机构数量较少，全球创新资源配置能力有待进一步提高。大型国有企业要明确全球化研发战略，依据研发机构的功能定位，合理选择新设、兼并、收购等海外研发机构的建立方式，重点是利用海外创新资源从事前瞻性基础领域和前沿技术的研发，并将海外研发机构融入现有研发网络和企业经营。同时，大型国有企业除了通过管理融合、人员招聘等尽快融入当地社会，实现研发本地化，还要掌控价值链高端环节，占据产业链关键位置，充分发挥当地研发机构的比较优势，外包非核心业务，形成优势互补。

3. 健全创新机制，提升企业创新活力

一方面，完善创新规划的引领机制。部分大型国有企业提出了成为全球技术领先者、领跑者的目标，但缺少具体的创新规划。大型国有企业要立足全球科技发展趋势，增强创新规划的前瞻性和可行性，明确具体的方向和实施路径；要努力将自身需求纳入相关科技计划项目指南，同时，鼓励和支持大型国有企业参与编制国家科技创新规划和发展专项方案。另一方面，优化科研人员的激励机制。进一步完善以知识价值为导向的分配政策，对承担国家重大科技项目的人员采取更为灵活的薪酬制度和奖励措施。探索自主创新

和科技成果转化，在发挥主要作用的核心人员中实施股权、期权和分红激励；健全晋升激励，完善职业发展规划设计，科研人员的薪酬待遇与同级管理人员相当，建立科研人员安心于技术职业发展的制度和文化环境。

4. 完善创新政策，营造良好的创新环境

首先，政府应进一步完善与大型国有企业创新相关的政策支持体系，及时发现和处理大型国有企业在创新过程中遇到的现实问题，在财政、税收上推出一系列鼓励企业创新的政策、法规，形成制度层面的创新保障，减少国有企业的创新风险和创新成本。其次，政府应进一步发挥好引导作用，加强“政产学研”的结合，支持和鼓励大型国有企业与高校、科研院所以及民营企业共建共享创新平台，在科技创新上紧密联合、合作互补；同时，制定科技成果的共享、分配和保护机制，推动科技成果转化，尽快形成产业化和规模化。最后，政府应加快科技创新平台建设，建立市场化和公益性有机结合的共享模式，完善能够体现各方利益的创新运行机制，形成资源和信息的有效共享，促进产业共性技术研发，营造良好的创新环境。

二、大型国有企业创新突破的主要模式

随着全球科技竞争日益激烈，关键核心技术已经成为国家竞争力的核心要素。大型国有企业既肩负着关键核心技术突破的重要使命，也在推动关键核心技术突破中具有不可替代的作用；在打好关键核心技术攻坚战、实现高水平科技自立自强上不仅大有可为，更应积极作为。当前，大型国有企业在关键核心技术突破中取得了一系列重要成果，但也面临着诸多挑战，亟须通过深入探讨大型国有企业关键核心技术突破的有效模式，提炼出具有普遍指导意义和实践操作性的策略框架，这不仅是提升大型国有企业自身核心竞争力的内在需求，也是实现国家创新驱动发展战略、保障产业链供应链安全的关键所在。

（一）作为产业链链主的引领型突破模式

大型国有企业牵头创新突破总体任务，形成“技术链链主—产品链链主—产业链链主”的引领型突破模式。该模式在大型国有企业创新突破中发

挥着举足轻重的作用，不仅体现了大型国有企业在关键核心技术攻关中的主导地位，还展示了其从技术研发到产品开发，再到产业链整合的全面引领能力，涵盖技术链链主到产业链链主的引领型突破路径。

技术链链主：引领关键核心技术突破。作为技术链链主，大型国有企业通过积累深厚的技术基础，对技术链进行整合与集成，集中力量进行技术突破，形成具有自主知识产权的核心技术。大型国有企业在核心技术突破中扮演着多重角色：既是新技术的试验性用户，为技术发展提供初始用户基础和技术迭代升级机会；又是技术创新的发起者，通过明确需求特征和技术要求，为其他企业的技术创新提供指引；还是技术创新的协调者，能够协同各方在技术路线选择、互补品开发等方面达成一致行动，构建关键核心技术攻关的合力。大型国有企业在技术突破中的多重角色，通过大型国有企业深厚的技术积淀、前瞻性的技术预见能力，以及强大的资源整合能力得以实现，形成跨领域跨行业、资源优势互补、技术链上下协同的关键核心突破模式。

产品链链主：推动技术成果转化与产品开发。作为产品链链主，大型国有企业将核心技术转化为具体产品，是技术链链主向产品链链主转变的关键。大型国有企业注重市场需求的牵引作用和技术特点，通过构建开放式创新生态系统，与供应商、价值链前后端企业以及高校和科研机构紧密合作，开发出更加符合市场需求、具有竞争力的产品；通过收集市场反馈，对产品进行迭代和优化，进而构建完整的产品链，以提高产品竞争力。

产业链链主：整合产业链资源，推动产业升级。大型国有企业作为产业链链主的最终目标是整合产业链上下游资源，推动整个产业链的升级和发展，实现产品链向产业链的延伸与拓展，形成完整的产业链体系。大型国有企业不仅需要关注自身的技术创新和产品开发，还需要有全局性的产业链视野，在产业链整合过程中发挥自身带动作用，联合上下游企业共同开展技术创新和产业升级活动。此外，大型国有企业还注重在全球产业链中发挥作用，通过参与国际标准制定、促进国际产能合作等方式，推动产业链向全球价值链高端攀升。

作为产业链链主，国家电网有限公司（以下简称“国家电网”）实现了引领型核心技术突破，成功推动了特高压输电技术的发展和应用。首先，作为技术链链主，国家电网主导了关键核心技术的突破。特高压输电技术具有技术攻关难度大、工程优化平衡要求高等特点，国家电网立足我国需求，坚持自主研发，共800多家单位、10余万人跨界参与研发，确保了研发与需求的高效统一，破除了参与单位之间的壁垒，最终实现了技术突破。其次，作为产品链链主，国家电网实现了特高压输电设备的国产化。在掌握核心技术的基础上，国家电网进一步推动了特高压输电设备的国产化，不仅解决了设备依赖进口的问题，还降低了设备成本，提高了设备的性能和可靠性，实现了从“技术引领者”到“产品提供者”的转变。最后，作为产业链链主，国家电网实现了特高压输电工程的整体推进与标准化。通过整合产业链上下游的资源，国家电网推动了特高压输电工程的整体规划和建设，形成了涵盖基础研发、设备制造、建设运维等产业链上下游环节的完整产业链；同时，国家电网积极参与国际标准的制定和推广，进一步提升了在全球产业链中的地位和影响力。

此外，作为产业链链主，中国东方电气集团有限公司、中国南方电网有限责任公司（以下简称“南方电网”）、中国宝武钢铁集团有限公司、中国兵器工业集团有限公司等一批大型国有企业在重型燃气轮机、高压电缆材料、硅钢技术等领域，通过引领型突破模式，整合产业链资源，实现了关键核心技术的突破，提升了行业的整体竞争力。

（二）组建创新联合体的融合型突破模式

当前，大型国有企业正积极探索以融合型模式推动创新突破和产业升级的新路径。这一模式的核心在于，大型国有企业根据自身的技术突破方向和对行业发展的研判，联合其他创新主体共同组建创新联合体，通过深度协同合作和资源整合，攻克关键核心技术，推动成果转化与应用，实现产业链整体提升。

第一，制定创新突破路线图，明确方向引领创新。大型国有企业通过对自身行业中的技术地位、技术瓶颈以及未来趋势进行深入分析，确定需要突破的核心技术领域和预期的技术目标。技术目标不仅关注技术本身的创新性，还考虑技术成果对行业发展的实际贡献和经济效益，进而制定核心技术突破路线图，包含技术突破的各个阶段、关键节点、预期成果以及相应的时间表和责任人，为后续组建创新联合体提供指导和依据。

第二，整合创新资源，构建资源共享的创新生态。大型国有企业充分利用各方的技术优势、人才资源和创新经验组建创新联合体，通过设置合作攻关任务，以及具体的职责分工，确保在创新突破上形成合力；对科研设施、实验数据等创新资源进行整合与共享，加速技术创新进程，提高创新效率和质量；通过与产业链上下游企业的合作，确保技术成果顺利转化为实际的产品、装备或服务，推动技术创新的产业化价值实现，形成经济价值和社会效益。

中国石油天然气集团有限公司（以下简称“中国石油”）为了突破油气勘探领域的核心技术，联合中国石油化工集团有限公司（以下简称“中国石化”）等多家大型国有企业，共同组建了油气勘探开发创新联合体，实现了关键核心技术突破。首先，在技术路径上，创新联合体不仅明确了油气勘探领域的核心技术需求，绘制了详细的技术突破路线图，该路线图涵盖了地震勘探、钻井技术等多个关键环节，明确了每个环节的攻关方向，还设定了阶段性目标和评估标准，确保了研发工作有序进行。其次，在资源整合上，为了充分发挥创新联合体成员在油气勘探领域不同的专业优势和技术资源，创新联合体构建了优势互补创新生态。通过共享地震数据、地质模型、钻井经验等资源，各成员单位降低了研发成本，提高了研发效率。同时，创新联合体还积极引进高校、科研院所等外部创新资源，这种开放合作的创新生态为油气勘探技术突破提供了有力的支撑。最后，创新联合体积极与产业链上下游企业合作，推动产业化应用，地震勘探技术、智能钻井技术等一系列油气勘探新技术、新装备在产业链中的扩散和应用，促进了油气勘探领域的整体升级和协同发展。

当前，围绕电子元器件、高端装备、工业母机等关键技术领域，21 家大型国有企业牵头组建了 24 个创新联合体，其中中国铝业集团有限公司牵头的高端有色金属材料创新联合体，中国联合网络通信集团有限公司（以下简称“中国联通”）牵头 10 家中央企业成立互联网创新联合体，中国电力建设集团有限公司（以下简称“中国电建”）牵头组建 BIM 软件创新联合体等，推动创新联合体建设迈向规模化、体系化、协同化的发展新阶段。

（三）作为领先用户的推动型突破模式

在产业链体系中，部分大型国有企业作为下游用户，成为关键技术和大型设备的主要应用者。因此，这部分大型国有企业既是创新发起者，也是最终用户，不仅可以依靠自身的创新资源成为关键核心技术突破的实施主体，还可以依托产业链中的用户地位，通过整合产业链资源，以领先用户身份牵引关键核心技术突破。同时，大型国有企业凭借领先用户的角色，协同关键核心技术的各研发主体，在技术路径、技术突破策略等方面达成统一行动，共同推进关键核心技术的攻关进程。此外，大型国有企业作为前沿用户，能够借助产品采购的契机，与本土企业展开双向技术交流及联合研发活动。这一过程发挥了大型国有企业的引领作用，将中央企业的技术知识、管理经验等引入本土企业，促进了大型国有企业与本土企业在关键核心技术攻关上的多维度融合，为突破技术瓶颈、提升整体技术水平奠定了基础。

推动型突破模式的特点主要包括以下三点。一是市场需求导向。作为领先用户，大型国有企业通过深入分析市场需求变化，精准捕捉技术创新的方向和重点，推动关键核心技术的研发与应用。这种市场需求导向的特点使大型国有企业在创新突破中更具针对性和实效性。二是技术积累与创新资源融合。作为领先用户，大型国有企业不仅具备市场需求优势，还具备技术积累优势，通过整合内外部创新资源，能够形成强大的技术创新合力，推动关键核心技术的突破。三是产业生态构建。作为领先用户，大型国有企业在推动关键核心技术突破中注重产业链协同与生态构建，通过搭建关键共性技术平台、推动研发人才和资源集聚，加强与产业链上下游企业的合作，形成协同创新的产业生态，推动整个产业链的升级与发展。

作为中国领先的综合信息服务提供商，中国电信集团有限公司（以下简称“中国电信”）不仅是5G网络的建设者，更是5G通信技术的最终用户，在5G通信关键核心技术突破中，充分发挥了其市场洞察、技术积累与生态构建的优势。首先，以市场需求为导向。面对数字化转型的浪潮，中国电信密切关注国内外市场对5G应用的需求，包括视频传输、远程医疗、工业互联网等新兴领域，明确了超密集组网、大规模天线阵列、边缘计算等关键技术的突破方向。通过市场需求导向，中国电信不仅推动了5G技术的快速迭代，还促进了5G应用场景的创新拓展，为5G商用化奠定了坚实的基础。其次，以技术积累为基础。中国电信在通信领域拥有深厚的技术基础，依托从2G到4G长期积累的研发能力和经验，在技术突破过程中，充分利用自身的技术积累，积极融合外部创新资源。一方面，依托国家重点实验室、工程技术研究中心等平台，中国电信持续开展基础研究和技术攻关；另一方面，通过产学研合作、国际合作等方式，引入外部智力资源，中国电信攻克了网络架构、频谱资源利用等关键技术难题，为5G技术突破提供了坚实的技术支撑。最后，以生态构建为依托。作为领先用户，中国电信积极构建5G生态体系，与国内外设备供应商、应用开发商、终端制造商以及垂直行业合作伙伴建立了广泛的合作关系，促进了5G技术与各行各业的深度融合，催生了众多创新应用，不仅提升了自身的技术创新能力，还促进了整个产业链的技术升级，形成了良好的创新生态。

目前，作为领先用户，部分大型国有企业在通信、国防、航空、石化等领域的核心技术突破中，发挥了至关重要的作用。作为大型客机的制造商和潜在用户，中国商飞在发动机、飞控系统等关键部件上攻克了一系列关键技术难题；作为芳烃产品的重要用户，中国石化成功研发芳烃成套技术，打破了国外技术垄断；作为液氧煤油发动机的用户，中国航天科技集团有限公司（以下简称“中国航天”）突破了关键核心技术，在载人登月、深空探测上发挥了重要作用。

（四）参与重大科技项目的牵引型突破模式

在大型国有企业创新突破过程中，基于重大科技项目的牵引型突破模式是一种至关重要的策略。通过依托重大科技项目，这一模式充分发挥了大型国有企业的战略引领和资源整合能力，实现了核心技术突破。

第一，建立“政府战略+企业参与”重大项目机制。一方面，政府战略设计。政府在国家科技发展战略中起到引领作用，通过制定相关政策、规划科技发展方向，为大型国有企业参与国家重大科技项目提供宏观指导和支持。另一方面，企业参与重大项目。大型国有企业在选择重大科技项目时，结合自身技术优势和发展需求，紧密围绕国家战略需求，主动承担对国家安全、经济发展具有重大意义的重大科技项目。

第二，明确重大科技项目的定位和攻关机制。根据重大科技项目的目标与定位，选择具有前瞻性和可行性的领域作为创新突破的重点，为后续的技术研发和攻关提供明确的方向。在实施过程中，大型国有企业充分利用自身的技术、人才和资金等优势，积极寻求与外部创新主体的合作，通过整合内外部资源，形成创新合力，为科技项目实施提供有力保障，共同推动核心技术突破。

第三，依托重大项目布局未来产业。根据自身发展需求，大型国有企业能够主动布局和推进科技创新工作，通过参与国家重大科技项目，深入了解科技发展趋势和市场需求，进而主动布局未来产业，加强技术研发和成果转化，在新兴产业领域占据领先地位。

通过建立企业参与重大科技项目的常态化机制，中国华能集团有限公司（以下简称“中国华能”）成功实现了核心技术突破并推动了企业的快速发展。一是将自身创新需求纳入国家重大科技战略。中国华能建立常态化机制，主动承担国家重大科技项目，确保企业能够持续参与并受益于国家重大科技项目。中国华能高层领导亲自参与并决策科技项目的选择和投入，为了确保科技项目的顺利进行，设立了专项研发基金，并配备了先进的研发设备和实验室，为科研人员提供了良好的工作环境和条件。二是明确重大科技项目的突破路径。一方面，技术突破的定位清晰，中国华能根据自身的技术优势和市场需求，选择新能源、清洁能源等与国家重大战略需求相契合的科技项目进行攻关，致力于解决能源行业的关键技术问题；另一方面，中国华能建立了完善的攻关机制，包括项目立项、研发实施、成果转化等各个环节，同时通过组建跨学科研发团队、开展联合攻关等方式，提升项目的研发效率和成功率。三是项目布局未来产业。通过参与重大科技项目并实现核心技术突破，中国华能实现了企业的未来产业布局。在新能源领域，中国华能凭借在风电、光伏等清洁能源技术方面的突破，成功布局了新能源产业链。在储能技术领域，中国华能积极投入研发，致力于解决储能技术的“瓶颈”问题，为未来的能源存储和调度提供了有力的技术支撑。

近年来，大型国有企业主动承担国家重大项目，形成一批重大原创成果，中国中车集团有限公司（以下简称“中国中车”）全力承担“十四五”规划

“CR450 科技创新工程”，进一步巩固扩大我国高铁技术世界领跑优势；中国移动通信集团有限公司（以下简称“中国移动”）主动融入国家科技创新体系，近 10 年累计承担国家重大科技项目 187 项；中国电子科技集团有限公司牵头或参与的 18 个国家科技攻关任务，获得 2023 年度国家科学技术进步奖、国家技术发明奖，保障了国家经济安全、国防安全。

三、大型国有企业自主创新的主要经验

党的二十届三中全会提出，加强国家战略科技力量建设，推进高水平科技自立自强。国有企业是中国特色社会主义经济的“顶梁柱”，推动大型国有企业提高科技创新能力，是面向世界科技前沿、面向经济主战场、面向国家重大需求的必然要求。当前，我国大型国有企业创新能力与世界一流企业相比虽有一定差距，但在部分前沿领域已形成“并跑”和“领跑”局面，正处于从量变积累到质变跨越的关键阶段。总结大型国有企业创新突破的成功经验，对于提升国有企业整体创新能力具有重要意义。当前，大型国有企业正处于创新活跃期，其创新突破的形式多样、效果显著，越来越多的企业通过“非对称”赶超，达到或接近科技前沿，形成了独特的创新经验和做法。

（一）大型国有企业自主创新的特点

1. 以多层次的创新战略为指引

第一，“创造型突破”战略，通过新兴技术开发实现人无我有。新兴技术具有跨技术、跨学科交叉融合的特点，大型国有企业创新突破的核心是通过创新联合体形成跨领域、跨行业创新资源优势互补，提高整体创新能力。国家电网为攻克特高压输电技术，构建了从技术研发到工程应用一体化的创新联合体，跨界进行联合攻关。国家电网既是最终用户，也是创新发起者，其经验是以“用户主导”为核心，确保研发与需求的高效统一，同时破除参与单位之间的壁垒，最终实现创新突破。

第二，“破壁型突破”战略，通过打破技术壁垒和垄断实现人有我优。由于国外企业构筑技术壁垒形成垄断，大型国有企业只能依靠自主研发摆脱封锁，进而实现技术反超。大型国有企业在长期科研攻关中形成的深厚技术积

淀，是突破技术垄断最重要的内在基础。获得国家科技进步特等奖的芳烃技术长期以来被跨国公司垄断，自 20 世纪 80 年代始，中国石化开始开展相关研究，逐渐形成强大的技术储备，为技术突破奠定了坚实的基础，成为世界上掌握该技术的三家公司之一。

第三，“引进型突破”战略，通过成熟技术再创新实现人优我强。大型国有企业聚焦再创新环节，对引进的成熟技术进行适应性升级，开发出具有竞争力的技术和产品，其核心是以技术内化为基础，通过再创新实现自主研发能力的培育和关键技术的引领。中国中车在技术引进后持续加大研发投入，引进费用与再创新投入比为 1∶7，远超我国大型国有企业 1∶0.45 的平均比例，持续高强度的后期研发投入确保核心技术的自主升级，形成了独特的赶超型创新路径。

2. 以多轮驱动的创新动力为源泉

调研发现，大型国有企业具有较强的创新动力，国有企业创新投入意愿高于非国有企业，且两者的差距不断拉大。当前，大型国有企业创新动力主要源于四个方面：成为世界一流企业的战略意愿、党和社会的期望、技术和市场的推动以及企业家精神。其中，被调研者提及较多的是成为世界一流企业的战略意愿和企业家精神，两者结合便会形成创新的强大动力。在特高压输电技术开发中，国家电网从“建设世界一流电网、国际一流企业”的企业愿景出发，基于国家需求和社会责任，主动开展重大创新。虽然项目启动时存在分歧，但最终在国家电网领导者的推动下促成立项，实现了创新引领。国家电网的企业战略愿景和企业家精神的高度耦合，形成了企业创新原动力，尤其是通过建立和完善企业创新评价与激励机制，企业创新意愿能够从上到下层层传递，形成全员创新合力。

3. 以强大的研发能力为支撑

第一，研发投入持续稳定。通过绩效考核、激励政策、专项基金等举措，大型国有企业保持较高水平的研发投入。中国石油、中国中车、中国建筑集团有限公司等每年研发投入超过百亿元，连续多年位居所在行业全球前三，尤其是中国石油的研发投入，蝉联全球行业第一；同时，研发资金不断向基础研究和前沿技术方面倾斜，是大型国有企业处于科技前沿的重要原因。

第二，创新资源网络化整合。大型国有企业大多建立多层次、多领域开放式创新生态系统。潍柴控股集团有限公司（以下简称“潍柴集团”）创新活动由研发总部、全球研发中心、各地业务单元承担，形成具有全球竞争力的创新生态。该集团将创新划分为 3 个层级：第 1 层偏重基础和共性技术研究，由总部技术中心和“5 国 10 地”的全球研发中心承担；第 2 层为新产品开发，由国内五大研发平台完成；第 3 层为应用技术改进，由各地直属产业单位解决。明确的研发定位及分工确保了创新资源优化配置。

第三，研发人才结构均衡。大型国有企业既拥有从事基础性和前瞻性技术研发的顶尖人才，也拥有从事产品开发和成果转化的专业科研队伍。大型国有企业拥有两院院士 231 人，占全国的 1/7，其中工程院院士占全国的近 1/4；专职研发人员 104.5 万人，占全国的 1/5，多数企业研发人员硕博比例在 30%以上。正是拥有层次分布均衡、数量充足的研发队伍，大型国有企业才能持续地取得丰硕成果。

4. *以自身的创新优势为依托*

第一，拥有深厚的技术积淀。许多大型国有企业来源于国务院原专业部委，技术积淀深厚，为创新突破提供了重要支撑。高铁技术便得益于中国铁路数十年的技术积累，虽然前期“中华之星”等项目没有投入运营，但形成了技术和人才储备，为后续自主创新和标准体系的制定奠定了基础。

第二，能够充分利用企业庞大的内部市场。大型国有企业通常具有上下游一体化的规模优势，巨大的内部市场便于创新成果落地。大型国有企业的特点是，在企业内部使用自己开发的技术和产品，并在实际应用中不断完善技术和产品的质量，为走向外部市场打下了坚实基础。中国石油的勘探软件研发成功后，首先在集团内小规模试用，后推广至 18 家油田，并在使用中不断升级，现已成功进入美国市场。

第三，能够抓住创新的机遇窗口。现代技术发展具有复杂化和高端化特点，大型国有企业在复杂产品创新方面具有独特优势和成熟经验，能够与重大科技创新高效耦合。大型国有企业正是抓住了新技术环境下的创新机遇，才得以在科技创新方面取得重大突破，产生了一大批标志性成果。

（二）提升大型国有企业自主创新建议

综合上述企业创新突破的新做法、新机制和新模式，提出加强大型国有企业科技创新体系建设的四点建议，为着力打造一批具有全球竞争力的世界一流创新型国有企业提供参考。

1. 面向高水平科技自立自强，树立引领型创新理念

现阶段，大型国有企业应改变过去服务于扩大企业规模和降低产品成本的战略思维，构建面向本土创新链核心能力形成与积累的引领型创新理念，实现从制造赶超到创新引领的转变。

第一，将企业创新愿景使命与实现高水平科技自立自强相融合。瞄准未来科技和产业发展制高点前瞻部署，突出科技预见研究。强化企业科技创新主体地位，既要充分发挥大型国有企业在科技攻关中的引领能力，形成“头雁效应”，也要发挥各类新型研发机构的创新扰动能力，形成“鲇鱼效应”，还要发挥科技型中小企业关键节点的补充能力，形成“杠杆效应”，推动形成国有、民营和大中小企业多层次、大融通的引领型创新体系。

第二，适时拓宽研发思路。在引领阶段，技术路线和市场很难“有路可循”，原有战略导向下的创新效率不断降低，固守追赶阶段的创新思路只会离创新越来越远，进而陷入“创新陷阱”。大型国有企业要在科技“国家队”建制化研发优势的基础上，重视创新来源的多样化，密切关注用户、小企业、供应商、竞争者的外部创新动向，拓展创新来源和协作范围，明确企业技术变革路线。

2. 发挥大型国有企业主导作用，推动跨领域、大协作的创新协同

调查显示，协同创新仍然是大型国有企业创新突破的有效方式。大型国有企业应充分发挥集中力量办大事的新型举国体制优势，跨越原有边界，系统梳理创新资源，整合力量打造“产学研用”深度融合、不同规模企业相互融通的开放式协同创新网络。一是与同行先进企业和技术互补企业形成合作关系，把握行业最新技术发展动向；二是与价值链前、后端的企业共建创新网络，为建立技术标准和知识产权体系提供支撑；三是同大学和科研机构建立合作，更好地发挥科学研究和技术创新的支撑作用。

大型国有企业通过与技术互补企业、行业上下游企业、高校的开放式创新合作，共同形成涵盖基础研究、核心技术、产品开发和商业推广的创新生态体系。此外，大型国有企业的协同创新应侧重以本土企业为主导的创新体系，改变以往外循环主导下忽视内生研发能力建设的状况，形成主动应对“科技脱钩”与“产业脱钩”等潜在风险的协同战略，不宜过于强调“全球配置资源”，否则一旦被“卡脖子”将会变得非常被动。

3. 补齐基础研究短板，建立政府企业共同参与的支撑体系

我国一些大型国有企业的传统思维是以生产制造为中心，注重应用技术开发。实践证明，企业基础研究一旦实现突破，将形成具有长期竞争优势的“护城河”。为此，在政策层面，完善分类施策的差异化引导策略，依据企业和产业发展阶段，形成科技计划、平台建设、财税优惠等政策工具的不同组合；同时，进一步增强经营业绩考核对基础研究的压力传导，考核指标中适当增加对基础研究指标的精准设计。例如，将基础研究投入占研发投入的比重纳入业绩考核，提高研发投入考核加回比例等。此外，鼓励大型国有企业与有关部门、地方政府共同完善设立不同层面的基础研究联合基金，特别是加大支持大型国有企业与国家自然科学基金力度，共同出资设立创新发展专项基金，支持产业基础共性技术研发。

在企业层面，聚焦“从0到1”的垂直进步。完善国家重大科技项目形成机制，厘清“卡脖子”技术及要解决的科学问题，发挥“出题人”作用；支持大型国有企业牵头重大科技项目研究，“大手拉小手”引导中小企业参与项目研发，发挥“答题人”作用；利用企业贴近市场的优势，积极推动基础研究成果转化，发挥“阅卷人”作用。此外，构建灵活的管理机制，支持基础研究项目“能进能出”。探索高端人才自治管理的制度环境，自主调整技术路线，自主组织科研团队，支持基础研究自由探索。

4. 重构企业创新能力，由单一能力转换为复合能力

长期以来，一些国有企业形成了引进消化吸收的利用式创新能力，重利用、轻探索，难以获得引领未来的前沿技术。大型国有企业创新是双轮驱动的创新，既要有响应短期需求的利用式创新能力，又要有维持长期发展的探索式创新能力，两类能力互相促进。利用式创新能力帮助企业将当前科技创

新落到实处，完成科技成果转化，实现商业价值；探索式创新能力把握世界前沿和未来发展新机遇，最终占据全球产业竞争中的关键地位并成为产业链的“链主”。

在实践中，大型国有企业可以采用双元创新策略。具备充足资源和能力的企业，以探索式创新为主、利用式创新为辅配置资源；不具备充足资源和能力的企业，采用以利用式创新为主的策略，即在现有创新能力的基础上，加强对创新资源的吸收与再创新，为探索式创新能力的提升奠定基础，实现从技术赶超到技术跨越的转变。此外，由于两类创新活动在流程、文化等方面存在很大不同，宜由不同创新单元分别承担不同创新活动。我国大型国有企业可以依据现有条件，充分利用总部研发机构、下属研发机构、新设临时机构等不同创新组织，分别独立实施两类创新活动，发挥各自优势，实现均衡发展。

四、大型国有企业创新的中国特色

（一）大型国有企业创新的独特性

1. 多种创新模式齐头并进

引进消化吸收再创新是大型国有企业创新的主要路径。通过从先进国家引进技术和经验，在消化吸收基础上完成重大创新，实现经济的更快增长，引进消化吸收再创新符合后发优势理论。我国多数大型国有企业技术能力形成的主要途径是技术引进、模仿和逆向工程，虽然我国在很多领域实现了技术跨越，但引进消化吸收再创新仍然是我国当前主要的创新形式之一。

集成创新是大型国有企业创新的基本实现形式。集成创新符合经济效益最大化原则，最大优点是将“拿来主义”与自身优势相结合，通过将各种创新要素创造性融合，形成独特的创新能力和竞争优势，以最短途径、最少投入实现最大效益。在尚不完全成熟的市场中，我国大型国有企业对原始技术的创新与重大发明专利都较稀缺，因此集成创新显得尤为重要。

原始创新是大型国有企业创新的核心和主导。原始创新既是最根本的创新，也是最能体现智慧的创新，还是政府集中力量办大事这一社会主义制度优越性的重要体现。我国科技发展正步入以跟踪为主转向“跟踪”“并跑”“领跑”并存的新阶段，这个时候，经济水平、科技实力想再上一层台阶，就必须依靠更多的原始创新。只有把核心关键技术牢牢掌握在自己手里，才不会受制于人，才能真正掌握竞争和发展的主动权。

2. 以多层次国家政策为指引

纵观改革开放 40 多年，创新已成为中国治国理政的重要组成部分，国家宏观政策在自主创新活动中发挥着至关重要的引导作用。随着大型国有企业创新的不断发展和完善，各种层面的创新政策不断出台，形成了多层次的国家创新政策体系，大大加强了国家规划对创新发展的引导作用，成为对创新关键领域、薄弱环节强化指导的重要抓手。

“五年规划”是大型国有企业创新的总体设计和重大保障。“十三五”规划不仅将创新发展列入规划的总体发展目标，还提出创新发展重点工程 66 项，具体预期指标 4 项，丰富和细化了创新发展的内容与任务，为发挥国家政策引导创新提供了重要抓手。

“国家战略”是大型国有企业创新的目标引领。《国家创新驱动发展战略纲要》为总揽创新全局、部署创新任务、明确创新目标做出了规划。到 2020 年，建成创新型国家，初步形成创新型经济格局；到 2030 年，跻身创新型国家前列，形成以“并行”“领跑”为主的创新能力；到 2050 年，建成世界科技创新强国，劳动生产率、社会生产力提高主要依靠科技进步和全面创新。

“专项规划”是大型国有企业创新的目标落实。《“十三五”国家科技创新规划》从创新主体、基地、空间等六个方面提出建设国家创新体系的要求，并从构筑先发优势、原始创新能力、科技体制改革等六个方面进行了系统部署。该规划充分发挥各类创新主体和创新人才的作用，形成全社会的创新合力。

3. 以新型举国体制为优势

作为大型国有企业创新的一大特色，新型举国体制将政府与市场“两只手”的作用同社会主义制度优越性有机结合起来，把社会主义集中力量办大事的体制优势和市场机制配置资源的有效性结合在一起，为重大科技创新增添强劲动力。

集中力量办大事，是我国取得重大科技突破的重要原因，也是坚持走大型国有企业创新的重要保障。在国家战略需求的领域中，由政府组织和引导，发挥中国特色社会主义新型举国体制在统合资源方面的优势，推动了战略领域的重大创新，在载人航天、北斗导航、高速铁路、第三代核电技术、特高压输电网等战略性科技领域取得了一批具有国际影响力的突破性成果，形成了具有中国特色的战略导向型创新模式。这种新型举国体制体现了中国特色社会主义制度集中力量、配置资源的优势，是大型国有企业创新发展再上新台阶的坚实制度体制保障。

4. 不同所有制企业共同创新

巩固和发展公有制经济，鼓励、支持、引导非公有制经济发展，是建设现代化经济体系的基本经济制度选择。发挥公有制经济的优势，激发国有经济的活力，调动非公有制经济的积极性，多种创新主体共同追求创新是大型国有企业创新的重要特色。在中国多种所有制企业的创新体系中，既有高铁、航天、电网等领域的大型国有企业作为“创新骨干者”，也有华为、腾讯等民营企业作为“创新领军者”，更有像西门子、微软这样在中国建立研究院、实验室的“跨国创新者”。

不同所有制企业都可以找到适合的发展机遇推动中国创新，形成大型国有企业在重大科技攻关上担负责任，非公有制经济在科技项目上各个击破的创新生态。一方面，充分发挥国有企业的引领作用，鼓励具有资源优势的国有企业承担高科技含量、高投入、长周期的系统工程，发挥其在创新方面的带头作用，承担引领重大突破性创新这一使命；另一方面，充分拓展非公有制企业的创新边界，鼓励各种形式、各类业态的创新，保证非公有制企业具备充分的创新活力。

5. 以国内市场为依托

作为一个发展中大国，中国拥有巨大、多类型、多层级的国内市场，为大型国有企业创新提供了肥沃的土壤和广阔的战略纵深，这恰恰是其他发展中国家所不具备的。中国庞大而统一的国内市场需求能够降低创新成本和创新风险，分摊市场开发产生的费用，挑剔性的国内需求和国内市场的巨大收益也对企业创新起到激发作用。一方面，国内市场的广阔前景可以更好地容纳超前性原始创新的出现，为持续创新发展提供强有力的后续支撑，为中国未来竞争优势奠定基础。另一方面，巨大而稳定的国内市场需求为引进消化吸收再创新创造了必要条件，一大批企业采用引进消化叠加国内市场的创新模式实现了成功。得益于“大市场”这样一个大国资源禀赋，不同类型的创新企业根植于国内市场获取创新回报，加速形成规模化的创新能力，并最终走向国际市场、参与国际竞争。

（二）大型国有企业创新的多维路径

1. 立足于引领前沿的突破性创新

大型国有企业要瞄准世界科技前沿，实现前瞻性基础研究、引领性原创成果的重大突破。全面创新是方向，重点突破是关键。大型国有企业作为创新驱动发展的主力军，要采取“非对称”赶超战略，努力实现优势领域、关键技术的重大突破，不断取得基础性、战略性、原创性的重大成果。

首先，瞄准科技前沿，推出更多原创性理论和现实成果。大型国有企业要坚定创新自信，在独创独有上下功夫，勇于挑战最前沿的科学问题，做出更多原创发现，力争在重要科技领域实现跨越发展，掌握新一轮全球科技竞争的战略主动。其次，聚焦关键核心技术，实现深度开发和应用。当前大型国有企业要从国情出发确定突破策略，要超前规划、深度开发，着力攻克一批关键核心技术。同时，将创新成果同国家需要、人民要求、市场需求相结合，真正转化为推动经济社会发展的现实动力。最后，完善创新机制，集中式创新和分散式创新双轮驱动。当技术代际差距较大时，技术路径明确，集中攻关式的创新作用十分明显。当技术差距不太明显或技术并行时，由于技术和市场需求并不明确，集中攻关式创新可能错过技术机遇期。为此，可以采用分散式创新，国有企业研究院、科研院所、民办官助的新型研发机构等可以按照各自技术原理和技术路线，设计相应的技术突破路径，通过优化比较和市场选择，实现技术创新突破。

2. 着眼于传统文化的管理创新

创新意识是植根于一定文化的社会背景中，基于特定的社会文化意识而形成的。中国传统文化是经过不断社会实践发展形成的中国社会进步的精神动力，对创新发展起着重要的推动作用。中国传统文化对管理创新产生着深远的影响，中国的自主创新在管理、制度创新上要走出中国特色，一定要忠于传统文化。传统文化表现出的注重民本思想、强调阴阳平衡、和谐统一、刚健有为等特征，不仅与现代企业管理理念有着异曲同工之处，也有利于协同创新、集成创新、渐进式创新等多种创新模式的取长补短，为大型国有企业创新提供更多文化经验。

中国一系列优秀传统文化，为中国管理创新提供了丰富的文化资源，以中国传统思维为基础，吸收西方的分析性和竞争性思维，可以形成融合创新的思维模式，对企业管理创新发挥重要的影响作用。大型国有企业在借鉴西方现代创新理论与方法时，需要充分考虑特定的国情，否则很容易出现“橘生淮南则为橘，生于淮北则为枳”的水土不服现象。同时，在中国处于转型期的今天，传统文化中仍然存在着不利于创新的因素，只有不断进行文化创新，才能有效地推动企业创新，发扬好中国传统文化对中国自主创新的积极作用。

3. 致力于深化改革的体制创新

大型国有企业创新涉及创新链、产业链、资金链、政策链的相互交织，也涉及其他领域的改革；既是生产力的发展过程，也是生产关系的不断调适过程。因此，深化创新改革要在各领域的结合上下功夫，多环节协同推进，形成优化配置资源、创新引领发展的制度体系。一方面，要全方位构建创新生态系统，建立以企业为主体、市场为导向、产学研深度融合的创新体系，促进科技成果转化；另一方面，要摒弃创新资源配置的碎片化格局，从体制改革和经济社会改革入手，清除一切束缚创新驱动发展的体制机制障碍，为自主创新提供制度保障。

大型国有企业创新需要体制创新的坚强支持。从企业角度来看，要以规范的现代企业制度为依托，不断完善企业创新的动力、运行、激励约束和风险防范机制，打破组织刚性、官僚作风等阻碍企业创新的制度藩篱；从市场层面来看，要建立完善的市场经济体制，发挥市场在资源配置中的决定性作用，优化竞争秩序，破除不适应创新驱动发展的障碍；从政府层面来看，政府职能要向服务型政府转变，明确政府与市场的关系，改善制度环境，完善公共服务体系，把健全创新导向机制作为深化科技体制改革的重点任务；从国家层面来看，要充分调动全社会各方面的创新积极性，以企业为主体，各级政府部门协调配合，科研机构与高校提供技术支持，形成推动创新的强大合力，促进高质量创新活动的开展。

第三章　大型国有企业第二曲线创新的战略框架

战略框架的构建对于大型国有企业实施第二曲线创新具有至关重要的意义。一个清晰、可行的战略框架能够为企业提供明确的发展方向和路径，助力企业探索新的增长点，指导企业在创新过程中做出正确的选择和决策。同时，战略框架能够整合企业的内外部资源，形成强大的创新合力，推动创新项目的顺利实施和落地。在当前的经济形势下，大型国有企业肩负着转型升级的紧迫任务，传统业务模式和市场空间难以支撑企业的持续发展，而新兴领域和新技术的发展则为企业带来了新机遇。通过构建第二曲线创新的战略框架，大型国有企业可以更加精准地把握市场趋势和未来发展方向，将有限的资源投入最具潜力的创新领域，从而实现企业的转型升级。因此，构建大型国有企业第二曲线创新的战略框架是企业实现可持续发展、提升核心竞争力、应对复杂多变市场环境的重要途径。对大型国有企业而言，深入剖析构建第二曲线创新战略框架的过程，不仅是应对市场变化、把握未来趋势的关键举措，更是实现可持续发展、增强核心竞争力的必由之路。本章将从多个角度深入探讨大型国有企业如何构建和实施第二曲线创新的战略框架，以期为企业的创新发展提供有益参考。

一、大型国有企业第二曲线创新的关键能力

（一）第二曲线创新战略规划能力建设

1. 市场趋势洞察能力与第二曲线创新

一方面，强化前瞻性思维以促进第二曲线创新。大型国有企业应积极培育管理层和员工的前瞻性思维，勇于突破传统束缚，通过组织创新培训、深

度参与前沿行业论坛等途径，探索并预见未来的市场格局与新兴业务模式，为第二曲线的孕育与发展奠定思维基础；同时，大型国有企业应构建包容性强的容错机制，大力鼓励员工贡献可以引领第二曲线增长的创新构想，即便这些想法初期看似不切实际。另一方面，构建面向第二曲线创新的市场情报系统。大型国有企业应打造全面深入的市场情报体系，涵盖行业深度研究、竞争动态分析等多个关键维度，通过持续、系统地收集与分析市场信息，精准捕捉市场趋势中的第二曲线机遇，为战略决策提供强有力的数据支撑。例如，大型国有企业可设立专注于未来趋势探索的市场研究部门，或携手顶尖第三方研究机构，共同挖掘市场的潜在增长点。

2. 战略规划能力与第二曲线创新融合

大型国有企业在制定长期发展战略时，需要明确聚焦开启第二曲线增长的发展路径与目标。在战略规划过程中，大型国有企业应全面考量市场环境变迁、技术革新趋势等因素，确保战略既科学可行又富含前瞻性，预留灵活性以适应未来变化，灵活捕捉调整第二曲线创新的最佳时机。战略规划的制定仅是起点，关键在于如何将第二曲线创新的理念融入战略执行。大型国有企业需要构建一套高效且灵活的战略执行机制，确保第二曲线战略能够顺利落地。这涵盖明确各部门在第二曲线创新中的角色与责任、绘制详尽的实施蓝图、制定详细的时间规划、建立针对第二曲线项目执行效果的监督与评估体系等；同时，强化内部沟通，确保每位员工深刻理解并认同第二曲线创新战略，凝聚全员之力，共同推动战略向第二曲线创新的成功跨越。

（二）第二曲线创新管理能力建设

1. 第二曲线创新的团队建设

作为第二曲线创新管理的核心驱动力，大型国有企业的创新团队应精心选拔兼具创新思维与专业技能的人才加入，通过内部深度培训、外部高端引进等多维策略，不断强化团队成员在第二曲线创新领域的实力；同时，构建全面的创新激励机制，深度激发团队成员参与第二曲线创新活动的热情，为企业的持续创新发展注入不竭动力。鉴于第二曲线创新常需跨部门协同，企业应建立健全跨部门协作机制，通过设立专项创新项目小组、搭建高效跨部门沟通平台等举措，打破部门壁垒，促进资源高效整合与协同创新；此外，还需明确界定各部门在第二曲线创新项目中的职责与分工，确保项目平稳、高效推进。

2. 第二曲线创新的流程优化

大型国有企业应着手构建第二曲线创新项目管理体系，对创新项目进行精细化、规范化管理，精准界定项目的立项门槛、实施蓝图、风险评估等核心环节；同时，设立项目监控机制，定期对项目进度与质量进行深度评估与适时调整，确保项目严格按计划顺利执行。在此基础上，积极引入敏捷管理方法，这一高效项目管理范式尤其适用于瞬息万变的市场环境。通过组建敏捷团队、实践迭代开发模式、强化用户反馈循环与持续改进机制，大型国有企业能够实现对第二曲线创新项目的快速响应与灵活调整，从而更加敏锐地捕捉市场变化，显著提升创新项目的成功率。

3. 第二曲线创新的文化培育

在第二曲线创新过程中，大型国有企业亟须营造一种开放包容、鼓励探索的创新氛围，尤其是对失败的宽容与理解，避免单次失败挫伤员工的创新锐气；同时，深化创新知识的传播与共享，建立第二曲线创新知识库或创新社群，为员工提供丰富的学习资源与交流平台。大型国有企业应通过定期举办创新论坛、研讨会等活动，不断激发员工的创新灵感与内在动力。此外，大型国有企业还应积极鼓励员工将第二曲线创新成果在内部分享与推广，形成正向循环的创新生态系统，为企业的长远发展奠定坚实的创新基础。

（三）第二曲线创新技术能力建设

1. 第二曲线创新技术研发体系的完善

技术研发团队是第二曲线创新的核心驱动力，大型国有企业应着力加强第二曲线创新技术研发团队的建设，精心选拔具备卓越专业技能和强大创新能力的优秀人才加入团队；同时，应加大对第二曲线创新技术研发的投入，确保提供充足的研发经费和先进的研发设备。通过持续培养和引进顶尖人才、大幅增加研发投入等战略举措，大型国有企业能够稳步提升第二曲线创新技术研发能力。产学研是第二曲线创新的关键路径之一，大型国有企业应积极与高校、科研机构等外部机构建立深度合作关系，携手开展第二曲线创新技术研发和创新活动，充分利用外部机构的专业知识和技术资源，进一步促进产学研之间的协同创新。通过建立完善的产学研合作机制，企业能够更迅速地掌握前沿新技术、新工艺和新方法，为企业的第二曲线创新提供坚实有力的支持。

2. 第二曲线创新技术转化能力的提升

中试基地和产业化平台是第二曲线创新成果转化的核心，大型国有企业应依托自身资源优势，加快建立中试基地和产业化平台，对第二曲线创新研发成果进行小批量试制和严格测试，确保产品性能卓越、质量上乘，完全符合市场需求。通过建立中试基地和产业化平台等关键举措，企业能够显著加速第二曲线创新技术的转化和产业升级进程。同时，大型国有企业应深化与产业链上下游企业的战略合作，共同推动第二曲线创新技术的产业化和商业化进程。知识产权保护和管理是第二曲线创新成果转化的重要基石，大型国有企业应构建全面而严密的知识产权保护和管理体系，加大对专利申请、商标注册、知识产权数据库等第二曲线创新研发成果的知识产权保护力度。大型国有企业还应优化知识产权的运用和管理策略，通过专利许可、技术转让等多元化方式及加强知识产权保护和管理等核心举措，实现知识产权价值的最大化，有效保护自身的第二曲线创新成果和竞争优势。

3. 第二曲线创新技术迭代和创新能力的培养

大型国有企业应建立高效的技术迭代机制，定期对现有技术进行革新和升级，积极引入前沿新技术、新工艺和新方法。通过建立完善的技术迭代机制等关键举措，大型国有企业能够始终保持技术的先进性和竞争力，不断引领行业发展趋势。持续创新能力是第二曲线技术创新的核心所在，大型国有企业应着力培养员工的持续创新能力，鼓励员工不断学习新知、勇于探索未知。同时，大型国有企业应建立全面的创新激励机制和容错机制，充分激发员工参与第二曲线创新活动的热情和动力，并鼓励员工勇于承担一定的创新风险。通过培养卓越的持续创新能力等核心举措，大型国有企业能够不断点燃员工的创新激情和创造力，为第二曲线创新注入不竭动力。

（四）第二曲线创新市场开拓能力建设

1. 第二曲线创新市场分析能力

第二曲线创新市场分析能力的提升关键在于构建全面且高效的市场信息分析系统。大型国有企业应深度收集并精细分析行业趋势、竞争对手动态等市场信息，定期发布基于第二曲线洞察的市场分析报告和行业研究报告，精准捕捉市场动态与未来趋势，为市场开拓注入第二曲线创新活力。此外，大型国有企业还应进一步强化市场调研与数据分析能力，运用大数据与人工智能技术深度挖掘数据价值，精准把握市场需求与竞争态势，为第二曲线创新市场开拓奠定坚实的基础。

2. 第二曲线创新市场开拓策略

在制定第二曲线创新市场开拓策略时，大型国有企业应紧密结合第二曲线创新理念，制订详尽且富有前瞻性的市场开拓计划，依据市场分析结果与目标市场需求特点，明确第二曲线市场开拓的目标、策略、步骤及时间表，确保计划既科学又可行；同时，建立严密的市场开拓监督与评估机制，实时跟踪计划执行情况，及时调整优化，确保第二曲线创新策略的有效实施。在市场推广方面，大型国有企业应加大宣传及公关力度，充分融入第二曲线创新元素，提升品牌美誉度；同时，应积极运用口碑营销与社交媒体营销等新兴方式，通过提供优质产品和服务，以及积极的互动沟通，塑造具有第二曲线创新特色的品牌形象与口碑效应。

3. 新业务和新模式的验证与优化

在第二曲线创新过程中，大型国有企业应以前瞻性的视角，精准把握市场需求与竞争态势，不断探索并验证新的业务模式和业态。通过小范围试点与用户测试等灵活方式，验证新业务和新模式的可行性与市场潜力，为第二曲线的培育与发展提供有力支撑。在验证过程中，大型国有企业应高度重视市场反馈，及时调整并优化产品或服务，不断提升市场竞争力，确保第二曲线创新战略的成功实施。

二、大型国有企业第二曲线创新的身份定位

（一）第二曲线创新下大型国有企业身份转换

1. 从传统产业的领航者到新业务的开拓者

历史上，大型国有企业在基础设施、公共设施建设及公共服务领域扮演着领航者的角色。然而，面对传统业务增长放缓的挑战，这些企业亟须通过第二曲线创新，从传统产业的领航者转型为新业务的积极开拓者。这要求它们具备超前的战略视野和果敢的决策能力，精准选择符合自身实际经营条件的新领域，通过业务模式的革新和增量市场的开拓，激发二次增长潜力。新业务领域的探索不仅涵盖新产品与新服务的迭代创新，还涉及市场版图的扩张，如从地域市场向全国市场乃至全球市场迈进。例如，在电动汽车充电领域，部分大型国有企业凭借电动汽车充电机器人及 EMS 解决方案等创新产品，成功开辟了第二增长曲线，不仅优化了用户体验，更为企业带来了新的发展机遇。

2. 从技术创新追随者到创新引领者

技术创新是驱动第二曲线创新的关键力量。以往大型国有企业在技术创新领域多扮演追随者的角色，顺应市场和技术趋势进行研发。但在第二曲线创新浪潮中，它们需转变为创新引领者，通过自主研发和创新，掌握核心技术，推出具有自主知识产权的新产品和新服务。为此，大型国有企业需加大研发投入，建立顶尖的研发团队和实验室，深化与高校、科研机构的合作，构建产学研用深度融合的创新生态；同时，紧跟国际技术前沿，积极参与国际技术合作与交流，引进并内化国际先进技术，全面提升自身的技术创新能力。

3. 从市场需求适应者到需求创造者

随着消费者需求的持续演变和升级，企业需通过捕捉新的市场需求来开辟新的增长点。过去，大型国有企业多扮演市场需求适应者的角色，根据市场需求调整产品和服务。但在第二曲线创新的推动下，它们需转变为需求创造者，通过深入洞察市场趋势和消费者需求，引领市场潮流，创造新的需求。

这要求大型国有企业应具备敏锐的市场洞察力和消费者分析能力，运用大数据分析、市场调研等手段，精准把握消费者需求和偏好，挖掘潜在市场机遇。同时，应具备创新的产品设计和服务能力，将消费者需求转化为具有市场竞争力的新产品和新服务。

4. 从单一主体主导者到多元生态构建者

在新时代背景下，大型国有企业需通过第二曲线创新构建多元化的生态系统，实现由单一主体主导者向多元生态构建者的转型。一方面，通过整合上下游资源，打造现代“产业链链长”，形成覆盖全产业链的生态系统。例如，中国中车通过轨道交通装备、新能源汽车、智能物流等领域的协同创新，构建了全面的交通生态系统。另一方面，积极寻求跨界合作与联盟，拓展新的业务领域。例如，上海仪电（集团）有限公司与富士通（中国）信息系统有限公司的合作，在制造业、半导体等领域实现了资源的优化配置和能力互补，展现了第二曲线创新在构建多元生态方面的巨大潜力。

（二）大型国有企业在第二曲线创新中的新角色

1. 战略性新兴产业领航者

在第二曲线创新的浪潮中，大型国有企业需要将焦点对准战略性新兴产业，视其为开启自身增长第二曲线的核心引擎。战略性新兴产业不仅是未来经济发展的风向标，更是技术创新与产业升级的关键舞台。大型国有企业需深度剖析自身在技术研发、生产制造、市场开拓等方面的优势，以此为基础精确定位，锁定与自身技术优势高度匹配的战略性新兴产业。作为这些产业的领航者，大型国有企业应充分利用自身规模、技术和资金优势，引领产业前行，推动技术创新。通过深化产业链上下游合作，构建产业集群和生态链，大型国有企业能够提升整个产业的竞争力，确保可持续发展。同时，积极参与国际标准与行业规范的制定，以进一步提升大型国有企业在国际舞台上的话语权和影响力。

2. 创新驱动发展的典范

创新是第二曲线创新战略的灵魂，大型国有企业需成为创新驱动发展的典范，通过强化科技创新、管理创新和商业模式创新，引领自身及整个行业的转型升级。在科技创新方面，大型国有企业需加大研发投入，组建顶尖研发团队，建设先进实验室，加强与国际前沿技术的合作与交流，掌握核心科技，推出具有自主知识产权的新产品和新服务。在管理创新方面，大型国有企业需引入先进的管理理念和方法，优化组织架构与业务流程，提升管理效能与决策水平；同时，塑造创新、开放、包容的企业文化，激发员工的创新潜能与创造力。在商业模式创新方面，大型国有企业需积极探索新型商业模式与盈利模式，如平台经济、共享经济等，借助数字化、网络化、智能化手段，提升产品与服务的附加值及市场竞争力，成为第二曲线创新的先锋。

3. 国际市场布局者

在全球化背景下，大型国有企业需积极投身全球市场竞争，成为深度参与者。这要求大型国有企业具备国际视野与战略，加强与国际领先企业的合作与交流，学习借鉴国际先进经验与管理模式，拓展国际市场，通过与国际知名企业建立战略伙伴关系、共同开发新产品与新市场等方式，提升国际竞争力。此外，大型国有企业还应积极参与国际标准和行业规范的制定，增强在国际市场上的话语权和影响力。

4. 产业链协同的引领者

产业链协同是提升产业整体竞争力的关键路径，大型国有企业作为产业链的核心，需发挥引领作用，推动上下游企业的协同发展。通过深化产学研合作、构建产业联盟、推动标准化建设等举措，大型国有企业能够促进产业链上下游企业的技术交流与资源共享，增强整个产业链的协同创新能力和市场竞争力。在新能源领域，大型国有企业可以依托自身技术优势与市场地位，推动新能源产业链上下游企业的协同发展，通过加强技术研发与创新、拓展新能源应用场景与商业模式等方式，加速新能源产业的快速发展与转型升级。此外，大型国有企业还可以通过数字化转型深化产业链协同，搭建数字化平台，实现数据共享与互通，加强产业链上下游企业的信息共享与协同作业，提升整个产业链的运营效率与响应速度，成为第二曲线创新生态构建的核心力量。

三、大型国有企业第二曲线创新机会的发现

（一）技术迭代机会的挖掘：创新驱动下的新业务增长

技术迭代作为推动第二曲线创新的关键驱动力，为大型国有企业开辟了全新的发展机遇。在技术迭代的浪潮中，大型国有企业须敏锐捕捉机会，紧跟新兴技术发展趋势，强化技术研发与创新，促进新技术与传统业务的深度融合，并积极探索与新技术相关联的新业务领域，以此驱动第二曲线创新的实现。

1. 紧跟新兴技术发展趋势，洞察第二曲线创新先机

科技的日新月异催生了众多新兴技术，为大型国有企业提供了无限的创新可能。大型国有企业应时刻保持对全球新兴技术发展趋势的高度关注，特别是人工智能、大数据、云计算、物联网、区块链等前沿领域。这些新兴技术不仅蕴含巨大的市场潜力，更具备颠覆传统业务的变革力量。通过深入研究新兴技术的最新进展和应用实例，大型国有企业能够精准洞察技术迭代蕴含的第二曲线创新机会，为企业的未来发展奠定坚实的基础。

2. 强化技术研发与创新，打造第二曲线创新的技术引擎

技术研发与创新是大型国有企业挖掘技术迭代机会的核心。大型国有企业应加大对技术研发的投入力度，构建完善的创新体系，激发创新活力；同时，积极寻求与高校、科研院所等外部创新力量的合作，形成产学研用协同创新的良好生态。通过持续的技术研发与创新，大型国有企业能够不断推出具有自主知识产权的新技术、新产品和新服务，为第二曲线创新提供坚实的技术支撑。

3. 促进新技术与传统业务融合，推动第二曲线创新的转型升级

新技术与传统业务的深度融合是大型国有企业挖掘技术迭代机会的重要方式。大型国有企业应积极探索新技术在传统业务中的应用场景，通过引入新技术优化生产流程、提升生产效率、降低生产成本、提高产品质量等。例如，利用人工智能技术实现智能化生产，运用大数据进行精准营销等。通过新技术与传统业务的深度融合，大型国有企业能够推动传统业务的转型升级，

提升企业的核心竞争力，同时为第二曲线创新开辟新的增长点。

4. 开拓与新技术相关的新业务领域，拓展第二曲线创新的发展空间

开拓与新技术相关的新业务领域是大型国有企业挖掘技术迭代机会的直接体现。大型国有企业应依托自身技术优势和市场资源，积极进军智能制造、智慧城市、数字金融、健康医疗等与新技术紧密相关的新业务领域。通过开拓新业务领域，大型国有企业不仅能实现业务的多元化发展，还能为企业的持续增长注入新的活力。在开拓新业务领域的过程中，大型国有企业应注重市场调研和用户需求分析，确保新业务能够精准对接市场需求和用户期望，从而成功拓展第二曲线创新的发展空间。

（二）产业转型机遇的把握：优化结构与提升附加值

产业转型不仅是经济结构调整的必由之路，更是推动第二曲线创新的重要驱动力。大型国有企业在这一转型浪潮中，需敏锐捕捉机遇，通过深入分析市场需求变化、优化产业结构与布局、促进产业链上下游协同发展以及积极培育新业务增长点，实现第二曲线创新的突破。

1. 精准洞察市场需求，引领第二曲线创新方向

市场需求作为产业转型的风向标，其变化直接指引第二曲线创新的路径。大型国有企业需运用市场调研、用户访谈、数据分析等多元化手段，深入剖析市场需求的新趋势，尤其是消费升级驱动下的高品质、个性化、智能化产品需求。这些需求变化不仅孕育着产业转型的契机，更是第二曲线创新的重要源泉。大型国有企业应据此迅速调整战略，布局新产品与新服务，满足并引领市场需求，谱写第二曲线创新的新篇章。

2. 重构产业结构布局，加速第二曲线创新步伐

优化产业结构与布局是大型国有企业把握产业转型机遇、加速第二曲线创新的关键。企业应依据市场需求及自身资源禀赋，精准施策，一方面，加大对高附加值产业的投资力度，推动传统产业向高端化、智能化、绿色化转型升级，利用先进技术赋能，实现智能制造、绿色制造的跨越；另一方面，前瞻布局新能源、新材料、生物医药等新兴产业，挖掘新的增长点，为第二曲线创新提供强劲动力。在此过程中，资源的优化配置与高效利用至关重要，

这能确保新兴产业获得充足支持并实现稳健发展。

3. 强化产业链协同，共筑第二曲线创新生态

产业链上下游的协同发展，是大型国有企业深化产业转型、推动第二曲线创新的重要保障。企业应加强与供应链伙伴的紧密合作，形成命运共同体，通过资源共享、优势互补，共同研发新技术、新产品，推动产业链整体升级；同时，与销售渠道、终端用户深度联结，将市场需求直接融入创新过程，提升品牌影响力，共同开拓市场，构建第二曲线创新的良性生态。

4. 孵化新业务增长点，激发第二曲线创新潜能

培育与产业转型紧密相关的新业务增长点，是大型国有企业把握转型机遇、激发第二曲线创新潜能的重要策略。企业应基于市场需求与自身资源，积极探索新兴领域业务拓展、传统业务转型升级、跨界融合创新等多维路径。通过新业务增长点的孵化，不断拓展市场空间，为企业持续增长注入新鲜血液。在此过程中，强化创新能力，提升核心竞争力，确保新业务在激烈的市场竞争中屹立不倒，成为第二曲线创新的强劲驱动力。

四、大型国有企业第二曲线创新的战略制定

（一）市场洞察与第二曲线创新趋势预测

为了保持持续增长并显著增强竞争力，大型国有企业必须积极投身于创新浪潮之中，特别是在构建第二曲线创新的过程中，市场洞察与趋势预测成为这一过程中的核心环节，为大型国有企业提供了精准的决策依据和行动指南。

1. 市场环境全面分析与第二曲线创新机遇挖掘

宏观经济环境分析是第二曲线创新的出发点，大型国有企业需紧密关注全球经济周期与国内经济政策的动态变化，深刻理解当前经济阶段（如复苏、繁荣、衰退或萧条）对所在行业的影响。通过细致分析经济增长率、通货膨胀率、失业率等宏观经济指标，企业能够预测未来经济环境的变化趋势，从而灵活调整战略方向，为第二曲线创新创造有利条件。同时，政府政策的变化直接关乎企业的运营环境和战略选择，大型国有企业应充分利用政策优势，

密切关注政策动态，包括财政政策、货币政策、产业政策等，以及环保法规、劳动法规的更新，确保企业战略不仅符合法规要求，更能借助政策东风，加速第二曲线创新的步伐。

行业发展趋势分析是第二曲线创新的关键，大型国有企业需深入分析当前市场规模及未来增长潜力，准确把握行业的生命周期阶段（如初创期、成长期、成熟期或衰退期），以此为依据判断是否需要进军新市场或调整现有市场策略。在行业结构方面，企业应结合自身独特的规模和资源优势，分析行业集中度、竞争程度等，明晰行业内主要企业的市场份额和竞争态势，为制定针对性的竞争策略奠定坚实的基础。此外，产业链分析同样不可或缺，大型国有企业需深入研究上下游产业的发展趋势，了解产业链各环节的价值分布和利润空间，以优化供应链管理，降低成本，提升盈利能力，为第二曲线创新提供有力支撑。

市场需求的深度挖掘是第二曲线创新的源泉，大型国有企业需从多个角度深入挖掘市场需求，开发出更符合市场需求的产品和服务。企业需根据市场特征、需求及行为，制定针对性的营销策略；同时，明确市场定位，确定目标群体，将市场分为不同的细分市场，制定针对性的产品策略。结合企业自身的资源和能力，在细分市场中找准定位，以提高市场竞争力，确保在第二曲线创新的道路上稳步前行。

2. 竞争格局的细致观察，为第二曲线创新寻找突破口

竞争格局是影响大型国有企业构建第二曲线创新的重要因素，企业需细致观察竞争格局的变化，分析竞争对手的优势和劣势，以便制定出更具竞争力的创新战略。市场集中度是衡量市场竞争程度的重要指标，在第二曲线创新领域，大型国有企业需分析市场集中度，了解主要竞争对手的数量和市场份额分布情况。在此基础上，大型国有企业应深入分析竞争对手的市场份额、产品特点、营销策略及竞争优势等，发现其弱点，制定更具针对性的竞争策略和合理的市场进入策略。竞争趋势是影响大型国有企业未来发展的关键，企业需分析市场竞争的发展趋势，包括新兴竞争对手的崛起、市场格局的变化以及行业整合等，通过预见未来的市场竞争格局，提前制定差异化的竞争策略，如技术创新、品牌建设、服务提升等，以提升市场竞争力，确保在第

二曲线创新的道路上脱颖而出。

3. 趋势预测与战略规划的紧密结合，引领第二曲线创新方向

趋势预测是大型国有企业构建第二曲线创新的重要依据，企业需将趋势预测与战略规划紧密结合，将预测结果融入战略规划，制定出符合市场趋势的创新战略。通过趋势预测，大型国有企业可以预见未来的市场需求、竞争格局及技术发展情况，确保战略规划的前瞻性和针对性。同时，鉴于市场环境瞬息万变，大型国有企业需建立战略规划动态调整机制，并根据市场变化及时调整，通过持续的市场洞察与趋势预测，发现战略规划中存在的问题和不足，及时进行调整和改进。此外，建立完善的创新机制，加强组织、人才及资金保障，确保创新战略的顺利实施；建立创新成果的评估机制，对创新成果进行评估和奖励，激发员工的创新积极性。

在构建第二曲线创新的过程中，大型国有企业面临诸多风险和挑战。因此，需建立完善的风险管理机制，对可能出现的风险进行评估和预警，以便及时采取措施进行应对。通过制定切实可行的应对策略，大型国有企业能够在风险发生时迅速做出反应，降低风险损失，确保第二曲线创新的顺利推进。

（二）战略定位与战略规划

1. 大型国有企业构建第二曲线创新的战略定位

大型国有企业通常拥有深厚的行业背景和丰富的经验积累，这些传统业务构成了企业的核心竞争力。在构建第二曲线创新时，大型国有企业应首先深入挖掘传统业务的潜力，通过技术创新、管理创新等方式，提升传统业务的价值和效率。例如，在制造业领域，大型国有企业可以通过引入智能制造、物联网等技术，实现生产过程的自动化、智能化，提高生产效率和产品质量。在挖掘传统业务潜力的基础上，大型国有企业可以进一步拓展相关多元化业务。相关多元化业务是指在现有业务基础上，向产业链上下游或相关领域延伸，形成新的增长点。例如，在能源领域，大型国有企业可以从传统的煤炭、石油开采向清洁能源、智能电网等领域拓展，形成能源产业链的全覆盖。

传统业务优势不仅是大型国有企业的根基，也是其拓展新领域、构建第二曲线创新的基石。大型国有企业应充分利用传统业务在市场上的品牌影响

力和市场地位，将品牌优势转化为新业务的竞争优势，通过品牌宣传、市场推广等方式，提升新业务在市场上的知名度，吸引更多客户和合作伙伴。

大型国有企业要紧跟国家政策导向和市场需求变化的步伐，在构建第二曲线创新时，积极响应国家号召，把握发展机遇。例如，在“一带一路”倡议下，大型国有企业可以积极参与共建国家的基础设施建设、资源开发等领域，拓展海外市场；在碳达峰、碳中和目标下，大型国有企业可以加大清洁能源、节能环保等领域的投入，推动绿色转型。此外，为更好地紧跟国家政策导向和市场需求变化，大型国有企业应加强市场研究分析，收集分析市场信息、政策动态、竞争对手情况等数据，为战略决策提供有力支持；同时，大型国有企业应建立灵活的市场反应机制，快速响应市场变化，把握发展机遇。

创新是构建第二曲线创新的核心驱动力，大型国有企业应加大研发投入，提升创新能力，推动新技术、新产品的不断涌现，通过设立研发中心、加强与高校和科研机构的合作等方式，构建开放式的创新体系，吸引更多创新资源和人才。另外，技术创新是提升核心竞争力的关键，大型国有企业应积极推动技术创新与产业升级，将新技术应用于传统业务中，提升业务效率和价值。同时，大型国有企业应关注新技术的发展趋势，如人工智能、区块链、物联网等，积极探索新技术在新业务中的应用场景和商业模式。

2. 大型国有企业构建第二曲线创新的战略规划

在构建第二曲线创新过程中，大型国有企业应明确战略目标，使其与企业整体发展战略相衔接，具有可操作性和可衡量性，包括选择何种新兴产业、采取何种技术创新模式、如何开拓市场等关键环节。此外，目标设定需要具有可衡量性和可实现性，能够清晰反映大型国有企业在第二曲线创新方面的期望成果；任务分解则需要将目标细化为具体的任务和责任，确保各部门和团队能够明确自己的职责与分工；资源配置则需要根据任务的需求和优先级，合理分配人力、物力、财力等资源。通过制定明确的实施路径，大型国有企业可以确保第二曲线创新的各项工作有序进行，并及时调整和优化计划，以适应市场变化和自身条件变化。

产业协同是大型国有企业构建第二曲线创新的重要手段。在战略规划上，大型国有企业应注重产业协同，加强与上下游企业的合作，形成产业链上下游协同创新的发展格局；大型国有企业还应注重资源整合，充分利用自身在资金、技术、人才等方面的优势，通过并购重组、战略合作等方式，整合优质资源，提升产业竞争力。同时，数字化转型和智能化升级作为第二曲线创新的重要方向，大型国有企业应积极推进数字化转型，借助大数据、云计算、人工智能等先进技术，重塑业务流程、优化组织结构、提升运营效率，并注重智能化升级，通过引进智能设备、建设智能工厂等措施，提升生产自动化水平和智能化水平。此外，大型国有企业应建立健全风险管理体系和内部控制机制，加强对新业务、新技术的风险评估和监控；还应注重合规经营和风险防范，确保新业务、新技术的合规性和安全性。

此外，为了保障第二曲线创新的顺利实施，大型国有企业需要构建完善的政策支持、技术创新、人才培养、市场拓展等保障体系。在政策支持方面，大型国有企业可以积极争取国家和地方政府的政策扶持与资金支持，降低创新风险和成本；在技术创新方面，大型国有企业可以加大研发投入，建立产学研合作机制，提升自主创新能力；在人才培养方面，大型国有企业可以加强人才培养和引进，建立人才激励机制，吸引和留住优秀人才；在市场拓展方面，大型国有企业可以加强市场调研和分析，制定差异化的市场策略。通过构建完善的保障体系，大型国有企业可以为第二曲线创新提供有力的支持和保障，确保创新工作顺利进行并取得实效。

3. 大型国有企业第二曲线创新的战略推进

在构建第二曲线创新过程中，时机至关重要，大型国有企业需要密切关注市场趋势和自身条件的变化，及时抓住有利时机启动创新工作。一方面，大型国有企业需要在传统业务领域尚未触及天花板之前，提前布局新兴领域和赛道，以免错失发展机遇；另一方面，大型国有企业需要在创新工作启动之初就明确目标和方向，确保创新工作的针对性和实效性。此外，第二曲线创新是一个长期而复杂的过程，需要大型国有企业分阶段推进，注重动态优化。在初期阶段，大型国有企业可以通过小范围试点或项目合作等方式，探索新的业务模式和技术路径；在中期阶段，大型国有企业可以扩大试点范围，加大推广力度，形成规模效应和协同效应；在后期阶段，大型国有企业则需要不断优化创新成果，提升核心竞争力和市场占有率。通过分阶段推进，大型国有企业可以逐步积累经验、完善模式、提升能力，为第二曲线创新的成功实施奠定坚实的基础。

构建第二曲线创新不仅是大型国有企业当前的重要任务，更是实现长远发展的必然选择。大型国有企业需要关注长远发展，建立可持续的创新机制。一方面，大型国有企业需要将创新工作纳入企业战略规划和年度计划，确保创新工作的持续性和稳定性。另一方面，大型国有企业需要建立创新激励机制和容错免责机制，鼓励员工积极参与创新活动并承担一定的风险。通过建立可持续的创新机制，大型国有企业可以激发员工的创新热情和创造力，推动创新工作不断向前发展，并为企业的长远发展提供源源不断的动力。

五、 大型国有企业第二曲线创新的战略实施

（一）第二曲线创新的资源整合与配置

在大型国有企业全力推进并深度挖掘第二曲线创新的浪潮中，创新资源的整合与配置已成为引领企业转型升级、实现长期竞争力与可持续发展的核心驱动力。这一过程不仅决定了企业能否成功拓展新业务领域、占据市场先机，更是构建第二曲线创新生态、推动企业跨越式发展的关键所在。

1. 第二曲线创新资源整合与配置的核心策略升级

第一，精准把握第二曲线创新需求，全面识别并高效获取创新资源。这涵盖了技术创新、产品创新、市场创新等多个战略维度，大型国有企业需紧密结合第二曲线创新的总体目标，精确锁定所需的技术、人才、资金等关键资源。通过深入的市场调研、前瞻性的技术评估、详尽的人才盘点等多元化手段，精准描绘资源分布图谱，为后续的资源整合与配置奠定坚实的基础，为第二曲线创新提供强有力的资源支撑。

第二，深化资源配置结构优化，大幅提升资源利用效率。大型国有企业应基于第二曲线创新需求的优先级和紧迫性，实施科学合理的资源分配策略，确保关键领域和核心项目的资源投入充足且高效；同时，强化资源的共享与协同机制，通过跨部门、跨领域的深度融合与合作，实现资源的优化配置与

高效利用。此外，大型国有企业应建立健全资源管理机制，定期对资源的投入与产出进行精细化评估与分析，根据评估结果灵活调整资源配置策略，进一步激发资源潜能，为第二曲线创新注入不竭动力。

第三，加强内外部资源的深度融合与互动，构建强大的创新合力。大型国有企业应充分发挥自身在技术积累、人才储备、资金实力等方面的规模优势，深挖内部资源的协同效应。同时，大型国有企业应积极拓宽外部资源引入渠道，与高校、科研机构、行业专家等建立紧密的产学研合作关系，通过技术引进、联合研发、人才培养等多种方式，实现创新资源的跨界融合与优势互补，为第二曲线创新提供源源不断的创新源泉和强大合力。

第四，推动创新资源的市场化配置与流动，引导资源向第二曲线创新领域倾斜。大型国有企业应建立健全市场机制，通过市场化配置和激励机制的引导，推动创新资源向具有显著创新能力和潜力的领域与项目流动，提升资源的优化配置效率，从而激发企业的创新活力与创新动力，为第二曲线创新营造更加活跃的创新氛围。

第五，强化创新资源的管理与评估工作，确保资源的有效利用与创新活动的顺利进行。大型国有企业应建立完善的创新资源管理制度和流程，规范创新资源的整合与配置行为；同时，建立科学的评估机制，定期对创新资源的投入与产出进行细致评估和分析，及时发现并解决资源配置中存在的问题与不足，为第二曲线创新的持续推进提供有力保障。

2. 第二曲线创新资源整合与配置的实施路径强化

在积极构建并深化第二曲线创新中，大型国有企业需致力于构建一套完备的第二曲线创新资源管理体系。这一体系应涵盖资源识别、高效获取、深度整合、精准配置及持续优化等关键环节，通过制度化的精细管理，确保创新资源得以最大化利用，为第二曲线创新活动的蓬勃开展奠定坚实的基础。

创新团队作为第二曲线创新活动的中坚力量，其协同合作极为重要。大型国有企业应高度重视创新团队的培育与建设，通过广泛引进顶尖人才、精心培养内部潜力股、构建科学合理的激励机制等举措，全面提升创新团队的综合素质与创新能力，汇聚成推动第二曲线创新的强大合力。产学研作为获取外部创新资源的宝贵桥梁，其在第二曲线创新中的作用越发凸显。大型国有企业应积极携手高校、科研机构及行业专家，通过技术引进、联合研发、高端人才培养等多元化合作方式，拓宽创新资源获取渠道，深化合作内涵，建立稳固而持久的合作关系与合作机制，为第二曲线创新资源的持续注入与高效利用提供坚实保障。在创新资源整合与配置中，大型国有企业还应不断强化创新资源的评估与监控机制。通过定期对创新资源的投入与产出情况进行深度评估，大型国有企业应敏锐捕捉资源配置中的潜在问题与不足，并迅速采取有效措施予以解决。同时，大型国有企业应建立完善的实时监控与跟踪机制，对创新资源的利用状况进行全方位、全天候的监控，确保每份资源都能精准投向第二曲线创新的关键领域，为创新活动的顺利推进保驾护航。

3. 第二曲线创新资源整合与配置的保障强化措施

第一，强化组织领导，明确第二曲线创新责任分工。为确保第二曲线创新资源整合与配置的高效推进，大型国有企业应成立专门的创新领导小组或创新管理部门，以肩负起第二曲线创新资源整合与配置的组织领导和协调重任；同时，需清晰界定各部门和各单位的责任边界与分工范围，确保第二曲线创新资源整合与配置工作得以顺畅无阻地实施。

第二，深化第二曲线创新人才培养与引进，完善创新激励机制。大型国有企业应将第二曲线创新人才的培养与引进置于战略高度，通过实施创新人才培养计划、广纳贤才、构建人才激励机制等多元化举措，全面提升创新人才的综合素质与创新能力。同时，大型国有企业应建立健全第二曲线创新激励机制，涵盖物质与精神双重激励，如设立创新奖励基金、提供创新培训契机、搭建创新成果展示舞台等，以充分激发创新主体的创新活力与第二曲线创新动力。

第三，聚焦第二曲线创新能力提升，强化知识产权保护与管理。创新人才作为第二曲线创新活动的核心驱动力，其权益保障至关重要。大型国有企业应加大对知识产权的保护与管理力度，构建完善的知识产权管理制度与流程，通过加强专利申请、商标注册、版权登记等工作，为第二曲线创新成果筑起坚实的法律屏障。同时，大型国有企业应积极推动知识产权的转化与应用，加速第二曲线创新成果的商业化进程与市场拓展步伐。

第四，加速第二曲线创新资源信息化建设，提升管理效率。信息化建设作为提升第二曲线创新资源管理效率的关键途径，大型国有企业应予以高度重视，通过加强创新资源的信息化建设，构建先进的创新资源管理系统与平台，实现创新资源的快速识别、精准获取、高效整合与灵活配置；借助信息化手段，大幅提升第二曲线创新资源的管理效率与利用效率；同时，强化信息安全与保密工作，确保第二曲线创新资源的安全与保密性得到严格保护。

（二）第二曲线创新的组织变革

1. 组织变革的关键驱动力与挑战

组织变革不仅是大型国有企业顺应市场环境变迁、技术进步浪潮的必由之路，更是其构建并深化第二曲线创新的核心环节。面对日新月异的市场需求和不断迭代的技术趋势，传统的组织结构与管理模式往往显得力不从心，难以支撑企业的长远发展。因此，大型国有企业亟须通过组织变革打破既有的组织壁垒，优化资源配置，提升运营效率，以更加灵活的姿态应对市场挑战，抓住稍纵即逝的发展机遇。

在构建第二曲线创新的过程中，组织变革的重要性不言而喻，它不仅能激发企业的创新活力，推动企业在新的业务领域和技术方向上不断探索与突破，还能打破部门壁垒，促进跨部门、跨领域的深度合作，形成协同创新的新模式，为第二曲线创新提供源源不断的动力。同时，组织变革是企业在激烈市场竞争中立于不败之地的重要法宝。通过优化组织结构和管理模式，企业能够进一步提高运营效率和市场响应速度，实现资源的优化配置和高效利用，从而在竞争中脱颖而出。

然而，组织变革之路并非坦途，大型国有企业在推进组织变革过程中面临着诸多挑战。组织变革往往伴随利益的重新分配，容易引发部分员工的抵触情绪和不配合行为。同时，组织变革需要投入大量的资源和时间，这可能对企业的日常运营产生一定影响。此外，组织变革还伴随不确定性和风险，如市场反应不佳、新业务探索失败等。为了克服这些挑战，大型国有企业需要精心制定科学的变革策略和实施计划，并加强内部沟通与协调，争取员工的理解和支持，共同克服组织变革过程中的阻力和冲突，为第二曲线创新的顺利推进奠定坚实的基础。

2. 第二曲线创新组织变革的实施策略

第一，优化组织结构是第二曲线创新的关键任务。大型国有企业需紧密结合自身的发展需求与市场环境的变化，对现有的组织结构进行深度调整与优化。通过精简管理层级、缩短决策链条等举措，显著提升决策效率与执行力，同时降低管理成本，进一步提高企业的运营效率。此外，根据业务需求的演变与市场趋势的变动，对现有部门进行战略性整合与重组，通过合并相似职能部门、撤销冗余机构等方式，实现资源的优化配置与高效利用。更重要的是，根据新业务板块的蓬勃发展需求，适时设立全新的部门或创新团队，为第二曲线业务的迅猛崛起提供坚实支撑。同时，通过建立跨部门协作新机制、强化信息共享与资源整合，打破传统部门壁垒，开创协同创新的全新模式，全面提升企业的整体创新能力与核心竞争力。

第二，管理创新在第二曲线创新组织变革中占据核心地位。大型国有企业应积极引入先进的管理理念与方法，对现有管理模式进行大胆改革与创新，通过借鉴国内外顶尖企业的管理智慧与实践经验，如构建科学完善的管理体系、推行公正透明的绩效考核制度、加强全面风险管理等，全面提升企业的管理水平与运营效率，从而在激烈的市场竞争中脱颖而出。同时，大型国有企业应充分利用信息技术的强大力量，加速企业的数字化转型进程，通过建立智能高效的数字化管理平台、推动业务流程的持续优化等，实现信息的即时传递与资源的高效配置，进一步提升企业的决策速度与执行力，显著降低运营成本，从而在市场竞争中占据有利地位。

第三，在构建第二曲线创新生态的过程中，大型国有企业需将人才培养与激励机制置于战略高度。大型国有企业通过构建全方位、多层次的培训体系与学习平台，为员工提供丰富多彩的培训资源与成长机会，为企业的持续发展奠定坚实的人才基础；同时，建立科学公正、激励与约束并重的激励机制与晋升通道，充分激发员工的工作热情与创造力，这些激励措施需紧密贴合企业的核心价值观与战略目标，从而成为推动企业文化繁荣发展、加速第二曲线创新进程的重要驱动力。

3. 文化塑造的作用与路径

首先，文化塑造是培育共同价值观的关键。在大型国有企业致力于构建第二曲线创新的征程中，形成统一的价值观和使命愿景至关重要。通过深入的文化塑造，大型国有企业可以引导员工树立正确的价值导向和职业观念，凝聚成一股共同奋斗、追求卓越的精神力量，为第二曲线创新提供坚实的思想基础。其次，文化塑造是激发第二曲线创新精神的源泉。一个鼓励创新、宽容失败的企业文化氛围，能够极大地激发员工的创新潜能和创造力。在这样的文化熏陶下，员工敢于尝试、勇于突破，不断在技术创新、管理创新等领域取得新成果，从而显著提升企业的核心竞争力，为第二曲线创新注入不竭的动力。最后，文化塑造是拓展第二曲线创新的重要路径。大型国有企业可以通过精心打造具有独特魅力的企业文化，彰显企业的品牌形象和价值观。这不仅能吸引更多的合作伙伴和客户，还能为企业开辟更多的发展道路，为第二曲线创新创造更加广阔的空间。

大型国有企业应紧密结合自身的发展需求和市场环境，提炼出彰显企业特色的核心价值观，并将其贯穿企业的各项工作，成为指导员工行为、引领企业决策的核心理念。同时，大型国有企业应加强文化建设的组织实施，制订具有针对性的文化建设方案，并通过多种渠道和平台广泛宣传企业的文化和价值观，以增强企业的凝聚力和向心力，为第二曲线创新提供强大的精神支撑。

此外，组织变革与文化塑造的协同作用不容忽视。在构建第二曲线创新的过程中，大型国有企业应将组织变革与文化塑造紧密结合，充分发挥两者的相互促进作用。组织变革为文化塑造提供新的组织结构和管理机制，推动企业文化的深入发展和广泛传播；而文化塑造则为组织变革提供强大的精神动力，有助于减少变革过程中的阻力和冲突，确保变革顺利进行。两者的有机结合将为大型国有企业构建第二曲线创新提供坚实的组织保障和文化支撑，引领企业在激烈的市场竞争中脱颖而出，实现持续稳健的发展。

（三）第二曲线创新的评估与反馈

在大型国有企业推动第二曲线创新的征途中，创新的评估与反馈机制是确保其持续迭代与优化的基石。这一机制不仅为创新过程提供了科学的审视与指导，更为后续的优化策略提供了坚实的支撑。为了精准把握第二曲线创新的脉搏，大型国有企业需构建一套多元化的评估体系。这一评估体系涵盖市场评估、技术评估与风险评估等多个维度，全方位、多角度地审视创新项目的实际状况。市场评估聚焦于新业务领域的市场需求、竞争态势及增长潜力，为企业的市场布局提供战略指引；技术评估则深入剖析新技术的可行性、先进性及成本效益，确保技术创新能够切实转化为企业的竞争优势；风险评估则对新业务可能遭遇的市场风险、技术风险及管理风险进行全面剖析，为企业决策提供风险预警与应对策略。

与此同时，大型国有企业需建立一套高效的反馈机制，确保创新项目在实施过程中的问题与建议及时得到收集与处理。这一反馈机制不仅为后续的迭代与优化提供了宝贵的依据，更为企业的持续改进与创新提供了源源不断的动力。在评估过程中，大型国有企业应充分利用大数据、人工智能等前沿技术，实现数据驱动的决策。通过对市场数据、用户数据、运营数据等海量信息进行深度挖掘与分析，大型国有企业能够更加精准地洞察市场趋势与用户需求，为创新项目的调整与优化提供有力支持。数据驱动决策不仅提高了企业的决策效率与准确性，更在降低决策风险的同时，为第二曲线创新的持续迭代与优化提供了坚实保障。

（四）第二曲线创新战略调整

战略调整与资源再配置是大型国有企业推动第二曲线创新持续迭代与优化、实现跨越式发展的关键所在。通过精准的战略调整与高效的资源再配置，大型国有企业能够充分利用有限资源，加速第二曲线的蓬勃发展。在推进第二曲线创新的过程中，大型国有企业需明确自身的战略定位与发展方向，这要求企业对市场环境、竞争态势及自身实力进行深度剖析，从而精准定位适合自身的新业务领域与新商业模式。同时，大型国有企业需紧跟市场变化与自身发展步伐，灵活调整战略定位与发展方向，确保第二曲线始终保持持续健康发展的态势。创新驱动战略需注重技术创新、管理创新及商业模式创新等多方面协同发展。通过技术创新，企业能够不断提升产品或服务的技术含量与附加值，增强市场竞争力；通过管理创新，企业能够优化内部管理流程，提高运营效率，降低运营成本；通过商业模式创新，企业能够探索新的盈利模式与增长路径，为第二曲线创新的快速发展注入强劲动力。这些创新举措的协同推进，将为大型国有企业第二曲线创新的快速发展提供有力保障。在资源配置层面，大型国有企业需聚焦优化资源结构，提升资源利用效率。一方面，企业应加大对第二曲线创新的投入力度，确保新业务与新模式获得充足的资金支持，为第二曲线创新的快速发展奠定坚实的基础；另一方面，企业应优化人力资源配置，积极吸引并培养具备创新思维与专业技能的优秀人才，为第二曲线创新的培育与发展提供强大的人才支撑。

（五）第二曲线持续创新与长期竞争力构建

在大型国有企业的发展历程中，第二曲线持续创新与长期竞争力构建是其不断迭代优化的最终目标。这一目标的达成不仅意味着大型国有企业能在激烈的市场竞争中稳操胜券，更预示着大型国有企业将实现可持续的繁荣发展。首先，强化技术研发与创新能力是大型国有企业推进第二曲线创新的核心引擎。在技术研发领域，大型国有企业应不断加强自主研发和创新能力建设，与高校、科研机构等创新主体携手并进，深化合作与交流，共同探索科技前沿。同时，大型国有企业应积极参与国际竞争与合作，吸纳全球智慧，为自身注入不竭的技术动力和创新活力，推动第二曲线持续攀升。其次，培育创新文化与人才队伍是大型国有企业激发第二曲线创新潜能的关键所在。大型国有企业应致力于营造开放包容、鼓励创新的文化氛围，让创新思维在每一寸土地上生根发芽；加强创新教育和培训，建立完善的人才激励机制和职业发展通道，吸引和培养一支具备创新思维和专业技能的人才队伍，为第二曲线创新的蓬勃发展提供坚实的人才支撑和智力保障。再次，构建长期竞争优势是大型国有企业稳固第二曲线创新成果、拓展发展空间的必由之路。大型国有企业应注重加强核心竞争力建设，优化产业结构和布局，提升产业附加值和市场竞争力。同时，大型国有企业应实施国际化战略，加强品牌建设，让自身的品牌之光闪耀全球，为企业的长远发展奠定坚实的基础。最后，持续迭代与优化创新过程是大型国有企业推动第二曲线创新的原动力。创新之路从无坦途，大型国有企业应勇于探索、不断试错，从经验教训和成功案例中汲取养分，为后续的创新项目提供宝贵借鉴。同时，大型国有企业应加强与行业内外创新主体的合作与交流，共同推动创新生态系统的繁荣与发展，为自身的持续创新注入不竭动力。

第四章　技术引领：从传统业务到数字化转型

随着信息技术的迅猛发展，数字化转型已成为企业提升竞争力的关键路径。对大型国有企业而言，数字化转型不仅意味着技术层面的革新，更是一场克服体制机制惯性，涉及企业战略、组织结构、业务流程、人才管理等多个方面的深刻变革。数字化转型不仅改变了大型国有企业的运营模式，还推动了大型国有企业的创新模式变革。通过数字化转型，大型国有企业能够更加灵活地应对市场变化，快速推出新产品和新服务，从而开辟新的业务领域和市场，实现第二曲线创新。与此同时，国务院国资委要求国有企业深入贯彻落实党中央、国务院关于推动数字经济和实体经济融合发展的重要指示精神，将数字化转型作为改造提升传统动能、培育发展新动能的重要手段，通过数字化转型，促进国有企业质量变革、效率变革、动力变革，提升产业基础能力和产业链现代化水平，培育具有全球竞争力的世界一流企业。

一、数字化转型成为大型国有企业创新的加速器

（一）大型国有企业数字化转型刻不容缓

1. 数字化转型是顺应时代的必然要求

2017 年数字经济首次被写入党的十九大报告，并上升为国家战略。习近平总书记强调，要实施国家大数据战略，加快建设数字中国。数字经济已成为高质量发展的关键力量和落实国家重大战略的重要保障。作为国家现代化经济体系建设的主力军和国家科技创新的排头兵，大型国有企业只有推进企业的数字化转型，才能在创新驱动发展中发挥更大作用。同时，处于行业生态系统核心位置的大型国有企业，在数字化和智能化转型方面，将极大带动产

业链上下游企业的转型升级，从而促进经济高质量发展。

2. 数字化转型是大型国有企业发展的必然趋势

随着当今世界迎来新一轮科技和产业变革的浪潮，数字化成为企业发展的重要引擎。成功进行数字化转型的企业，其盈利能力和估值获得了大幅提升。在工业经济时代，企业通常追求规模，体量越大越容易发挥规模优势和影响力。而在数字经济时代，企业更多的是从数字化视角分析新价值和新模式，为企业创新发展提供新途径。在数字化转型大潮中，大型国有企业如逆水行舟，只有抓住机遇主动融入数字经济，以数字化引领创新，才能驱动效率提升，重构核心竞争力，实现追赶甚至超越，否则最终会被用户抛弃，被市场淘汰。

3. 数字化转型是培育世界一流企业的必由之路

在全球1000强企业中，有接近七成的企业将数字化转型作为未来企业的战略核心，全球市值排名前10的企业全部为数字化企业。对致力于打造具有全球竞争力的国有企业来说，数字化转型已不是一道战略选择题，而是一道生存题，是迈向世界一流企业的必然选择。当前，我国经济已经开启了高质量发展的新时代，大型国有企业应抓住数字化转型的关键期，借鉴先进企业数字化转型的经验，通过数字化转型加速新旧动能转换，为培育世界一流企业提供支撑和保障。

（二）第二曲线创新中数字化转型的作用

1. 提高运营效率与降低成本

大型国有企业应通过数字化转型把产业链各个环节统一到数字化平台，形成有效的连接、协同和共享，从而降低企业成本，提高运营效率。2023年，世界经济论坛发布的白皮书指出，数字化变革促进了企业的转型创新，使制造业企业成本平均降低19%，营收增加26%。借助数字化转型，大型国有企业可以有效降低不确定性，使研发、制造和营销更加敏捷高效，提升企业价值链的效益与效率，真正推动企业实现提质增效、降低成本。

2. 推动业务模式创新

数字化转型能够推动大型国有企业业务模式创新，帮助企业开拓新的市场和业务领域。例如，通过电子商务平台，实现线上线下的融合，拓宽销售渠道；通过数据分析和人工智能技术，开发更加个性化的产品和服务，满足客户的定制化需求；通过数字化营销手段，精准定位目标客户群体，提高营销效果。这些创新使大型国有企业不仅能实现业务的增长和市场份额的扩大，还能提升企业的品牌影响力和客户满意度。

3. 促进组织变革与管理创新

数字化转型能够促进大型国有企业组织变革和管理创新，帮助企业建立更加灵活、高效的组织体系和管理模式。通过构建数字化平台和生态系统，企业可以实现跨部门、跨企业的协同合作和信息共享；通过数据分析和人工智能技术，企业可以实现对业务流程的实时监控和智能优化；通过引入敏捷开发和精益管理等先进理念，企业可以提高产品研发和生产效率与质量。这些变革不仅能提高大型国有企业的运营效率和竞争力，还能激发员工的创新活力和工作热情。

（三）大型国有企业数字化转型的主要障碍

1. 认知方面，数字化转型尚未突破观念束缚

首先，部分大型国有企业尚未意识到数字化转型的紧迫性，缺乏全局层面的系统性认知。特别是一些企业，未能从战略视角理解数字化，尤其是缺乏数字化与企业实际结合的深度理解。由于没有意识到数字作为战略资源的重要性，企业不能从组织和管理变革的角度系统梳理数字化转型的具体目标与任务。其次，部分企业缺乏主动转型的信心。由于受到信息技术复杂、企业基础薄弱以及投资大、时间长等因素的影响，大型国有企业顾虑较多，或认为当前市场倒逼压力不大不需要转型，或认为数字化转型困难重重难以实现，缺乏主动转型的意愿和决心。最后，有些大型国有企业将数字化转型等同于简单的部署 IT 系统，认为数字化转型就是上设备、重投入，将引进数字化工具作为核心工作，认知不足造成企业很难真正开展数字化转型。

2. 实施方面，数字化转型应用能力有待加强

当前，许多大型国有企业在数字化转型实施过程中存在“重自动化、轻数字化”的现象，更重视设备的自动化和少人化，数据互联互通和数据采集

的基础存在明显短板。数字化是手段不是目的，过度追求无人化的制造模式，只会偏离数字化转型的本源。另外，数字化转型是一项包括调研、实施、维护在内的复杂工程，每个环节都至关重要。但部分企业过于强调数字化的实施效果，导致前期调研不到位，后期维护不及时，系统内各个环节脱节，很难发挥整体的最大功效。此外，一些企业在数字化实践中缺乏整体规划和统筹安排，更缺少操作性强的具体实施手段，部分企业甚至把数字化转型工作下移到个别职能部门，寄希望于单一部门承担转型重任。数字化转型涉及方方面面，远不是个别部门所能实现的，必须由决策层引领，整合协调企业的内外部资源，只有系统性的转型方案才能确保企业数字化转型成功。

3. 管理方面，组织机制不能完全适应转型需求

数字化转型的核心是管理水平的提升，当前部分大型国有企业多依据科层管理架构进行组织设计、机构设置和职能分工，无论是制度还是流程，都很难适应数字化转型的要求。数字经济给企业管理带来了诸多不确定性，组织结构很难适应多技术融合以及业务跨界的要求。尤其是遇到问题时，企业通常采用成立专门机构的方法加以解决，这就导致了部门过多、机构复杂、权限不清，无法应对复杂分工和协作。虽然很多企业也建立了相应的数字化管理规范，但受固有观念和管理刚性的影响，新的制度和流程在实施中往往流于形式难以落地，导致企业的数字化系统很难发挥最大作用。为此，大型国有企业必须摒弃传统模式，重构组织结构，使管理理念和规范与数字化转型相匹配。

4. 保障方面，数字化转型支撑要素存在短板

在人才方面，缺乏与数字化相关的高层次复合型人才。当前，部分大型国有企业缺少既懂制造业务又懂数字技术，还精通经营管理的高端复合人才，高端复合人才短缺已成为制约大型国有企业数字化转型的重要瓶颈。此外，数字化人才的激励、考核，以及与传统业务人员的融合等问题仍需进一步探索。在技术方面，企业核心技术能力不足，数字化技术储备不够，信息基础建设较为薄弱，很难依靠企业自身的力量完成数字化转型。同时，采用第三方技术支持较难开展数字化转型工作，除技术服务价格较高外，最重要的是第三方很难完全熟悉企业运营实际，提供的方案往往针对性较弱，难以真正

落地。在资金方面，数字化转型资金渠道单一、内部资金投入不足、外部资金供应不够是企业数字化转型的重要制约因素，资金来源以企业自有资金为主，以政府资金支持为辅，而通过资本市场获得资金的渠道仍然不够畅通。

二、新一代人工智能技术赋能大型国有企业数字化转型

随着科技的飞速发展，新一代人工智能技术已成为推动数字化转型的重要力量。作为国民经济的支柱，大型国有企业数字化转型不仅是响应国家创新驱动发展战略的必然要求，更是确保企业在竞争日益激烈的市场中生存与发展的必要举措。当前，新一代人工智能技术以其强大的数据处理能力、智能决策能力和自动化应用能力，提升了生产效率，成为大型国有企业数字化转型的重要驱动力，正深刻改变着大型国有企业的生产方式、管理模式和业务流程。然而，大型国有企业在数字化转型过程中仍面临诸多挑战，亟须系统分析新一代人工智能技术赋能大型国有企业数字化转型的发展趋势，并提出具有针对性的解决方案。

（一）新一代人工智能技术赋能大型国有企业数字化转型的发展趋势

1. 新一代人工智能技术与大型国有企业数字化转型的深度融合

当前及未来一段时期内，新一代人工智能技术将与大型国有企业数字化转型深度融合，推动企业的创新升级。首先，技术进步的推动。随着新一代人工智能技术的不断发展和完善，其在大型国有企业数字化转型中的应用范围和深度不断扩大，为大型国有企业提供了更加智能化、高效化的解决方案，推动了数字化转型的深化。其次，市场需求的变化。随着市场竞争的加剧和消费者需求的多样化，大型国有企业需要更加智能化、个性化的产品和服务来满足市场需求。新一代人工智能技术可以帮助大型国有企业实现产品和服务的智能化升级，提高市场竞争力。最后，政策支持的引导。国家相继出台的系列政策文件鼓励大型国有企业加强数字化转型和人工智能技术的应用，这些政策也推动了新一代人工智能技术与大型国有企业数字化转型的深度融合。

2. 新一代人工智能技术提供了数据分析的深化应用

随着算法的不断优化和硬件性能的提升，新一代人工智能技术将更加成

熟，其应用范围和效果将得到显著提升，为大型国有企业数字化转型提供了数据分析的深度支撑。一是深度学习技术的广泛应用。深度学习技术在图像识别、自然语言处理等领域取得了显著进展，未来将在大型国有企业数字化转型中进一步推动数字化应用场景的创新和发展。二是大数据技术的深度融合。大数据技术在数据收集、存储、处理等方面具有显著优势，将推动大型国有企业在生产、运营、管理等多个方面的数字化转型。三是物联网技术的广泛应用。作为连接物理世界和数字世界的桥梁，物联网技术在大型国有企业数字化转型的智能制造、智慧交通等领域具有广泛应用前景。

3. 新一代人工智能技术从赋能大型国有企业数字化转型延伸到行业数字化转型

通过新一代人工智能技术，大型国有企业依托自身规模、资源和行业优势，不仅可以推动自身的数字化转型，还可以推动所在领域以及跨行业的数字化转型，提升行业的整体竞争力和可持续发展能力。依托新一代人工智能技术，大型国有企业通过构建智能化的运营平台及管理系统、优化资源配置、提高生产效率等方式，可以降低行业成本，提高盈利能力，为更多行业提供定制化的数字化解决方案。此外，大型国有企业通过智能化平台，打造“产业链链长”，推动产业链上下游高校、企业等机构的协同合作，形成共赢的生态系统，进而推动所在行业的产业升级和转型，提升行业的整体竞争力。

4. 新一代人工智能技术为大型国有企业数字化转型提供科学决策路径

大数据和新一代人工智能技术推动了数据驱动的决策体系构建，提升了决策的准确性和效率。根据自身的战略目标和业务需求，大型国有企业通过收集和分析海量数据，了解市场动态、客户需求和内部运营情况，将决策指标转化为具体的、可量化的目标，对决策效果进行评估，并通过定期的数据分析和评估，及时调整决策策略，确保决策的科学性和有效性，为制定科学的发展战略提供有力支持。

（二）新一代人工智能技术赋能大型国有企业数字化转型的对策建议

1. 明确大型国有企业数字化转型的战略规划

当大型国有企业推进数字化转型时，应制定明确的数字化转型战略，充分考虑新一代人工智能技术的应用和发展趋势，明确转型的目标、路径和措施。大型国有企业应通过新一代人工智能技术深入了解企业内部资源的特点和实际需求，包括技术、人才、资金、品牌等，帮助企业识别自身的优势资源。基于资源分析，通过新一代人工智能技术进一步评估企业的研发、生产、营销等各项能力，明确企业的核心竞争力，确定大型国有企业数字化转型的重点和方向。在此基础上，大型国有企业通过机器学习等技术，高效地收集、整合和分析企业内外部的海量数据，发现潜在的市场趋势、客户需求和竞争格局，提升决策效率与精准度，为制定数字化转型战略规划提供依据。

2. 推动新一代人工智能技术与应用场景的深度融合

为了解决技术与应用的融合问题，大型国有企业应积极推动新一代人工智能技术与现有业务流程和系统的深度融合。首先，构建新一代人工智能技术基础设施。新一代人工智能技术的深度融合离不开强大的基础设施支撑。大型国有企业应加大在新一代人工智能技术研发、数据存储与处理、算法优化等方面的投入，构建高效、安全的人工智能技术基础设施。此外，大型国有企业还应加强数据治理，为新一代人工智能技术的应用提供可靠的数据支持。其次，推动业务流程优化与新一代人工智能技术的融合。业务流程与新一代人工智能技术融合需要对现有流程进行深入分析和优化，识别出哪些环节可以通过新一代人工智能技术实现自动化、智能化，以提升效率和质量。最后，加强数据安全和隐私保护。使用新一代人工智能技术建立完善的数据安全管理体系，建立科学的数据分类与分级制度，为不同级别的数据制定相应的保护策略。

3. 推动新一代人工智能技术在管理创新中的多维应用

首先，在人力资源管理上，新一代人工智能技术可以提供更加高效和智能的人才管理方案。利用新一代人工智能技术不仅可以大大提高招聘效率和准确性，还可以实现员工绩效评估、360°反馈等，为员工提供个性化的培训计划和职业发展路径，有助于提升员工满意度和绩效水平。其次，在工作流程优化上，新一代人工智能技术通过自动化的工作流程，实现跨部门协作和流程优化，减少人为错误和延误，降低企业的运营成本和风险，有助于实现精益生产和高效运营。最后，在客户关系管理上，新一代人工智能技术提供了个性化的服务体验。通过分析客户数据，新一代人工智能技术可以预测客户需求，提供精准的产品推荐和营销方案，有助于企业构建更加紧密和持久的客户关系。

4. 探索新一代人工智能技术创新人才的培养和发展路径

随着新一代人工智能技术的发展，流程化、规范化、标准化工作岗位的替代不可避免。这对人力资源管理提出更高、更新的标准，要求加快企业新一代人工智能技术创新人才的培养，同时加快推动现有员工的转型。一方面，企业需要提升创新人才的创新思维、战略规划和深度分析能力，全面推动知识转型，通过教育培训，使创新人才具备适应新一代人工智能技术要求的能力，提高创新人才的数字化素养和创新能力。同时，企业需要大力培养和引进新一代人工智能技术等数字化高端人才和创新型人才，不断提高数字化人才和科研人员占比。另一方面，企业针对可能被新一代人工智能取代的岗位，积极开展人工智能数字化专业能力培训，提升员工数字化专业能力和技能，为员工提供职业规划和转型支持。

5. 进一步推动大型国有企业数字化转型的组织变革

新一代人工智能技术为大型国有企业建立适应数字化转型的组织结构和流程体系提供有力的支持与配合。一方面，推动组织结构扁平化。新一代人工智能技术，特别是以大模型为代表的技术，加速了组织的扁平化发展趋势，使企业的决策层和执行层之间的信息传递更加迅速与高效。同时，组织的扁平化有利于激发大型国有企业员工的创造力和参与度，使员工能够更好地发挥自身潜能。另一方面，提升组织协同性。传统组织模式是按照职能进行分工的，“部门墙”和“数据墙”普遍存在。新一代人工智能技术的应用有利于打通企业内部的“数据墙”，促进部门协作和信息共享，提升企业的协同能力。新一代人工智能技术可以通过分析员工的社交媒体互动，了解员工之间的社交网络、工作表现和情绪状态，为管理者提供及时的反馈和建议，以更好地激励和认可员工的努力。

6. 打造以新一代人工智能技术为支撑的产业生态系统

大型国有企业数字化转型的重要内容之一就是推进新一代人工智能技术与产业的深度融合，加强与外部合作伙伴的融通创新，促进大型国有企业与各类企业间的技术交流与协作，实现新一代人工智能技术与产业上下游的全面融合发展。一是推动跨领域融合。大型国有企业应积极推动新一代人工智能技术与传统产业、新兴产业的融合，拓展新的业务领域和商业模式。二是培育新兴产业。大型国有企业应依托新一代人工智能技术，积极培育新兴产业，如智能制造、智慧城市、智慧医疗等。三是推动产业链协同发展。大型国有企业应加强与产业链上下游企业的合作，推动产业链协同发展，形成优势互补、互利共赢的产业生态。四是加强产学研合作。大型国有企业应加大对人工智能技术的研发投入，加强与高校、科研机构的合作，共同推动新一代人工智能技术的研发和应用，通过创新与合作推动大型国有企业数字化转型的快速发展和持续优化。

三、大型国有企业数字化转型的深化策略

（一）大型国有企业数字化转型的阶段性路径分析

1. 数字化转型的准备阶段

在准备阶段，大型国有企业需要明确数字化转型的目标和愿景，制定详细的数字化转型战略和规划，为后续的数字化转型工作奠定坚实的基础。首先，明确转型目标。大型国有企业需要深入分析自身的业务特点、市场环境和技术趋势，明确数字化转型的目标和愿景，提高运营效率、降低成本、增强创新能力、拓展新业务领域。大型国有企业还需要明确数字化转型的优先级和重点任务，确保转型工作的有序进行。其次，制定转型战略。基于明确的目标和愿景，大型国有企业需要制定详细的数字化转型战略和规划，如确定转型路线图和时间表、选择适合的技术和工具、制订实施计划和预算等。转型战略需要具有前瞻性和可操作性，能够指导大型国有企业在数字化转型过程中不断调整和优化。再次，建立转型组织。为了确保数字化转型的顺利进行，大型国有企业需要建立专门的数字化转型组织或团队，负责转型的推进和实施，团队需要具备跨领域、跨专业的知识和技能，能够协同工作，推动转型的顺利进行；同时，大型国有企业需要加强内部沟通和协作，确保各部门之间的信息共享和协同配合。最后，培养数字化人才。数字化转型需要

具备数字化技能和知识的人才来支撑，大型国有企业需要加大对数字化人才的培养力度，通过培养数字化人才提高员工的数字化素养和应用能力，为数字化转型提供有力的人才保障。

2. 数字化转型的启动阶段

在启动阶段，大型国有企业需要搭建数字化转型的基础设施，并确定初步的应用试点，以验证转型的可行性和效果。首先，搭建基础设施。大型国有企业需要搭建云计算平台、大数据中心、物联网设备等数字化转型所需的基础设施，为后续的数字化转型提供强大的技术支持和保障。在搭建基础设施过程中，大型国有企业需要充分考虑自身的业务特点和需求，选择适合的技术与工具进行部署和实施。其次，开展应用试点。在基础设施搭建完成后，大型国有企业需要选择部分业务或领域开展数字化转型应用试点。通过应用试点，可以验证数字化转型的可行性和效果，为后续的大规模推广积累经验。在试点过程中，大型国有企业需要密切关注市场动态和客户需求的变化，及时调整和优化转型策略与实施计划。再次，加强数据治理。数据是数字化转型的核心资源。大型国有企业需要加强数据标准、数据质量、数据安全管理等方面的数据治理工作，确保数据的准确性、完整性、可用性和安全性，为数字化转型提供可靠的数据支持。最后，建立监测机制。为了确保数字化转型的顺利进行和效果评估，大型国有企业需要建立有效的监测机制，通过数据采集、分析和报告等手段，实时掌握数字化转型的进展情况和效果，确保转型工作的顺利进行。

3. 数字化转型的扩展阶段

在扩展阶段，大型国有企业需要将数字化转型扩展到更多的业务领域和部门，实现全面的数字化转型。首先，扩展应用领域。基于试点经验，大型国有企业需要将数字化转型扩展到更多的业务领域和部门，通过全面的数字化转型提高整体运营效率和管理水平。在扩展应用领域的过程中，大型国有企业需要充分考虑各部门的业务特点和需求，制定有针对性的转型策略和实施计划。其次，推动创新业务发展。数字化转型为大型国有企业提供了开展创新业务的可能，大型国有企业不仅可以利用数字技术开发新产品和新服务，满足市场多样化需求，也可以拓展新的业务领域，开辟新的增长点。在推动创新业务的过程中，大型国有企业需要密切关注市场动态和客户需求变化，及时调整和优化产品与服务策略。最后，加强合作与共赢。数字化转型需要跨领域、跨专业的合作与支持，大型国有企业需要积极与产业链上下游企业、科研机构等建立合作关系，共同推动数字化转型的创新和发展，通过合作与共赢实现资源共享、优势互补和协同创新。在加强合作的过程中，大型国有企业需要注重合作方的选择和合作模式的创新，确保合作效果的最大化。

4. 数字化转型的深化阶段

在深化阶段，大型国有企业需要深化数字化转型的应用，推动创新业务的开展和商业模式的变革，实现数字化转型的深入发展和持续创新。一是变革商业模式。数字化转型不仅改变了大型国有企业的业务流程和管理模式，也推动了商业模式的变革。大型国有企业需要利用数字技术创新商业模式，实现盈利模式的多样化和可持续发展。在变革商业模式的过程中，大型国有企业需要充分考虑市场需求和客户需求的变化，制定具有针对性的商业模式创新策略和实施计划。二是加强数据分析和应用。随着数字化转型的深入发展，大型国有企业需要加强对数据的分析和应用，通过数据挖掘、机器学习等技术手段，发现新的商业机会和创新点，为企业的决策提供有力支持。同时，大型国有企业需要加强数据安全管理，确保数据的准确性和完整性。三是推动组织变革。数字化转型需要与之相匹配的组织结构和文化来支撑，大型国有企业需要推动组织变革，建立适应数字化转型的组织结构和文化，包括优化组织架构、调整职责分工、加强团队协作等方面。四是建立持续创新机制。为了保持数字化转型的持续性和创新性，大型国有企业需要建立持续创新机制，鼓励员工提出创新想法和建议、设立创新基金、支持创新项目等，通过持续创新机制的建立和完善，激发企业的创新活力和创造力，推动数字化转型的不断深入和发展。

5. 数字化转型的持续优化阶段

在持续优化阶段，大型国有企业需要对数字化转型的成果进行持续监测和优化，确保数字化转型的持续性和有效性。首先，持续监测与评估。为了确保数字化转型的持续性和有效性，大型国有企业需要建立有效的监测机制，通过数据采集、分析和报告等手段，实时掌握数字化转型的进展情况和效果。

同时，大型国有企业需要定期对数字化转型进行总结，以便发现问题，及时进行调整和优化。其次，不断优化与迭代。基于监测和评估结果，大型国有企业需要对数字化转型成果进行不断优化和迭代，通过不断改进与优化数字化转型的战略、路径和措施，确保数字化转型的持续性和有效性。在优化和迭代的过程中，大型国有企业需要注重创新性和可操作性相结合，确保转型工作的顺利进行。再次，加强风险管理与应对。大型国有企业需要加强风险管理与应对，建立风险预警和应对机制，通过及时发现和应对风险挑战，确保数字化转型的顺利进行和效果最大化。最后，推动文化与价值观的变革。数字化转型不仅是技术层面的变革，更是文化和价值观的变革，大型国有企业需要推动文化与价值观的变革，建立适应数字化转型的企业文化和价值观，倡导创新、开放、协作等价值观，营造积极向上的工作氛围和企业文化。

（二）第二曲线创新驱动下的数字化转型策略

1. 明确企业特点，探索转型模式

大型国有企业要大胆探索、勇于创新，寻找到一条适合自身发展的个性化转型之路。尽管西方成熟的数字化转型经验可以借鉴，但国外模式并不一定适合我国大型国有企业。事实证明，不同国家、不同规模的企业，数字化转型模式各异，不能“一刀切”地照搬经验。在数字化大潮中，很多大型国有企业已经进行了有益的探索，并走出了一条中国式的转型之路，甚至在某些领域走在了世界前列。对我国大型国有企业而言，在汲取成功理念和方法的同时，要立足于自身实际，从“新”“旧”两个层面进行系统的改造、完善甚至重构，形成适合大型国有企业发展的转型模式。一方面，大型国有企业要对原有的制造、销售等传统业务进行数字化转型，实现提质增效；另一方面，在聚焦主业的基础上，利用数字化手段进行产业链上下游延伸，以高水平、高质量的数字化为起点，拓展线上和新业务，为大型国有企业的持续发展培育新增长点。

2. 强化战略引领，注重顶层设计

大型国有企业要进一步加强数字化转型的顶层设计，形成完整明确和路径清晰的战略规划，既要有前瞻性的战略布局，又要有具体的解决方案。战略规划不仅要做好数字化转型的总体设计和统筹安排，更要充分考虑阶段性任务与工作重点，以应用为导向，聚焦核心操作问题，细化长、中、短期目标，完善路线图设计。此外，大型国有企业的数字化转型既是一项复杂的系统工作，也是一场全新的变革，涉及企业组织、制度、管理、文化等各个方面，稍有不慎就会给企业的经营和社会责任造成不利影响。大型国有企业要以科学严谨的态度，细致认真地做好数字化转型工作。同时，在数字化转型中，大型国有企业要建立长效机制，不能急于求成。当前，大型国有企业的数字化转型多处于打基础阶段，作为一项周期长、投入大的战略行动，势必与短期经营业绩产生冲突。因此，大型国有企业的数字化转型要有长期规划，注重稳中求进，有条不紊地推进转型升级。

3. 明确转型模式，规划实施路径

大型国有企业数字化转型的成功经验显示，企业可以依据自身的资源基础，选择整体推进和重点突破两种转型模式。整体推进转型模式需要综合考量、系统布局，统筹兼顾转型力度、转型速度和企业可接受度等因素，借助新一代信息技术的应用加快研发设计、生产制造、运营管理、商业服务等传统业态的变革与重构，构建企业新优势。重点突破转型模式是找出大型国有企业数字化转型过程中的“痛点”和“难点”，通过瓶颈突破发现新的价值创造点，以点带面层层推进，最终实现成功转型。在数字化转型实施路径上，大型国有企业可以考虑三条路径：一是“自上而下”路径，即从大型国有企业集团总部开始数字化转型，之后过渡到下属成员单位，该路径通过层层落实，有利于提升数字化转型的效率；二是“自下而上”路径，即从集团下属成员单位开始试点转型，待成功后向整个集团推广，该路径的优点在于试错成本较低，通过总结试点中的经验和不足，为全面普及推广提供样板；三是“横向平移”路径，即从具体业务模块入手，先选取具备一定转型条件的业务单元作为切入点进行数字化转型，其他业务单元再根据该业务单元使用情况分批推广实施。

4. 完善保障体系，强化支撑力度

首先，建立以需求为导向的高端人才引进和培养机制。一方面，建立灵活的数字人才引进机制，鼓励大型国有企业采用股权期权、职业晋升等多层次激励方式，吸引“技术+管理”的复合型跨界人才，解决高端人才短缺问题；另一方面，建立完善的人才孵化机制，从培训模式、培训手段和培训体验等方面，构建立体的数字化人才培养体系。其次，拓宽渠道，优化数字化转型所需资金结构。有条件的大型国有企业，特别是中央企业可以探索采用市场化方式，改变以企业自有资金投入为主的方式，尝试建立数字化转型专项基金，充分利用基金的放大效应，吸引政府和社会资本进入企业数字化转型领域。最后，完善鼓励政策，强化政策支撑。政府相关部门要积极促进技术、人才、资本等核心要素的自由流动，从财税、补贴等方面及时完善相关政策法规，强化支撑力度，破除阻碍数字化转型的制度障碍。

（三）大型国有企业数字化转型的关键要素

1. 战略规划：明确转型目标与路径

首先，制定清晰的数字化战略。数字化战略是企业数字化转型的指南针，大型国有企业需要从顶层设计出发，明确数字化转型的目标、路径和时间表，确保转型方向与国家发展战略一致。其次，构建多层次的数字化战略框架。大型国有企业应从战略层、业务层、管控层、技术层和机制层五个层面系统推进数字化转型。例如，通过制定短期保守式、中期突破式和长期跨越式的发展模式，确保转型过程中的灵活性和可持续性。此外，要加强顶层设计与统筹协调，大型国有企业需要建立跨部门的协调机制，确保数字化转型的顶层设计能够有效落地；同时，要注重上下联动，确保各级单位在数字化转型中协同作战。

2. 技术革新：推动数字技术与业务深度融合

大型国有企业应积极引入新一代信息技术，如云计算、大数据、物联网、人工智能等，提升生产效率、优化产品服务，并增强数据分析能力。同时，大型国有企业需建立技术创新机制，与科研机构合作，快速吸收前沿技术成果，并推动技术与业务的深度融合。例如，通过构建智能化生产线和云服务平台，提升企业的数字化能力。此外，面对复杂多变的市场环境，大型国有企业需要集中力量攻克关键核心技术，避免陷入“低端内卷”，并通过技术创新实现差异化竞争优势。

3. 人才培养：打造数字化人才梯队

大型国有企业要加强数字化人才引进与培养，数字化转型离不开人才支撑。首先，大型国有企业需要通过内部培训和外部引进相结合的方式，培养一批既懂业务又懂技术的复合型人才。其次，大型国有企业需要构建人才激励机制，应建立以绩效为导向的人才激励机制，鼓励员工积极参与数字化创新项目，并为优秀人才提供职业发展通道。最后，大型国有企业需要推动全员数字思维，数字化转型不仅是技术问题，更是思维方式的转变。大型国有企业需要通过培训和宣传，让全体员工树立数字化思维，形成全员参与的良好氛围。

4. 数据驱动：发挥数据要素的核心作用

首先，构建数据共享平台。数据是数字化转型的核心要素，大型国有企业需要建立统一的数据共享平台，打破信息孤岛，实现数据的集中管理和高效利用。其次，提升数据治理能力。数据治理是确保数据质量的关键环节，大型国有企业需要制定科学的数据治理标准和流程，确保数据的安全性和可靠性。最后，挖掘数据价值。大型国有企业应通过数据分析和挖掘，发现潜在的商业机会，并将其转化为实际收益，通过大数据分析优化供应链管理，提升运营效率。

5. 政策支持：构建良好的外部环境

一方面，实施国家战略，大型国有企业的数字化转型离不开国家政策的支持。例如，《“十四五”数字经济发展规划》明确提出要推动国有企业加快数字化转型。另一方面，完善法规，政府应完善与数字化相关的法规体系，为企业的数字化转型提供法律保障；同时，提供资金支持，政府可以通过财政补贴、税收优惠等方式，支持大型国有企业在技术研发和基础设施建设方面的投入。

四、新兴技术融合的第二曲线创新应用

（一）“人工智能+技术”引领的第二曲线创新应用

“人工智能+技术”，即人工智能与传统行业的深度融合，正成为大型国有

企业探索第二曲线创新路径的关键驱动力。通过深度应用人工智能技术，大型国有企业不仅实现了对传统业务流程的智能化重塑，显著提升了运营效率，还成功开辟了全新的业务领域，为企业注入了强劲的第二曲线增长动力。

1. “人工智能+智能制造”：开启第二曲线创新的生产模式

在制造业领域，“人工智能+智能制造”已成为大型国有企业转型升级的核心战略。借助人工智能技术，大型国有企业成功实现了生产过程的智能化、自动化与柔性化升级，不仅大幅提升了生产效率和产品质量，还为企业带来了显著的竞争优势。以中国第一汽车集团有限公司（以下简称“中国一汽”）为例，中国一汽通过引入人工智能技术，构建了先进的智能制造体系，利用人工智能算法对生产过程进行实时监控和数据分析，从而能够迅速发现并解决生产中的潜在问题。同时，人工智能技术助力中国一汽实现了生产计划的智能调整，确保了生产资源的优化配置。此外，在产品研发和设计方面，中国一汽利用人工智能技术加快了新产品的推出速度，精准满足了市场需求，进一步提升了市场竞争力。

2. “人工智能+智慧交通”：推动第二曲线创新的出行变革

在交通领域，“人工智能+智慧交通”已成为大型国有企业引领行业转型升级的重要力量。通过应用人工智能技术，大型国有企业成功实现了交通流量的智能调度、交通安全的智能监控以及交通服务的智能化提升。中国国家铁路集团有限公司（以下简称“国铁集团”）在这一领域取得了显著成果，通过引入人工智能技术，其构建了智慧交通系统，该系统能够实时监测铁路线路的运行状态，及时发现并处理安全隐患。同时，人工智能技术助力中国国家铁路集团实现了列车运行计划和票价策略的智能调整，大幅提升了运营效率和服务质量。此外，中国国家铁路集团还利用人工智能技术进行了旅客服务创新，推出了智能购票、智能安检、智能导航等便捷服务，显著提升了旅客的出行体验，为企业开辟了新的业务领域和增长点。

3. 智能客服系统：打造第二曲线创新的客户服务体验

在电信、金融、电力等行业，作为连接企业与用户的重要纽带，客服的服务质量直接关系企业的品牌形象和用户体验。然而，传统的客服系统往往存在响应速度慢、服务质量不稳定等问题。为了提升用户体验并开辟新的业务领域，大型国有企业纷纷引入人工智能技术打造智能客服系统。中国联通在这一领域取得了显著成果，其推出的基于人工智能技术的智能客服系统，能够自动识别用户问题并提供精准的解答和解决方案。该系统不仅大幅提高了客服响应速度，降低了人工客服成本，还通过收集和分析用户行为数据，实现了个性化推荐和服务，进一步增强了用户黏性并为企业带来了新的业务增长点。通过智能客服系统的应用，大型国有企业成功实现了客户服务的智能化升级，为企业的第二曲线创新注入了强劲动力。

（二）大数据与云计算的第二曲线创新应用

作为新兴技术的杰出代表，大数据与云计算日益成为大型国有企业探索第二曲线创新路径的重要基石。通过深度应用大数据和云计算技术，大型国有企业能够高效地处理和分析海量数据，挖掘数据背后的巨大价值，从而优化决策流程，并显著提升业务系统的灵活性和可扩展性，为企业的第二曲线创新提供强大动力。

1. 大数据风控：引领金融行业的第二曲线创新

在金融行业，风险控制是确保业务稳健前行的关键所在。然而，传统的风控手段往往受限于数据收集的不全面和分析的不精准。为了突破这一瓶颈，大型国有企业纷纷引入大数据风控技术，以引领金融行业的第二曲线创新。中国工商银行率先构建了基于大数据的风控系统，该系统能实时、全面地收集和分析用户的交易数据、信用数据等关键信息，通过先进的算法模型对用户进行精准的风险评估和信用评级。同时，该系统能根据风险状况自动触发预警和拦截机制，有效防范金融风险。通过大数据风控技术的应用，中国工商银行不仅显著提高了风控效果，还大幅降低了运营成本，为企业带来了可观的经济效益，成功实现了金融风控领域的第二曲线创新。

2. "云计算+智慧医疗"：推动医疗行业数字化转型的第二曲线创新

在医疗行业，云计算技术的引入为智慧医疗的发展注入了新活力。通过应用云计算技术，大型国有企业成功实现了医疗资源的优化配置和高效利用，推动了医疗行业的数字化转型。中国电信推出的基于云计算的智慧医疗解决方案，利用云计算技术构建了医疗云平台，实现了医疗数据的集中存储和高效处理。该方案还提供远程医疗、电子病历、智能诊断等一系列便捷服务，极大地提升了医疗服务质量和效率，为患者和医生带来了更加便捷的就医与诊疗体验。通过云计算技术的应用，中国电信不仅推动了医疗行业的数字化转型，还为智慧医疗的可持续发展提供了有力支持，成功实现了医疗行业第二曲线创新的又一重要突破。

3. "大数据+智慧城市"：赋能城市管理与服务的第二曲线创新

在智慧城市建设中，大数据技术的引入为城市管理和服务带来了全新的变革。大型国有企业通过收集和分析城市运行数据，成功实现了城市管理的智能化和精细化，提升了城市运行效率和居民生活质量。国家电网利用大数据技术构建了智慧城市能源管理系统，该系统能实时监测城市能源使用情况，精准分析能源消耗趋势和规律，为城市能源规划和管理提供了科学依据。同时，该系统能根据能源需求情况智能调整能源供应策略，实现能源的优化配置和高效利用。通过大数据技术的应用，国家电网不仅提升了城市能源管理水平和效率，还为智慧城市的可持续发展注入新的动力，成功实现了城市管理与服务领域的第二曲线创新。

（三）物联网与区块链的第二曲线创新应用

物联网与区块链作为新兴技术的璀璨明珠，正引领大型国有企业迈向第二曲线创新的新纪元。通过深度融合物联网与区块链技术，大型国有企业不仅实现了对物理世界的智能化感知与高效管理，还极大地增强了数据的安全性与可信度，为企业的转型升级开辟了全新路径。

1. 物联网赋能智慧物流：开启第二曲线创新的供应链生态

在物流行业的广阔天地中，物联网技术的深度应用为智慧物流的蓬勃发展注入了强劲动力。通过物联网技术，大型国有企业实现了对物流全链条的实时监控与智能化调度，显著提升了物流效率与服务质量。以中国铁路物资集团为例，该集团通过引入物联网技术成功构建了智慧物流系统，通过遍布物流网络的传感器与射频识别（Radio Frequency Identification，RFID）标签，实现了对货物的精准追踪与动态管理。该系统能够根据货物状态与运输需求，智能优化运输路径与计划，不仅大幅降低了运营成本，更为企业带来了前所未有的经济效益，成为第二曲线创新实践的典范。

2. 区块链重塑供应链金融：打造第二曲线创新的风险管理新范式

在供应链金融领域，区块链技术的创新应用为融资效率与风险管理带来了革命性变革。大型国有企业通过区块链技术实现了供应链信息的透明化与可追溯性管理，极大地提升了融资效率与风险管理能力。国家电网利用区块链技术构建的供应链金融平台，就是这一变革的生动写照。该平台通过区块链的分布式账本与智能合约，确保了供应链信息的真实性与完整性，降低了融资成本与风险。同时，该平台根据供应链的具体情况，为供应商提供定制化、高效率的融资服务，不仅提升了供应链金融的整体效能，还为供应商创造了更加便捷、高效的融资环境，展现了第二曲线创新的巨大潜力。

3. 物联网引领智慧农业：开创第二曲线创新的绿色未来

在农业领域，物联网技术的广泛应用为智慧农业的发展插上了翅膀。通过物联网技术，大型国有企业实现了对农业生产全过程的智能化监控与精细化管理，显著提升了农业生产效率与产品质量。中粮集团有限公司（以下简称“中粮集团”）依托物联网技术成功构建了智慧农业系统，通过安装在农田中的传感器与智能设备，实时采集并分析农田环境、作物生长等关键数据。该系统能够根据农田实际情况与作物生长需求，智能调整灌溉、施肥等生产计划，不仅降低了生产成本，减少了资源浪费，还显著提高了农产品品质与安全性。此外，中粮集团还利用物联网技术进行农产品溯源与质量控制，为消费者提供了更加安全、可靠、优质的农产品，谱写了第二曲线创新引领绿色农业发展的新篇章。

第五章　市场导向：从需求驱动到价值创造

为了保持持续竞争力并实现可持续发展，大型国有企业必须不断探索新的增长路径，即第二曲线创新。作为现代企业战略管理的核心理念之一，市场导向为大型国有企业的创新发展提供了重要指引。从强调需求驱动，即基于市场对产品或服务的基本需求进行生产和供应，到如今的价值创造，更加强调大型国有企业通过第二曲线实现持续创新，推动产业升级和结构调整，为国家和社会的长远发展奠定坚实的基础，大型国有企业价值创造的重要性越发凸显。价值创造不仅关乎大型国有企业的经济效益，更涉及企业的经济价值、功能价值和长远价值，这一转变不仅是对市场趋势的敏锐洞察，更是企业战略思维的深刻变革。对大型国有企业而言，从需求驱动到价值创造，不仅意味着企业要在市场竞争中占据先机，更意味着企业要在国家经济发展大局中发挥引领作用。通过精准把握市场需求，持续推动产品和服务创新，大型国有企业不仅能满足消费者日益增长的美好生活需要，还能在构建现代化产业体系、促进产业融合、培育新质生产力等方面发挥不可替代的作用。因此，深入探讨大型国有企业在市场导向下从需求驱动到价值创造的过程，不仅有助于企业实现自身第二曲线创新的突破，更为国家经济的持续健康发展提供宝贵的经验和启示。

一、市场洞察是第二曲线创新的前提与基础

开启第二曲线创新是大型国有企业实现高质量发展的必然选择。然而，创新并非易事，它需要建立在深入的市场洞察基础之上。市场洞察是指对宏观环境、行业趋势、客户和竞争对手等方面进行深入的分析研究，发现可能对战略造成影响的因素，以及价值转移的变化趋势。

（一）市场洞察的关注焦点

竞争对手动态跟踪是市场洞察的重要组成部分，在第二曲线创新过程中，大型国有企业需要密切关注竞争对手的动态变化，及时调整自身的战略方向和市场策略，以应对市场挑战。通过市场调研，大型国有企业了解竞争对手的产品特点、价格策略、销售渠道等信息，帮助自身发现竞争对手的优势和劣势，为自身的竞争策略制定提供重要参考。同时，大型国有企业要进行行业报告的分析，通过阅读行业报告，了解竞争对手的市场份额、产品特点、营销策略等信息，行业报告通常具有较高的权威性和准确性，能够为大型国有企业进行竞争对手动态跟踪提供有力支持。此外，利用社交媒体平台上的信息，了解竞争对手的技术发展、市场反馈等活动，大型国有企业可以及时发现竞争对手的动态变化，为企业的市场策略调整提供重要依据。

消费需求挖掘是市场洞察的核心环节之一，大型国有企业应深入了解市场需求，这是制定有效市场策略、提升产品竞争力的关键。在第二曲线创新过程中，大型国有企业需要关注消费需求的变化趋势，把握市场机遇，提供更具创新性和竞争力的产品与服务。同时，市场定位也至关重要，通过深入了解消费需求，大型国有企业可以更好地把握市场定位，并据此制定更为精准的营销策略。

（二）市场洞察的创新应用

1. 差异化创新策略指引

差异化创新策略是企业通过提供独特的产品、服务或解决方案，以满足市场特定需求，从而获得竞争优势的一种策略。在高度竞争的市场中，差异化创新能够帮助企业避免价格战，提高市场份额。市场洞察要求企业深入了解市场，通过数据分析等手段，识别出市场潜在需求，为差异化创新提供方向。例如，随着市场对健康、环保和可持续性关注度的提高，可以开发符合这些价值观的产品或服务，以满足市场需求。此外，通过对竞争对手进行全面评估，制定差异化的创新策略。差异化创新策略需要注重以下三点：首先，根据市场洞察结果，明确创新的目标和方向，确保创新策略与市场需求保持一致；其次，整合内外部资源，包括技术、人才、资金等，以支持差异化创新策略的实施；最后，持续创新，差异化创新是一个持续的过程，企业需要不断关注市场变化，及时调整创新策略，以保持竞争优势。

2. 利用市场洞察发现第二曲线增长点

市场洞察能够帮助大型国有企业发现潜在的市场机会和增长点，通过深入分析市场细分、趋势预测等，识别出未被充分满足的市场需求，形成新的增长点。通过市场细分，企业可以发现未被充分满足的市场群体，从而制定具有针对性的产品和服务策略。企业需要通过分析历史数据和市场动态，预测未来市场的发展趋势，关注行业动态、政策变化、技术进步等因素，以便及时把握市场机遇。例如，随着数字化转型的加速，大型国有企业可以开发基于大数据、人工智能等技术的产品或服务，以满足市场对数字化解决方案的需求。

3. 错位竞争与颠覆式创新策略

错位竞争策略的核心在于分析竞争对手的边界和市场空白点，形成差异化竞争。在错位产品竞争上，企业不断创新开发出独特产品；在错位服务竞争上，优质的服务是赢得市场的关键，通过提供个性化服务、定制化解决方案或完善的售后服务等方式，来提高市场满意度和忠诚度。颠覆式创新是指一种新产品、新服务或新技术，通过创造一个新市场或显著改变现有市场来颠覆现有市场的过程。颠覆式创新策略的实施方式主要包括以下三点。一是识别并进入未被满足的市场。颠覆式创新者不是尝试为现有市场提供更好的产品，而是通过引入稍逊一筹的产品或服务破坏和重新定义当前市场，大型国有企业只有具备敏锐的市场洞察力，才能发现潜在的市场需求和机会。二是技术和产品的快速迭代。一旦在低端市场站稳脚跟，接下来就要通过快速改进和迭代，不断提升产品或服务的性能和质量，以满足市场需求变化。三是颠覆发生。当技术改善曲线能够与主流市场客户的需求曲线交汇时，颠覆就会发生，这意味着企业的产品或服务已经具备挑战传统市场领导者的能力，可以开始逐步占领市场份额。

（三）实现市场洞察的策略

1. 构建响应敏捷的市场洞察体系

一是建立快速响应机制。面对快速变化的市场环境，大型国有企业应优化传统组织模式，建立快速响应机制，确保市场洞察能够迅速转化为实际行动，通过优化内部流程、提升决策效率，实现对市场变化的快速响应。二是强化市场监测与预警，实时跟踪市场动态和竞争对手行为，通过数据分析，及时发现潜在的市场机会和威胁，为企业的战略调整提供预警。三是培养敏锐的市场洞察力，加强企业的市场意识培养，提升其对市场变化的敏感度和洞察力，加强与其他行业或领域的企业之间的交流和合作，不断提升市场分析能力。

2. 数据驱动的决策支持

为了获取全面、准确的市场信息，大型国有企业需要建立完善的数据收集与整合机制，在数据收集过程中，大型国有企业需要注重数据的多样性和实时性。多样性意味着数据来源的广泛性，包括社交媒体、新闻报道、行业报告等。实时性则要求大型国有企业能够及时获取最新的市场动态和消费者反馈，以便快速响应市场变化。在此基础上，通过数据分析，大型国有企业可以深入了解市场趋势、竞争对手策略等关键信息，帮助企业发现潜在的市场机会和风险因素，为战略制定提供有力支持。通过数据分析与挖掘，制定出更加科学、合理的战略决策和业务模式，这些决策可以基于市场趋势、消费者需求、竞争对手策略等多维度信息，确保企业在市场竞争中占据有利地位。

3. 跨界合作机制

首先，跨界合作是大型国有企业实现市场洞察和创新发展的重要手段，为了促进跨界合作，大型国有企业需要建立完善的合作机制。大型国有企业需要根据自身的战略目标和业务需求，选择具有互补优势和共同利益的合作伙伴。其次，合作模式的选择对于跨界合作的成功至关重要，大型国有企业需要根据合作双方的资源和能力情况，确定合适的合作模式，包括联合研发、资源共享、市场拓展等多种形式，从而实现与合作伙伴之间的优势互补和资源共享，提升合作效果。最后，要加强合作过程管理，建立并完善合作计划、进度跟踪、问题解决等合作管理机制，通过加强合作过程的管理，及时发现和解决合作过程中出现的问题与风险。

二、需求驱动的大型国有企业第二曲线创新策略

（一）需求驱动的第二曲线创新战略

在全球经济环境日益复杂多变、新技术革命蓬勃兴起的时代背景下，技术与市场的深度融合成为大型国有企业实现第二曲线创新的关键驱动力。市场需求与技术创新的双轮驱动模式，是推动企业持续发展、迈向新高度的核心所在，只有将敏锐的市场洞察与前沿的技术创新紧密结合，才能确保创新成果不仅具备强大的市场竞争力，更能实现商业价值的最大化，开启企业发展的第二曲线。

1. 需求导向的技术研发：第二曲线创新的根本

市场需求如同指南针，为大型国有企业的技术研发指明了方向。在推动第二曲线创新的过程中，大型国有企业需时刻关注市场动态与竞争格局的变化，通过深入的市场调研、细致的用户访谈以及大数据的精准分析，洞悉市场需求的变化趋势与发展脉络。基于对市场需求的深刻理解，大型国有企业能够精准定位技术研发的关键领域与核心技术方向，从而集中优势兵力，将有限的精力和资源精准投入这些关键技术的研发之中。这种需求导向的技术研发模式不仅提升了大型国有企业的技术创新能力和研发水平，更为其在激烈的市场竞争中赢得了领先地位，不断孕育出具有自主知识产权的新技术、新产品与新服务，这些创新成果成为大型国有企业新的收入来源与增长点，为大型国有企业实现第二曲线创新奠定了坚实的基础。

2. 需求驱动：第二曲线创新的核心动力

需求驱动不仅是创新的源泉，更是大型国有企业实现第二曲线创新的核心动力。通过深入洞察并准确把握用户需求的变化与趋势，大型国有企业能够明确创新方向，提升创新效率，从而在激烈的市场竞争中脱颖而出。

第一，明确创新方向，加速创新进程。需求驱动助力大型国有企业精准捕捉市场需求的脉搏，明确技术创新的重点领域与关键技术方向。这不仅使企业能够集中精力和资源于关键领域，避免了盲目创新与资源浪费，更通过精准捕捉用户需求加速了创新成果的商业化进程，推动了第二曲线创新的快

速发展。

第二，增强市场竞争力，驱动业务增长。通过技术创新精准满足用户需求，大型国有企业能够推出具有强大竞争力的新产品与新服务，从而赢得市场份额与用户满意度的双重提升。技术创新带来的成本降低与效率提高，进一步增强了企业的市场竞争力；同时，深入洞察市场趋势使企业能够探索并开拓符合市场需求的新业务领域，为业务的持续增长注入强劲动力。

第三，引领产业升级，塑造行业未来。需求驱动使大型国有企业在产业升级中扮演引领者的角色。通过深入了解市场需求与市场趋势，大型国有企业能够准确把握行业发展的方向与趋势，从而提前布局新技术与新业务领域，在产业升级中抢占先机，引领行业趋势，提升行业地位。通过技术创新与产业升级的双重驱动，大型国有企业能够推动产业链上下游的协同发展，实现共赢，共同塑造行业的未来蓝图。

（二）需求驱动第二曲线创新实现路径

1. 精准洞察市场需求，奠定第二曲线创新基石

深入了解并准确把握市场需求趋势，是大型国有企业开启第二曲线创新的基础。大型国有企业通过全面收集并分析市场需求信息，为第二曲线创新明确方向与目标。面对市场需求的多样性和个性化，大型国有企业需细致区分不同市场群体的需求差异，为满足市场的多元化需求提供定制化的产品和服务。为了更精准地把握市场需求的变化和趋势，大型国有企业应加强市场反馈机制的建设，搭建反馈渠道和平台，及时捕捉市场反馈建议，为第二曲线创新提供坚实的支撑。同时，大型国有企业需注重市场数据的积累与分析，利用大数据分析等手段深入挖掘市场需求的变化规律，为第二曲线创新提供科学的决策依据。

2. 强化技术创新与市场需求对接，驱动第二曲线创新深化

推动技术与市场的紧密结合，是大型国有企业实现第二曲线创新的关键。大型国有企业应建立完善的技术与市场结合的创新机制，加强技术研发与市场营销、生产制造以及人才培养的协同合作，实现技术创新与市场需求的有效对接。通过技术与市场结合的创新机制，大型国有企业能够推动技术创新

与市场需求深度融合，实现技术创新与商业价值的有机结合，进而提升企业的创新能力和市场竞争力，为企业的可持续发展注入强劲动力。在这一过程中，大型国有企业需注重技术创新成果的转化与应用，确保创新成果能够顺利转化为实际生产力，为自身带来实实在在的效益。

3. 推动业务模式创新，拓展第二曲线创新空间

推动业务模式创新，是大型国有企业推动第二曲线创新的重要手段。大型国有企业应全面分析符合市场需求的新业务模式和新业务领域，开辟新的收入来源和增长点。业务模式创新不仅能帮助企业降低成本、提高效率，还能进一步增强市场竞争力。大型国有企业应加强内部沟通与协作，形成合力推动业务模式创新。同时，大型国有企业应注重与外部机构的合作与交流，共同探索新业务模式和新业务领域。通过加强内外部合作与交流，大型国有企业能够不断拓展业务领域和创新空间，为企业的可持续发展提供广阔舞台。

4. 优化体制机制，保障第二曲线创新顺利实施

优化体制机制是大型国有企业推动第二曲线创新的重要保障。改革管理机制、完善激励机制、加强人才培养等措施，能够激发大型国有企业的创新活力和发展潜力，还能为大型国有企业的可持续发展提供有力保障。大型国有企业应加强管理机制改革，扫除束缚企业创新体制机制的障碍，激发企业的创新活力。此外，大型国有企业还应完善激励机制和人才培养机制，激发创新积极性和创造力，为企业创新发展提供坚实的人才保障。

作为一家具有多元化业务的大型国有企业集团，华润（集团）有限公司（以下简称“华润集团”）通过优化体制机制积极转型升级，寻找第二曲线创新增长点。面向市场需求，华润集团整合内部资源，剥离与主体业务关联度不高或增长潜力有限的业务单元，提高运营效率；同时，聚焦医疗健康、现代服务业等重点发展领域，通过并购、合作等方式进入新领域，并逐步构建起新的业务架构和产业链。在创新方面，华润集团加大研发投入，推动传统业务向智能化、绿色化转型，同时培育新的经济增长点。通过数字化转型，华润集团提升了集团及下属企业的运营管理水平，增强了数据驱动决策的能力，提高了市场响应速度，为企业的可持续发展奠定了坚实的基础。

三、大型国有企业第二曲线创新的价值创造

在2023年12月召开的中央企业负责人会议上，国务院国资委党委书记、主任张玉卓首次提出“五个价值”。在中央企业高管研修班上，张玉卓再次表示：“央企要牢固树立价值创造理念，不断提高经营业绩‘含金量’。要更加注重提升企业增加值、功能价值、经济增加值、战略性新兴产业收入和增加值占比、品牌价值五个方面价值，在服务国家战略中不断做强做优做大。”可以说，大型国有企业价值创造在第二曲线创新的探索中，应聚焦三个基本方向：通过第二曲线创新提升经济价值、深化功能价值、着眼长远价值，以创新驱动企业的全面发展。

大型国有企业要创造以效益效率为基础的经济价值，经济价值是大型国有企业创造的基础性价值。企业生存与发展是“价值创造”的前提，通过提高生产效率、优化产品结构、降低生产成本等方式，增加企业创造的经济价值，提升对国民经济的贡献度，这是大型国有企业的基本责任，也是履行好政治责任和社会责任的基础。大型国有企业要创造以核心功能为导向的功能价值，功能价值是大型国有企业创造的核心价值，必须围绕核心功能，主动对接国家重大战略，充分发挥国民经济的战略支撑作用，创造符合行业特征的功能价值。大型国有企业要创造以基业长青为目标的长远价值，基业长青是企业高质量发展的重要目标，这要求大型国有企业在价值创造过程中树立更长远的目标，增加战略性新兴产业的收入和增加值占比以及品牌价值，提高企业可持续创造价值的能力，真正实现企业高质量发展。

（一）提升经济价值：做强价值创造“基本盘”

市场导向策略强调以市场需求为导向，通过深入理解消费者偏好、行业趋势及竞争格局，指导企业的战略决策与创新活动。大型国有企业开启增长的第二曲线，就是在经济下行压力下寻找新的增长点，主要是通过布局新赛道、新技术、新模式，转换增长方式，引导技术创新与商业模式变革，实现企业的转型升级。

1. 新赛道布局：第二曲线创新引领技术升级与工艺流程优化新业态

第一，技术升级驱动高端化第二曲线创新。面对传统产业产能过剩、利

润空间压缩的严峻挑战，大型国有企业需积极拥抱第二曲线创新，通过技术升级推动产品向高端化、智能化迈进，采用先进的制造技术、材料科学及信息技术，全面提升产品设计感与性能、质量，打造全新的产品形态与市场定位。例如，中国兵器装备集团凭借第二曲线创新理念，自主研发智能机器人、高端装备制造等，成功从传统汽车制造领域转型至智能制造领域，开辟了全新的高端装备市场，展现了第二曲线创新的巨大潜力。

第二，工艺流程优化催生智能化新业态。智能化作为传统产业转型升级的关键路径，大型国有企业应充分利用物联网、大数据、人工智能等先进技术，对生产流程进行深度优化。实现智能制造不仅将大幅提高生产效率、降低成本，还将显著增强企业的灵活性与市场响应速度。中国石化通过建设智能工厂，实现对生产过程的实时监控与智能调度，不仅大幅提升了运营效率与安全管理水平，更引领了制造业智能化发展的新潮流，成为新业态的典范。

第三，绿色发展引领转型。在全球气候变化与环境问题日益严峻的背景下，绿色化已成为企业转型升级的必然趋势。大型国有企业需加大环保技术研发投入，积极推广清洁能源与循环经济模式，减少碳排放，实现绿色化生产。国家电网紧跟绿色发展步伐，积极构建智能电网，推广电动汽车充电设施，不仅促进了能源结构的优化，更带动了新能源产业的蓬勃发展，成为绿色转型与新业态发展的先锋。

2. 新技术应用：原始创新与前沿科技布局驱动新业态发展

原始创新是企业在全球竞争中取得领先地位的关键所在。大型国有企业应加大对基础研究与关键技术攻关的投入，建立开放合作的创新体系，吸引国内外顶尖人才，形成持续的原始创新能力。中国航天凭借自主研发的长征系列运载火箭、北斗卫星导航系统，不仅显著提升了国家航天实力，更带动了相关产业链的发展，展现了原始创新在第二曲线创新发展中的重要作用。另外，大型国有企业应紧跟科技发展趋势，积极布局人工智能、量子计算、生物技术等前沿科技领域，加速技术商业化进程，推动第二曲线创新。前沿科技是未来经济增长的新引擎，大型国有企业应紧跟科技发展趋势，提前布局，通过风险投资、并购重组等方式，获取前沿技术资源，加速技术商业化进程。通过在5G、云计算、人工智能等领域的持续投入，中国联通不仅巩固了在通信行业的领先地位，更为智慧城市、远程教育等新兴市场的快速发展提供了强有力的技术支持，成为新业态、新模式发展的推动者。

3. 新模式探索：第二曲线创新引领场景迁移与跨界合作

第一，场景迁移拓展市场边界，第二曲线创新激发新活力。随着市场需求日益多元化与个性化，大型国有企业需积极运用第二曲线创新思维，通过场景迁移，将传统产品或服务巧妙融入新领域，从而创造前所未有的市场需求。例如，中国中车凭借第二曲线创新，成功将高铁技术移植至城市轨道交通、磁悬浮列车等全新领域，不仅极大拓宽了业务范围，更在市场中树立了崭新的品牌形象，展现了第二曲线创新的巨大作用。

第二，跨界合作构建生态体系，第二曲线创新促进共赢发展。跨界合作是打破行业壁垒、构建开放共赢生态的重要手段，大型国有企业应主动出击，积极寻求与互联网企业、初创企业、科研机构等各方力量的深度合作，通过共享资源、协同创新共同探索新产品、新服务的广阔天地。例如，中国移动携手阿里巴巴，以第二曲线创新的姿态推出“和飞信”，通过深度融合双方优势资源，为用户带来了更加便捷、高效的通信与信息服务体验，实现了互利共赢的崭新局面。

第三，探索新的商业模式与盈利方式，第二曲线创新引领转型升级。面对消费升级与市场细分的双重挑战，大型国有企业需勇于跳出传统框架，以第二曲线创新的思维不断革新商业模式，实现从单一产品销售向服务化、平台化转型的华丽蜕变。中国电建便是其中的佼佼者，它通过打造“智慧水务”平台，提供从设计、建设到运维的全生命周期服务，成功实现了从传统工程承包向综合服务商的跨越，为行业树立了转型升级的典范，彰显了第二曲线创新的无限可能。

（二）培育长远价值：打造价值创造“新引擎”

当前，国务院国资委明确提出，支持央企开启增长第二曲线，推进国有资本向前瞻性、战略性新兴产业集中，布局战略性新兴产业与未来产业是开启增长第二曲线的重要途径。战略性新兴产业作为大型国有企业第二曲线创新的核心领域，承载着广阔的增长空间与巨大的发展潜力。随着技术的持续突破与应用深化，战略性新兴产业正不断催生创新产品、前沿服务与新型商业模式，为大型国有企业指明转型升级的方向，并成为实现第二曲线创新的关键路径。近年来，大型国有企业在战略性新兴产业的布局上取得了显著进展，以 2023 年为例，中央企业与地方大型国有企业在该领域的投资分别达到 2.18 万亿元与 0.73 万亿元，占比分别高达 35.2%与 17.1%，这些投资不仅加速了新兴产业的蓬勃发展，更为大型国有企业开辟了新的第二曲线增长点。同时，作为大型国有企业第二曲线创新的关键领域，未来产业蕴含着巨大的增长潜力与广阔的发展空间。这些产业不仅代表着未来科技与产业的发展趋势，更以其高度的创新性和引领性成为大型国有企业实现第二曲线创新的重要突破口。随着技术的持续突破与应用深化，未来产业正不断催生新的产业形态与商业模式，为大型国有企业开辟新的增长点与发展机遇。

1. 大型国有企业战略性新兴产业与未来产业培育现状

近年来，国家高度重视战略性新兴产业与未来产业的发展，出台了一系列政策措施加以引导和支持，《中华人民共和国国民经济和社会发展第十四个五年规划和 2035 年远景目标纲要》明确提出，要发展战略性新兴产业和未来产业，推动形成新的增长极。同时，各级政府部门加大了对战略性新兴产业与未来产业的资金投入、税收优惠和政策扶持力度，为这两类产业的发展提供了良好的政策环境。总体来看，大型国有企业在战略性新兴产业与未来产业培育方面成效显著。

第一，大型国有企业加强技术创新和突破，推动战略性新兴产业与未来产业的快速发展。大型国有企业加大了对科技创新的投入力度，建立了一批高水平的研发机构和实验室，推动了关键核心技术的自主研发和突破。同时，大型国有企业积极与高校、科研机构等开展产学研合作，推动科技成果的转化和应用，为战略性新兴产业与未来产业的发展提供了有力的技术支撑。

第二，大型国有企业注重加强要素集聚和协同，推动战略性新兴产业与未来产业的集聚发展。大型国有企业通过优化产业布局和资源配置，推动战略性新兴产业与未来产业在特定区域内的集聚发展；通过积极构建产业创新生态体系，加强产业链上下游企业的协同合作，推动形成了优势互补、协同发展的产业格局。

第三，大型国有企业注重加强市场开拓与国际合作，推动战略性新兴产业与未来产业的国际化发展。一方面，大型国有企业积极拓展国内外市场，加强品牌建设和营销推广，提高产品的市场竞争力和占有率；另一方面，大型国有企业积极参与国际竞争与合作，引进国外先进技术和管理经验。

2. 第二曲线创新中战略性新兴产业与未来产业的挑战

技术挑战与对策。战略性新兴产业与未来产业往往涉及前沿技术和高端制造领域，技术门槛高、研发投入大，大型国有企业在技术创新方面面临诸多挑战，如技术路线选择、研发投入风险、技术成果转化等。大型国有企业应加强与科研机构、高校的合作，共同攻克关键技术难题；同时，建立健全技术创新体系和成果转化机制，加速科技成果的产业化进程。

市场挑战与对策。随着战略性新兴产业与未来产业的快速发展，市场竞争日益激烈，大型国有企业面临来自国内外竞争对手的压力和挑战。为提升市场竞争力，大型国有企业应注重品牌建设、市场拓展和客户关系管理，加强产业链上下游的协同合作，提升产业链的整体竞争力，注重技术创新和产业升级，不断提升自身的核心竞争力和市场地位。

资金挑战与对策。战略性新兴产业与未来产业的发展需要大量资金投入和支持，大型国有企业在资金筹集和运用方面面临诸多挑战，如融资渠道有限、融资成本高等。为应对这些挑战，大型国有企业应优化资本结构，拓宽融资渠道，加强与金融机构的合作，争取更多的金融支持和政策优惠。此外，大型国有企业应注重资本运作的风险管理，确保资金的安全和有效利用。

人才挑战与对策。战略性新兴产业与未来产业的发展需要高素质、专业化的人才队伍支持，大型国有企业在人才引进和培养方面面临人才流失、人才结构不合理等诸多挑战。为此，企业应加强人才队伍建设和管理，注重人才的激励和留用，建立健全人才激励机制和职业发展通道。此外，大型国有企业应加强内部培训和学习交流，提升员工的专业技能和综合素质。

3. 第二曲线创新中战略性新兴产业培育策略

第一，原始创新是战略性新兴产业发展的核心驱动力，也是大型国有企业推进第二曲线创新的关键所在。近年来，大型国有企业在原始创新领域取得了显著成就，成功攻克了一批具有自主知识产权的关键核心技术，为我国产业链、供应链安全提供了坚实保障。然而，科技发展正处于不进则退的关键时期，原始创新能力有待加强，高技术领域短板亟须补齐。因此，大型国有企业需进一步加大科技创新投入，聚焦“卡脖子”技术难题，开展集中攻关，提升核心竞争力。在高端装备制造等领域，大型国有企业应依托国家重大科技专项与重点研发计划，深化基础与应用基础研究，力求在关键核心技术上取得突破，推动产业升级；同时，通过建设国家级创新平台与实验室，形成创新联合体，促进产学研深度融合，加速科技成果向现实生产力转化，成为第二曲线创新最为重要的驱动力。

第二，战略性新兴产业的布局优化是提升产业竞争力的关键举措。大型国有企业应结合自身优势，优化产业结构，推动产业链上下游协同发展，形成第二曲线创新的坚实支撑。一方面，大型国有企业要加强产业链关键环节建设，提升产业链整体竞争力；另一方面，大型国有企业要积极拓展新兴领域，挖掘新的增长点。以新能源汽车产业为例，大型国有企业可以依托自身在能源、制造等方面的优势，加强电池、电机、电控等核心零部件的研发与生产，同时拓展充电设施、智能网联等新兴产业，形成完整的产业链布局。此外，大型国有企业还可以通过并购重组等方式，整合优质资源，提升产业集中度，为第二曲线创新提供有力保障。

第三，市场拓展是战略性新兴产业发展的重要保障，也是大型国有企业推进第二曲线创新的重要环节。大型国有企业应充分利用自身优势，积极开拓国内外市场，提升品牌影响力。在国内市场方面，大型国有企业要加强市场开拓，满足消费升级与产业升级的需求；在国际市场方面，大型国有企业要积极拓展国际市场，参与全球竞争。大型国有企业可依托“一带一路”等国际合作平台，加强与共建国家的经贸合作，推动战略性新兴产业“走出去”；同时，通过建设海外研发中心、生产基地等，提升国际化运营能力，形成全球产业链布局，为第二曲线创新开辟更广阔的发展空间。

4. 第二曲线创新中战略性新兴产业培育策略

第一，跨界融合是未来产业发展的重要趋势，也是大型国有企业实现第二曲线创新的重要途径。大型国有企业应结合自身优势，积极拓展跨界融合领域，推动未来产业与传统产业的深度融合。在数字经济领域，大型国有企业可以依托自身在信息技术、数据资源等方面的优势，加强与实体经济的深度融合，推动数字产业化和产业数字化进程，形成第二曲线创新的新领域。通过跨界融合，大型国有企业不仅可以拓展新的业务领域和增长点，形成多元化发展格局，还可以促进传统产业转型升级，提升整体竞争力。

第二，政策支持是未来产业发展的重要保障，也是大型国有企业实现第二曲线创新的有力支撑。大型国有企业应充分利用国家政策的支持与引导，积极争取政策资源，推动未来产业快速发展。在新能源领域，国家出台了一系列支持政策，包括财政补贴、税收优惠等，为新能源产业发展提供了有力保障。大型国有企业可以依托国家政策支持，加强技术研发与应用推广，提升产业竞争力，形成第二曲线创新的新优势；同时，可以通过参与国家重大科技专项和重点研发计划等方式，争取更多政策资源与资金支持，为第二曲线创新提供持续动力。

第三，前沿科技是未来产业发展的核心驱动力，也是大型国有企业推进第二曲线创新的关键所在。大型国有企业应紧跟科技发展趋势，加强前沿科技研发与应用，推动未来产业创新发展。例如，在人工智能领域，大型国有企业可依托自身在大数据、云计算等方面的优势，深化算法研发，拓展应用场景，推动人工智能技术在智能制造、智慧城市等领域的广泛应用，形成第二曲线创新的新引擎。同时，大型国有企业应加强基础研究与应用基础研究，突破一批关键核心技术，构建自主可控的产业体系。通过建设国家级创新平台与实验室，形成创新联合体，促进产学研深度融合，加速科技成果向现实生产力转化，为第二曲线创新提供强大支撑。

5. 战略性新兴产业与未来产业培育的关键环节

顶层规划与战略引领，聚焦第二曲线创新。一方面，明确发展目标与第二曲线创新路径。大型国有企业应立足国家发展战略和行业未来趋势，精心制定战略性新兴产业与未来产业的第二曲线创新发展规划。此规划需清晰描绘各阶段的发展目标、重点任务及推进路径，确保战略方向与国家政策导向紧密契合，通过设立专项工作组或委员会，负责规划的深度制定、高效实施与严格监督，确保第二曲线创新战略得以深植并开花结果。另一方面，强化战略协同与第二曲线创新资源整合。企业各部门、各业务板块间应加强战略协同，打破行业壁垒，实现资源共享与优化配置，通过设立跨部门的协调机制，促进技术创新、市场开拓、资本运营在第二曲线创新框架下的深度融合，形成强大合力，共同推动战略性新兴产业与未来产业的蓬勃发展；同时，积极整合外部资源，包括产业链上下游企业、科研机构、高校等，构建开放合作的第二曲线创新生态，为企业的持续创新与发展注入不竭动力。

产业链布局与优化，打造第二曲线创新链条。一是完善第二曲线创新产业链布局。围绕战略性新兴产业与未来产业，精心布局产业链上下游，形成完整的第二曲线创新产业链条，通过并购重组、战略联盟等多元化方式，整合产业链关键资源，提升产业链整体竞争力；同时，注重产业链的安全与稳定，加强在产业链核心环节的布局与控制，有效降低外部风险对产业链的冲击，确保第二曲线创新战略的顺利实施。二是推动第二曲线创新产业链协同发展。加强产业链各环节之间的协同合作，提升产业链的协同效率和整体效益，建立产业链协同创新机制，推动产业链上下游企业之间技术创新、市场开拓等方面的深度合作，加强产业链与供应链、价值链的深度融合，提升产业链的整体价值，为企业的持续创新与发展提供有力支撑。

政策利用与合规管理，助力第二曲线创新。一方面，大型国有企业应充分利用国家政策支持，密切关注国家相关政策动态，紧抓政策红利，推动战略性新兴产业与未来产业的第二曲线创新发展。大型国有企业还应加强与政府部门的沟通协调，争取更多的政策支持和资源倾斜，深化政策的解读与应用，确保政策的有效落地和执行，为自身的第二曲线创新战略提供有力保障。另一方面，建立健全合规管理体系，加强合规风险防范。人型国有企业应注重员工法规的学习和培训，提升员工的合规意识和法律素养；加强内部控制和审计监督，确保企业运营的合规性和稳健性；强化外部风险的防范和应对，建立健全风险预警和应急响应机制，为自身的第二曲线创新战略保驾护航。

推动产业融通发展，实现第二曲线创新突破。产业融通发展是推动战略性新兴产业与未来产业培育的重要途径。首先，要加强产业间的协同创新和技术合作，推动传统产业与战略性新兴产业和未来产业之间的第二曲线创新融合发展；其次，要加强产业链上下游企业的协同合作，形成优势互补、协同发展的产业新格局；最后，注重加强区域间的产业合作与协同发展，推动区域产业协同，共同开创第二曲线创新发展的新篇章。

6. 大型国有企业战略性新兴产业与未来产业培育实践

中国诚通控股集团有限公司（以下简称“中国诚通”）：设立产业基金，培育战略性新兴产业。中国诚通积极利用资本手段推动战略性新兴产业的发展，公司受托管理中国国有企业结构调整基金，与多家中央企业和地方大型国有企业合作，大力培育战略性新兴产业。通过设立产业基金和打造股权投资公司等方式，中国诚通撬动了更多的资金和资源，推动了战略性新兴产业的布局和发展；同时，公司注重风险管理和投资回报，实现了资本的保值增值。

南方电网：储能与产业投资布局。依托自身在能源领域的优势，南方电网积极布局储能与产业投资领域，成立了储能股份公司和产业投资集团等专业子公司，负责储能技术的研发和市场应用以及新兴产业的投资布局，通过加强技术研发和市场开拓，南方电网在储能领域取得了重要突破，推动了新能源产业的发展。同时，通过产业投资基金等方式，南方电网积极参与优质项目的投资和并购，提升了企业的产业控制力和影响力。

中国石化：进军新能源汽车充电领域。中国石化紧跟国家新能源汽车发展战略，联合中国石油、上海汽车集团股份有限公司等多家企业，投资了上海捷能智电新能源科技有限公司，共同进军新能源汽车充电市场。通过加强产业链上下游的协同合作，中国石化在新能源汽车充电领域取得了重要进展，推动了新能源汽车产业的发展。

（三）增强功能价值：打造价值创造“增长极”

作为国家经济的重要支柱，大型国有企业承担着服务国家战略的重要使命。习近平总书记多次强调，国有企业是国家经济的“顶梁柱”和“压舱石”，必须做强做优做大，以更好地服务国家战略。大型国有企业的稳定运营和持续增长对于国家经济的平稳运行具有至关重要的作用。特别是在经济下行期，大型国有企业能够发挥“稳定器”和“压舱石”的作用，有效对冲经济下行压力。此外，作为国家科技创新体系的重要组成部分，大型国有企业在科技创新方面具有显著优势，为国家科技自立自强提供了有力支撑。

1. 大型国有企业功能定位的原则与方向

在功能定位的原则上，一是坚持市场化原则与第二曲线创新相结合。大型国有企业的功能定位不仅要遵循市场经济规律，还要积极探索新的增长点，通过第二曲线创新开拓新市场、新业务，以创新驱动企业持续发展。同时，政府应加强对大型国有企业的监管和指导，确保其发展方向既符合国家战略要求，又蕴含创新活力。二是坚持效益原则与第二曲线创新并重。大型国有企业在追求经济效益的同时，应注重通过创新实现社会效益的飞跃，在保障经济效益的基础上，利用第二曲线创新模式积极履行社会责任，引领经济社会和谐发展。三是坚持创新原则。大型国有企业的功能定位应深度挖掘第二曲线创新潜力，鼓励和支持颠覆性创新活动，通过技术创新、管理创新、商业模式创新等多维度创新，推动企业从现有曲线向新的增长曲线跨越，实现持续健康发展。

在功能定位的方向上，大型国有企业应在关系国家安全和战略利益的领域发挥骨干作用的同时，积极探索第二曲线创新路径。在能源、交通、通信等基础设施以及国防科技工业领域，通过加强技术研发、提高产品质量和服务水平，在确保国家安全和战略利益得到有效保障的同时，利用第二曲线创新开辟新的业务领域和增长点。同时，大型国有企业应在推动产业升级和结构调整中发挥引领作用，通过加大研发投入、推动第二曲线创新下的技术创新和产业升级，促进经济结构的优化和升级，形成新的竞争优势。此外，在服务民生和社会和谐方面，大型国有企业应借助第二曲线创新，提供更加智能化、个性化的产品和服务，满足人民日益增长的美好生活需要。

2. 大型国有企业提升功能价值创造能力

深化改革，激发企业第二曲线创新活力。深化改革是大型国有企业通过第二曲线创新增强国家战略支撑力的重要途径。深化改革可以打破束缚企业发展的体制机制障碍，激发企业内在的创新动力和创造力，推动企业向新的增长曲线跃迁。

推进混合所有制改革与第二曲线创新融合。混合所有制改革应成为大型国有企业探索第二曲线创新的重要抓手，通过引入社会资本实现股权多元化，改善产权结构，提升企业市场化运作水平，为第二曲线创新提供更为灵活和开放的环境。大型国有企业应积极探索混合所有制改革与第二曲线创新的多种结合模式，如员工持股计划、引入战略投资者等，以激发企业创新活力，形成新的增长点。

加强内部管理改革，促进第二曲线创新。内部管理改革应聚焦提升企业的创新能力和运营效率。大型国有企业应建立健全内部管理制度，加强成本控制和预算管理，提高资源利用效率；同时，深化劳动、人事、分配三项制度改革，建立健全市场化选人用人机制和激励约束机制，激发员工的创新热情和积极性，为第二曲线创新提供人才保障和动力源泉。

强化自主创新能力，提升核心竞争力。大型国有企业要增强国家战略支撑力，必须坚定地走第二曲线创新之路，加大创新投入，实现核心竞争力的飞跃。首先，加强科技研发投入，聚焦国家战略性新兴产业和关键技术领域，开展前瞻性、基础性、颠覆性研究，通过搭建创新平台、组建创新团队、引进高端人才等措施，不断提升企业的自主创新能力，为第二曲线创新提供坚实的技术支撑。其次，推动技术创新与产业升级，通过引进先进技术、优化生产流程、提高产品质量等措施，提升传统产业的竞争力和附加值；同时，积极布局新兴产业领域，加强在新材料、新能源、人工智能等领域的研发投入和产业化应用，形成新的增长点，推动企业向第二曲线跨越。最后，建立健全创新激励机制，对在科技创新中取得突出成果的个人和团队给予表彰与奖励；探索知识产权股权激励、科技成果收益分享等市场化激励方式，激发科研人员的创新热情和积极性，为第二曲线创新提供持续的人才和动力支持。

优化布局，推动第二曲线创新下的产业升级转型。优化产业布局是推动大型国有企业通过第二曲线创新实现产业升级转型、提升功能价值创造能力的重要手段。根据国家战略需求和市场变化，大型国有企业应不断调整和优化产业布局，聚焦主业发展，明确自身的主业定位和发展方向，集中优势资源发展主业，同时退出不具备竞争优势的非主业领域，实现资源的优化配置和高效利用。在此基础上，大型国有企业应积极布局新兴产业领域，紧跟国家产业发展趋势，通过投资并购、战略合作等方式，加快在新兴产业领域的布局和拓展，推动新兴产业快速发展，形成新的增长点和发展动力；同时，加强对传统产业的技术改造和升级换代，推动传统产业向高端化、智能化、绿色化方向发展，提升传统产业的竞争力和附加值，形成更加完善的产业链和生态系统。通过优化布局，推动大型国有企业实现第二曲线创新下的产业升级转型，提升整体竞争力和可持续发展能力，为增强国家战略支撑力提供助力。

3. 典型案例

作为大型国有企业，国铁集团在明确功能定位、推动第二曲线创新方面取得了显著成效。国铁集团始终坚守“人民铁路为人民”的服务宗旨，致力于构建安全、便捷、高效、绿色的现代化铁路运输体系，并在此基础上积极寻求第二曲线创新，不断优化产业布局，强化创新驱动和内部改革，推动铁路事业迈向新的发展阶段。

在第二曲线创新驱动方面，国铁集团显著加大了对高速铁路、重载铁路等关键技术领域的研发投入，成功推动了多项重大科技成果的转化和应用，成为第二曲线创新的典范。例如，国铁集团自主研发的高速铁路列车控制系统和重载铁路运输组织技术，不仅显著提升了铁路运输的安全性和效率，更展现了国铁集团在第二曲线创新领域的雄厚实力。同时，国铁集团积极与高校、科研机构等创新主体开展深度合作，构建了产学研用协同创新体系，加速了科技成果的转化和产业升级，为铁路事业的第二曲线创新发展注入了强劲动力。

在内部改革与第二曲线创新融合方面，国铁集团加快了建立健全现代企业制度的步伐，完善了公司治理结构，提高了决策效率和执行力。通过深化内部改革，国铁集团优化了资源配置，提高了运营效率，为人民群众提供了更加安全、便捷、高效的铁路运输服务。在此过程中，国铁集团还特别注重将内部改革与第二曲线创新紧密结合，通过创新管理模式、优化业务流程等方式，不断激发企业内在活力，推动铁路事业实现更高质量的发展。

在拓展国际市场与第二曲线创新战略方面，国铁集团积极参与国际竞争，加强与国际知名企业的合作与交流，提高了国际化经营水平。同时，国铁集团加强品牌建设和市场推广，不断提升国际知名度和影响力。通过拓展国际市场，国铁集团充分利用国际资源，推动自身发展壮大，为国家经济发展作出了更大贡献。在此过程中，国铁集团始终坚持以第二曲线创新为引领，不断探索新的发展模式和市场机遇，为铁路事业的国际化发展开辟了广阔空间。

第六章　制度保障：创新的软实力

制度保障是大型国有企业第二曲线创新的基石，它不仅为创新活动提供稳定的政策环境和明确的指导方向，还通过优化资源配置、激发创新活力、保障创新成果等关键环节，为第二曲线创新提供有力支撑，助力企业在激烈的市场竞争中赢得宝贵的先发优势和竞争优势。完善的制度保障体系能够确保第二曲线创新活动的有序进行，降低创新风险，提高创新效率，从而推动企业在激烈的市场竞争中脱颖而出。同时，制度保障是大型国有企业应对复杂多变市场环境的关键，随着科技革命和产业变革的加速推进，市场环境日益复杂多变，企业面临着技术迭代、市场需求变化等多重挑战。在这样的背景下，制度保障能够为大型国有企业提供灵活应对市场变化的机制和能力，帮助企业及时捕捉市场机遇，调整创新策略，确保在竞争中立于不败之地。因此，深入研究大型国有企业在第二曲线创新中的制度保障问题，探索构建更加完善、高效、可持续的制度保障体系，对于推动大型国有企业创新发展、提升国家经济实力具有深远的意义。

一、大型国有企业第二曲线创新的制度保障问题分析

（一）制度保障体系在第二曲线创新中的不足

1. 政策引导与支持在第二曲线创新中有所欠缺

政策引导与支持是大型国有企业推进第二曲线创新活动的基础保障。然而，当前政策环境在引导和支持大型国有企业探索第二曲线创新方面存在短板。一方面，政策制定相对滞后于市场和技术的发展步伐，导致政策引导有时缺乏前瞻性和针对性。在新技术、新业态不断涌现的背景下，相关政策未

能及时跟进，使得大型国有企业在这些新兴领域的第二曲线创新活动缺乏明确指导和有力支持。另一方面，政策在资金、税收、人才引进等方面的支持力度不足，未能给予大型国有企业充分的优惠和扶持，导致大型国有企业在第二曲线创新过程中面临较大的资金缺口和人才瓶颈，难以深入推动创新活动的开展。此外，在政策执行层面，尽管政府出台了一系列旨在鼓励创新的政策，但由于各种因素，这些政策往往难以得到有效落实。特别是涉及多部门协调配合的政策，由于部门壁垒和信息不对称，政策执行效果不佳，甚至出现政策“空转”现象，制约了大型国有企业在第二曲线创新方面的进展。

2. 制度设计与执行在第二曲线创新中脱节

制度设计对大型国有企业推进第二曲线创新至关重要。然而，在实践中，企业的制度设计往往过于理想化，未能充分考虑大型国有企业的实际情况和创新需求，导致制度难以落地执行。一些创新管理制度过于烦琐，不仅提高了企业的管理成本，还降低了第二曲线创新的效率。此外，一些制度在执行过程中缺乏灵活性和适应性，难以应对市场和技术的快速变化，导致国有企业在第二曲线创新过程中面临较大的制度障碍，难以充分发挥创新潜力。制度设计与实际执行脱节的问题还表现在制度更新滞后于市场和技术发展，随着新技术、新业态的不断涌现，大型国有企业需要不断调整和创新管理制度以适应新的市场环境。然而，制度更新机制的不完善，导致一些过时的制度仍在执行，制约了大型国有企业在第二曲线创新方面的活力和动力。

3. 创新管理流程复杂，制约第二曲线创新效率

创新管理流程是大型国有企业推进第二曲线创新活动的重要组成部分。当前，部分企业的创新管理流程过于烦琐，效率低下。从项目立项到成果转化的各个环节，往往需要经过多个部门的审批和协调，这不仅提高了企业的管理成本和时间成本，还降低了第二曲线创新的效率。同时，一些创新管理流程缺乏透明度和公开性，导致信息不对称和决策失误，使得大型国有企业在第二曲线创新过程中难以快速响应市场和技术变化，错失创新机遇。

4. 创新激励机制在第二曲线创新中不完善

创新激励机制是激发大型国有企业提升第二曲线创新活力的重要手段。部分企业的创新激励机制仍存在不完善之处，导致激励效果不佳。一方面，

激励机制的设计缺乏科学性和公平性，难以充分激发员工的创新积极性和创造力。某些企业的绩效考核体系过于注重短期业绩和财务指标，而忽视创新成果的质量和长期价值，导致员工在第二曲线创新过程中缺乏足够的动力和热情。另一方面，在激励机制的执行过程中，缺乏有效的监督和评估机制，激励效果难以量化评估和改进，使得大型国有企业在第二曲线创新过程中难以形成有效的激励机制，不能吸引和留住优秀的创新人才，进而制约了大型国有企业在第二曲线创新方面的竞争力和发展潜力。

（二）第二曲线创新的资源配置失衡

1. 第二曲线创新资金投入匮乏与融资瓶颈

当前大型国有企业普遍存在融资难的困境，政府对企业第二曲线创新投入有限，难以满足企业转型升级和创新发展的迫切需求。尽管政府已出台一系列旨在激励创新的政策，但在第二曲线创新的资金投入上仍存在显著缺口。在融资层面，由于大型国有企业的特殊体制和严格的监管要求，其融资渠道相对狭窄且融资成本高昂。尤其在新兴技术领域，因投资风险较大，投资者对大型国有企业的第二曲线创新项目持保守态度，这无疑进一步加剧了融资难度。

2. 第二曲线创新人才短缺与培养不足

一方面，大型国有企业的人才引进机制尚不完善，难以吸引和稳定第二曲线创新所需的顶尖人才。部分企业的薪酬福利体系缺乏市场竞争力，导致优秀人才大量流失。另一方面，大型国有企业在第二曲线创新人才的培养上存在明显短板。由于培训和发展机会有限，员工的创新能力和专业技能难以得到实质性提升。此外，一些企业缺乏浓厚的创新氛围和文化，员工缺乏创新的动力和激情，导致企业在第二曲线创新过程中难以组建高效的创新团队和构建人才梯队。

3. 第二曲线创新平台缺失与运营不足

创新平台是大型国有企业开展第二曲线创新活动的重要依托，但当前一些企业面临创新平台缺失的严峻挑战。一方面，由于大型国有企业对第二曲线创新平台的投入不足，创新平台的建设滞后于企业创新发展的步伐，部分企业缺乏先进的研发设备和仪器，导致创新活动难以深入展开。另一方面，大型国有企业在第二曲线创新平台的运营和管理上存在诸多不足，部分创新平台缺乏专业的运营团队和高效的管理机制，导致平台运行效率低下且创新能力受限。此外，一些企业与外部机构的合作和交流不足，创新平台缺乏开放性和包容性，难以形成有效的第二曲线创新平台和生态系统。

4. 第二曲线创新成果转化与应用障碍

第二曲线创新成果转化机制不完善，致使创新成果难以有效转化为实际生产力，特别是创新成果缺乏市场导向和商业化运作机制，进而难以广泛推广和应用。此外，创新成果的应用缺乏有效的市场推广策略和商业化运营模式，其市场价值难以充分发挥。同时，部分企业与产业链上下游企业的合作和交流不足，创新成果难以形成有效的产业链和价值链。大型国有企业在第二曲线创新过程中，难以构建有效的创新成果转化和应用机制，不能将创新成果转化为企业的核心竞争力和经济效益。

（三）知识产权保护不足对第二曲线创新的制约

1. 专利布局不合理，申请质量不高阻碍第二曲线创新

当前，大型国有企业在专利布局方面存在明显的不合理性，制约了第二曲线创新的推进。由于缺乏对专利技术的深入研究和全面挖掘，专利布局缺乏战略性和前瞻性，过度聚焦于短期利益，而忽视了长期的技术积累和专利战略规划。这种短视行为不仅削弱了企业的技术壁垒，还限制了其在未来市场中的竞争力。另外，专利申请过程中的质量把控不严也是一大问题。由于缺乏专业的专利代理机构和资深律师的支持，专利申请文件往往存在瑕疵和漏洞，难以获得有效的专利授权和全面保护，这不仅损害了企业的知识产权利益，还阻碍了第二曲线创新的顺利进行。

2. 知识产权保护意识薄弱制约第二曲线创新

知识产权保护意识薄弱，对大型国有企业的第二曲线创新产生了多个方面的制约。首先，创新成果难以有效保护。知识产权保护意识不足，企业在研发过程中往往忽视了对创新成果的及时申请和保护，导致创新成果被他人窃取或模仿，企业的创新投入无法获得应有的回报，不仅削弱了企业的创新

动力，也影响了企业的市场竞争力。其次，创新环境恶化。知识产权保护意识薄弱还可能导致创新环境的恶化，当企业缺乏知识产权保护时，市场上可能出现大量的侵权产品和侵权行为，这不仅损害了企业的利益，也破坏了市场的公平竞争环境，不利于企业的长期发展。最后，国际合作受限。在全球化背景下，大型国有企业往往需要与国际企业开展合作与交流。然而，知识产权保护意识薄弱可能导致企业在国际合作中面临知识产权纠纷和诉讼风险，从而影响企业的国际形象和声誉，限制企业在国际市场上第二曲线创新的开展。与此同时，知识产权保护意识薄弱可能导致企业创新资源的流失。当企业的创新成果无法得到有效保护时，企业的创新人才和创新资金可能会流向其他更注重知识产权保护的企业或地区，导致企业创新能力下降。

二、大型国有企业第二曲线创新的制度需求分析

（一）第二曲线创新动力机制需求

第二曲线创新动力是大型国有企业激发创新潜能、驱动第二曲线增长的核心引擎。它要求企业构建一套科学的激励机制与容错机制，以全面点燃员工的创新热情，激励他们勇于探索未知，积极投身第二曲线创新实践。

1. 第二曲线创新激励机制与容错机制需求

第二曲线创新激励机制。在大型国有企业中，核心员工是推动第二曲线创新不可或缺的力量源泉。为了充分激发核心员工的创新潜能，企业亟须构建一套科学的、涵盖物质激励与精神激励两大维度的第二曲线创新激励机制。在物质激励层面，大型国有企业可设立第二曲线创新奖励基金，为创新项目提供专项资金支持，并对在创新征程中取得显著成就的人员给予丰厚的奖励，包括奖金、股权激励等，以此激发核心员工的创新积极性。同时，大型国有企业应将创新成果与核心员工的薪酬、晋升等紧密挂钩，形成鲜明的正向激励效应。在精神激励层面，大型国有企业可通过设立第二曲线创新荣誉奖项、举办创新成果展示盛会等方式进行表彰和宣传，以此提升核心员工的创新成就感，营造浓厚的第二曲线创新氛围。同时，构建第二曲线创新激励机制需深入洞察核心员工的创新需求和期望，制定贴合核心员工特性的激励政策，

确保激励政策的公平性和有效性。

第二曲线创新容错机制。创新之路往往布满荆棘，伴随诸多风险和不确定性。为了鼓励员工勇于探索第二曲线创新之路，大型国有企业必须构建科学的容错机制，包容创新过程中的错误与失败。容错机制的核心在于重塑创新失败观念，明确创新失败不是个人能力的缺失，而是创新征途中的必由之路。因此，当创新遭遇挫折时，企业应给予员工充分的理解和支持，避免过度惩罚和指责。同时，大型国有企业需建立科学的创新失败评估体系，深入挖掘失败背后的原因，总结经验教训，为未来的第二曲线创新活动提供宝贵借鉴。容错机制的构建将激发员工的创新勇气，鼓励员工大胆尝试新的想法和方法，推动第二曲线创新活动持续蓬勃发展。

2. 第二曲线创新导向的绩效考核需求

在全力推进第二曲线创新的过程中，大型国有企业亟须将创新元素深度融入绩效考核体系，构建出以第二曲线创新为导向的绩效考核新机制。这一机制的核心在于，将创新成果视为衡量员工绩效的关键指标之一，以此激发员工的创新热情，并引导员工将更多的智慧和精力倾注于创新活动中。为了保障这一机制的有效运行，企业还需建立起一套科学的创新成果评估体系，该体系需能对创新成果进行精准、客观的评价，从而确保绩效考核的公正性和实效性。这不仅有助于激发员工的创新潜能，还能为企业的第二曲线创新提供源源不断的动力。

此外，在构建第二曲线创新导向的绩效考核机制时，大型国有企业还应高度重视对员工创新过程的考核。创新过程作为第二曲线创新成果的基础，不仅能够真实反映员工的创新能力和创新精神，还是企业挖掘创新潜力、培育创新文化的重要途径。因此，大型国有企业需要精心设立一系列创新过程考核指标，如创新项目计划的完成情况、创新方法的应用实效等，以便全面、深入地评估员工的创新表现。同时，为了进一步提升绩效考核的效果，大型国有企业需建立健全绩效考核结果的反馈机制。通过及时、准确地反馈绩效考核结果，员工可以清晰地了解自己的创新表现以及存在的不足，从而有针对性地改进和提高。在此基础上，大型国有企业根据绩效考核结果，对员工进行个性化的培训和指导，不断提升其创新能力和综合素质，为第二曲线创新注入更强的动力。

（二）第二曲线创新的政策需求

在大型国有企业进入新领域、新赛道的过程中，政策引导至关重要。国务院国资委强调要为国有企业提供精准化、长周期的政策支持体系，为创新转型提供制度保障，在政策层面明确支持企业进入新兴领域，如数字经济、绿色能源等，通过政策引导帮助企业找到新的增长点，实现可持续发展。

1. 新领域、新赛道的政策供给需求

随着新一轮科技革命和产业变革的加速推进，新产业、新业态、新模式不断涌现，为大型国有企业第二曲线创新提供了新的发展机遇。然而，新兴领域往往伴随高风险、高投入和不确定性，这对大型国有企业的创新能力和风险管理能力提出了更高要求。因此，大型国有企业需要得到政府部门的政策支持和引导，以降低创新风险，提高市场竞争力。为了构建精准化、长周期的政策支持体系，政府部门可以从以下三个方面入手：首先，加强政策研究，深入调研大型国有企业在新领域、新赛道上的具体需求和发展趋势，制定具有针对性和可操作性的政策措施；其次，完善政策体系，建立健全涵盖财政、税收、金融、人才、知识产权等方面的政策支持体系，形成政策合力；最后，强化政策执行，加大政策执行力度，确保政策措施能够真正落地见效。同时，建立政策评估机制，及时对政策效果进行评估和调整；加强国际合作，积极参与国际创新合作和交流，借鉴国际先进经验和技术成果，推动大型国有企业在新兴领域实现跨越式发展。

2. 第二曲线创新财政金融支持政策需求

第二曲线创新财政金融支持政策是大型国有企业优化创新资源配置的核心策略，为了加快第二曲线创新的步伐，大型国有企业迫切需要政府提供更为有力且精准的财政金融支持。

在财政资金支持上，政府应设立专项的第二曲线创新资金，为大型国有企业提供具有针对性的创新项目资金支持。这些资金不仅可以用于研发设备的升级换代、创新人才的引进与培育，还可以为企业的第二曲线创新活动提供源源不断的动力。此外，政府还可以通过税收减免、研发费用加计扣除等

优惠政策，进一步降低企业的创新成本，提升创新活动的经济效益，从而激发大型国有企业的第二曲线创新活力，确保创新活动的持续繁荣。

金融支持政策是大型国有企业第二曲线创新活动的一大重要支柱。政府应设立第二曲线创新投资基金，为企业的创新项目提供强有力的金融支持；同时，通过创新贷款、风险投资引导等多元化金融手段，为企业的研发、产业化等第二曲线创新活动开辟更广阔的融资渠道。此外，政府还应不断完善资本市场，推动风险投资行业的健康发展，为大型国有企业的第二曲线创新活动提供更加便捷、高效的融资服务，从而有效降低融资成本，提高创新活动的资金利用效率。同时，第二曲线创新财政金融支持政策的制定与实施需精心谋划，政府需深入了解企业的创新需求与特点，制定贴合实际的财政金融支持政策，并加强对政策实施的监管与评估，确保政策的公平性与有效性，为大型国有企业的第二曲线创新之路保驾护航。

（三）第二曲线创新文化需求

第二曲线创新文化的构建是大型国有企业优化创新环境、驱动转型升级的核心引擎。企业需积极培育第二曲线创新文化，营造浓厚的创新氛围，以全面激发员工的创新热情与创造力，引领企业迈向新的增长点。

作为第二曲线创新文化培育的基础，大型国有企业应将创新转型的价值观深植于企业文化核心，使这种价值观成为引领企业前行的精神旗帜。通过设立第二曲线创新奖项、举办第二曲线创新成果展示会等多元化形式，大力弘扬创新价值观，使之成为全员共识；同时，将第二曲线创新价值观融入企业的日常管理和运营流程，形成全员参与、全程创新的良好氛围，推动企业不断突破自我，实现跨越式发展。

大型国有企业需加强第二曲线创新教育培训，以提升员工的创新能力和素质为关键。一方面，通过设立专门的第二曲线创新教育培训课程、开展第二曲线创新实践活动等，为员工提供丰富的学习资源和实战机会；另一方面，建立第二曲线创新教育培训评估机制，定期对员工的创新教育培训效果进行客观评估和分析，确保培训质量和效果，助力员工成长为创新型人才。

作为第二曲线创新文化培育的重要载体，大型国有企业需积极搭建第二曲线创新交流平台，促进思想碰撞与合作共进。大型国有企业通过搭建线上线下相结合的创新交流平台，激发创新灵感和合作意愿；同时，加强与其他企业和机构的第二曲线创新交流与合作，共同探索创新路径，推动创新成果的转化与应用。为此，大型国有企业需深入了解创新需求和期望，制订符合企业特点的第二曲线创新文化培育计划，并加强对培育过程的监管和评估，确保第二曲线创新文化培育的质量和效果，为企业的持续创新提供坚实支撑。

三、大型国有企业第二曲线创新的制度保障优化

（一）组织架构与决策机制创新

1. 构建第二曲线创新所需的灵活高效组织架构

在第二曲线创新征程中，大型国有企业常常面临高风险与高不确定性的挑战，这要求企业必须能够迅速调整战略方向和资源配置。因此，对大型国有企业而言，在探索新业务曲线中，构建一套灵活高效、专为第二曲线创新设计的组织架构显得尤为关键。传统大型国有企业往往受制于僵化的组织架构和冗长的决策链条，这极大地束缚了大型国有企业的创新能力和对市场变化的响应速度。为了突破这一困境，大型国有企业亟须打破原有的组织壁垒，重塑一个以创新为核心驱动力、紧密围绕市场需求导向的新型组织架构。

首先，大型国有企业应设立专门的第二曲线创新管理部门或创新中心，这一部门须具备高度的独立性和权威性，能够跨部门整合资源，统筹协调企业的各项创新活动，确保创新项目迅速且有效地落地实施。其次，大型国有企业应积极推进扁平化管理改革，大幅削减管理层级，提升决策效率，通过缩短决策链条，企业能够更敏捷地捕捉市场机遇，灵活应对各种创新挑战。最后，大型国有企业应大力倡导内部创业文化，加强孵化器建设，为员工提供丰富的创新平台和充足的资源支持，这不仅能激发员工的创新活力，还能为企业培养出一批批具备创新精神和实践能力的优秀人才，为第二曲线创新的持续推动注入不竭的动力。

2. 强化第二曲线创新决策流程，加速创新决策效率提升

在第二曲线创新的征途中，新业务市场瞬息万变，竞争态势日益激烈，

这要求大型国有企业必须具备迅速决策与灵活调整策略的能力。因此，企业亟须构建一套针对第二曲线创新的快速响应机制，确保在新业务曲线的探索之旅中能够敏锐捕捉市场机遇，并及时做出有效决策。为了提高大型国有企业创新决策的效率，决策流程的优化成为不可或缺的关键环节。传统国有企业在决策流程上往往过于烦琐，这极大地制约了创新项目的推进速度，导致大量时间和精力在决策过程中被无谓消耗。为了彻底改变这一现状，大型国有企业必须大刀阔斧地简化决策流程，明确各层级决策责任，确保创新项目能够迅速获得必要的批准与全力支持。

具体而言，大型国有企业应着手建立更加科学的第二曲线创新决策体系，清晰界定各级决策机构的职责与权限，通过合理划分决策层级与决策范围，确保创新项目能够在最合适的层级得到迅速而果断的决策。同时，大型国有企业应积极推动决策过程的透明化进程，广泛听取并吸纳各方意见与建议，从而进一步提升决策的科学性与合理性。此外，为了确保决策过程的严肃性与权威性，大型国有企业还应建立健全决策追责机制。对于决策失误造成的损失与影响，必须严格进行追责与问责，以此作为对决策者的有力鞭策与警醒。综上所述，通过强化第二曲线创新决策流程、加速创新决策效率提升，大型国有企业能够在激烈的市场竞争中抢占先机、赢得主动，为企业的可持续发展注入强劲动力。

3. 深化第二曲线创新内部协同，全面打破部门壁垒

在第二曲线创新实践中，新业务曲线的探索往往伴随多部门、多领域的深度交叉与融合，这要求大型国有企业必须打破固有的部门壁垒，实现创新资源的优化配置与高效共享。因此，大型国有企业亟须构建一套完善的跨部门第二曲线创新协作机制，确保在新业务曲线的探索征程中，各部门能够紧密携手，形成强大的创新合力，共同驱动创新项目的稳健落地与蓬勃发展。作为企业创新进程中的坚实基石，内部协同的重要性不言而喻。然而，传统国有企业存在部门壁垒问题，这制约了创新资源的有效整合与充分利用。

为了从根本上提升创新效率与质量，大型国有企业必须下大力气深化内部协同，全面打破部门壁垒，让创新资源在更加开放、流动的环境中发挥最大效用。大型国有企业应着手建立更加紧密、高效的跨部门第二曲线创新协

作机制，明确界定各部门的职责边界与协作方式。大型国有企业应加强部门间的深度沟通与高效协作，确保创新项目能够在各部门间无缝衔接、顺利推进；同时，大型国有企业应积极推动信息共享与资源整合的深度开展，搭建统一、高效的信息交流平台与资源共享库，为创新项目提供全方位、立体化的支持与保障。此外，为了进一步激发企业的创新活力，大型国有企业还应在第二曲线创新的道路上迈出更加坚实的步伐，大力鼓励员工跨越部门界限，开展广泛的跨领域合作与创新探索。

4. 第二曲线创新驱动下的研发资源高效配置

在第二曲线创新的强劲驱动下，研发资源的高效配置已成为大型国有企业推动业务转型与升级的关键支撑。为确保第二曲线创新活动拥有坚实而丰富的资源保障，大型国有企业必须深度优化研发资源配置策略，大幅提升研发资源使用效能。

第一，强化第二曲线创新研发团队的建设。作为大型国有企业第二曲线创新的中坚力量，研发团队的创新能力和综合素质的提升对于加快创新步伐至关重要。因此，大型国有企业需进一步加大力度，引进和培养顶尖创新人才，以全面加强研发团队的建设；同时，构建研发团队间的紧密合作机制，促进跨团队的知识共享与协同作战，营造一个充满活力、鼓励创新的良好氛围，为第二曲线创新提供源源不断的智力源泉。

第二，推动研发设备的迭代升级以支撑第二曲线创新。先进的研发设备是大型国有企业第二曲线创新不可或缺的技术基础。大型国有企业需紧跟科技前沿，积极购置和更新高性能的研发设备，以提升整体研发效能。为此，大型国有企业可以设立研发设备专项购置资金，为设备的更新提供充足的资金支持，确保研发设备能够持续迭代升级；同时，建立完善的研发设备管理制度和维护体系，保障设备的稳定运行和高效利用，为第二曲线创新提供坚实的硬件支撑。

第三，实施研发项目管理的精细化以助力第二曲线创新。研发项目管理在大型国有企业第二曲线创新中扮演着至关重要的角色。为提升研发项目的成功率和经济效益，大型国有企业需深化项目管理，设立研发项目管理办公室，并制定科学严谨的研发项目管理流程，实现项目的全程监控和精细化管理；同时，构建研发项目定期评估机制，对项目的进展情况、创新成果及经济效益进行深度剖析和客观评价，确保研发项目能够顺利推进并取得预期成效，为第二曲线创新注入强劲的动力。

（二）人才管理与激励机制创新

1. 构筑第二曲线创新引领的高素质人才梯队

在第二曲线创新征途中，员工卓越的创新能力与无缝衔接的团队协作能力，成为推动企业开拓新业务曲线的重要力量。大型国有企业应将焦点置于培育员工的创新意识与实践技能上，积极鼓励他们投身于新业务曲线的探索与开拓之中。为了顺利驾驭第二曲线创新的浪潮，大型国有企业亟须构筑一支兼具高素质与专业化特色的创新人才队伍，这支队伍不仅应掌握深厚的专业知识，还需具备敏锐的市场嗅觉与非凡的创新能力。

首先，大型国有企业需加大力度引进创新型人才，通过多元化的招聘渠道，广泛吸纳国内外顶尖人才加盟。在甄选过程中，大型国有企业应尤为注重评估应聘者的创新思维、团队协作能力与实际工作经验。其次，大型国有企业应深化人才培养体系，为员工量身定制职业发展蓝图，提供丰富多样的培训资源与学习平台，助力员工在专业技能与综合素养上实现双重飞跃，不仅包括专业技能的精进，更涵盖创新思维、团队协作与领导力等软实力的提升。最后，为了充分激发员工的创新潜能与工作激情，大型国有企业应建立一套涵盖薪酬激励、股权激励、创新成果奖励等多个维度、科学有效的人才激励机制，通过物质与精神的双重激励，为企业的第二曲线创新之路注入不竭动力。

2. 实施第二曲线创新导向的绩效考核与激励机制

构建科学合理的第二曲线创新绩效考核体系和多元化激励机制，是推动大型国有企业第二曲线创新的重要保障，这不仅关乎员工的创新动力，更影响大型国有企业的整体创新效能。为了深度激发员工的创新潜能和工作激情，大型国有企业亟须建立一套以第二曲线创新为导向的绩效考核与激励机制。这一机制应着重考察员工在创新能力、团队协作以及业务成果等方面的表现，确保创新成为企业绩效考核的核心要素。

首先，大型国有企业应着手建立科学的第二曲线创新绩效考核体系，明确各级员工的绩效考核标准和指标，通过精准、合理的绩效考核，企业能够准确评估员工的创新能力、团队协作效率以及工作成果，为后续激励机制的制定提供坚实的数据支撑。其次，大型国有企业应构建多元化的第二曲线创新激励机制，涵盖薪酬激励、股权激励、荣誉激励等多种形式。这些多样化的激励方式旨在全方位激发员工的创新热情和工作积极性，提升员工的归属感和忠诚度，进而推动企业的第二曲线创新进程。最后，大型国有企业应建立第二曲线创新激励机制的动态调整机制，确保激励机制能够紧跟市场环境和企业战略变化。通过及时调整激励机制的内容和方式，大型国有企业能够保持激励机制的有效性和适应性，为员工的持续创新和企业的长远发展提供不竭的动力源泉。

（三）知识产权保护与创新成果转化

1. 强化第二曲线创新知识产权保护

在第二曲线创新的征途中，强化创新成果转化工作意义重大，它对于推动新业务曲线的迅猛崛起具有不可估量的价值，是其飞速发展的坚强后盾。大型国有企业必须将加强知识产权保护工作置于战略高度，为第二曲线创新提供不可或缺的安全保障，为新业务曲线的蓬勃发展保驾护航。

首先，大型国有企业需建立一套完备且高效的知识产权保护体系，明确第二曲线创新中知识产权的权属与管理流程，通过精心设计知识产权管理制度，确保第二曲线创新成果在法律框架内得到全面且有力的保护，有效规避知识产权纷争的潜在风险。其次，大型国有企业应积极主动地推进知识产权的申请与授权进程，不遗余力地申请专利、商标等关键知识产权，为创新成果披上法律的外衣，确保其免受侵犯。这一举措不仅是对创新成果的肯定，更是对未来市场竞争力的提前布局。最后，大型国有企业需在知识产权维权与打击侵权行为方面展现出决心与行动，坚决捍卫合法权益，对侵犯知识产权的行为予以打击，为第二曲线创新的可持续发展奠定坚实的基础。

2. 加速第二曲线创新成果转化与商业化应用

在第二曲线创新的战略框架下，作为大型国有企业第二曲线创新过程中的关键环节，创新成果转化与商业化应用对于新业务曲线的快速崛起具有举足轻重的意义。为了将第二曲线创新成果高效转化为实际的生产力和显著的经济效益，大型国有企业亟须建立完善的创新成果转化机制，加速创新成果的商业化进程。

首先，大型国有企业应搭建第二曲线创新成果转化平台，为创新成果提供广阔的展示舞台和高效的推广渠道。通过这一平台，大型国有企业能够将前沿的创新成果精准呈现给潜在客户和合作伙伴，从而迅速扩大创新成果的市场影响力。其次，大型国有企业应深化与高校、科研机构等创新主体的合作，推动产学研用协同创新机制的深度落实。通过这一机制，大型国有企业能够充分利用外部创新资源，提升创新成果的质量和技术水平，为第二曲线创新注入更强劲的动力。最后，大型国有企业应加大对第二曲线创新成果商业化应用的投入力度，通过细致的市场调研、精准的产品开发、高效的营销推广等一系列措施，将创新成果转化为具有市场竞争力的产品和服务，实现经济效益的显著提升。这一系列举措不仅有助于大型国有企业巩固市场地位，更为企业的长远发展奠定了坚实的基础。

3. 建立产学研用深度协同创新机制

作为大型国有企业探索第二曲线创新路径的关键模式，产学研用深度协同创新对于推动企业创新能力的飞跃具有重大意义。通过这一机制，大型国有企业能够充分利用并整合高校、科研机构等创新主体的独特资源与优势，从而大幅提升创新成果的质量与前沿性。

首先，依托自身科研实力，大型国有企业持续深化与知名高校、科研机构等创新主体的战略合作关系，建立稳固且持久的协同创新联盟。通过加强交流与合作，大型国有企业能够实时洞悉最新的科研成果与技术前沿动态，为第二曲线创新项目的精准选题与高效研发提供强有力的智力支撑。其次，大型国有企业应积极主动融入产学研用协同创新项目，与高校、科研机构等创新主体携手开展科研攻关与技术革新。在这一过程中，大型国有企业能够充分吸纳并利用外部创新资源，为创新成果的质量提升与水平飞跃注入不竭动力。最后，大型国有企业需加大对产学研用协同创新成果的转化与应用力度，加速推动创新成果向实际应用与商业化发展的跨越，通过构建高效的成果转化机制，确保第二曲线创新的丰硕成果能够迅速转化为生产力，为企业赢得市场竞争的先机与优势。

（四）风险管理与容错机制

1. 构建第二曲线创新风险管理框架

在大型国有企业开展第二曲线创新的过程中，建立一套全面且系统的创新风险管理框架显得尤为重要。这一框架需紧密围绕风险识别、风险评估、风险监控及风险应对四大核心环节展开，为第二曲线创新的稳健前行提供坚实的保障。首先，在风险识别阶段，大型国有企业需深入剖析新业务曲线可能遭遇的各类风险，包括但不限于市场风险、技术风险及管理风险等，确保全面精准捕捉风险点，为后续的风险管理奠定坚实的基础。其次，在风险评估阶段，大型国有企业应借助量化分析工具，对第二曲线创新中识别出的风险进行科学排序，明确高风险区域及其潜在影响，为风险应对策略的制定提供有力依据。再次，在风险监控阶段，大型国有企业需构建动态风险监测体系，实时追踪风险变化，确保风险信息的迅速传递与高效处理，为风险防控赢得宝贵时间。最后，在风险应对阶段，大型国有企业需依据风险评估结果，精心制定风险应对策略与预案，确保在风险突发时能够迅速响应，有效控制风险扩散，保障第二曲线创新的平稳推进。

在构建风险管理框架的过程中，大型国有企业还应高度重视风险文化的培育，通过系统的培训、深入的宣传等手段，不断提升员工的风险意识，营造全员参与风险管理的浓厚氛围。同时，大型国有企业需建立风险管理长效机制，将风险管理深度融入企业日常运营与战略规划之中，确保风险管理的持续性与有效性，为第二曲线创新保驾护航。

2. 增强第二曲线创新风险识别与灵活应对能力

在第二曲线创新的探索旅程中，大型国有企业不可避免地会遇到诸多未知与不确定性因素，提升风险识别与灵活应对能力成为企业稳健前行的关键所在。一方面，大型国有企业应深化对新技术动态、新市场趋势及新政策导向的研究与分析，提高对市场变革的敏感度与预见性，以便及时捕捉并识别出潜在的第二曲线创新风险。另一方面，为了更有效地管理这些风险，大型国有企业需建立跨职能、跨部门的风险管理团队，整合内外部资源，形成风险管理的强大合力，通过定期举办风险研讨会、开展风险模拟演练等多元化活动，不断提升团队在第二曲线创新风险识别与分析方面的专业能力。

在风险应对层面，大型国有企业需展现出高度的灵活性与创新性。针对不同类型的第二曲线创新风险，大型国有企业应量身定制差异化的应对策略。面对市场风险，可通过深入市场调研、加速产品迭代升级等手段有效降低风险敞口；针对技术风险，可通过加大研发投入、积极引进外部先进技术等方式予以化解；对于管理风险，则可通过优化管理流程、提升管理水平等举措进行有效防范。同时，为了进一步提升风险应对的时效性，大型国有企业需建立健全风险应急响应机制，确保在风险突发时能够迅速启动应急预案，有效控制风险扩散，为第二曲线创新的稳健推进提供坚实的保障。

3. 科学设定第二曲线创新风险容忍度，激励创新探索与尝试

在大型国有企业推进第二曲线创新过程中，科学且合理地设置风险容忍度是激发创新潜能、鼓励勇于探索与尝试的核心要素。一方面，大型国有企业需紧密结合自身实际情况与业务特色，精准制定风险容忍度标准。针对新业务曲线，大型国有企业应展现出更大的包容性与开放性，适度提高风险容忍度，为创新活动开辟更为宽广的试错天地，以此助力第二曲线创新的蓬勃兴起。另一方面，大型国有企业应构建尽职合规免责机制。对于紧密贴合企业发展战略、严格遵循法规开展的创新活动，即便面临风险或遭遇失败，大型国有企业也应秉持宽容态度，予以免责或适度减轻责任，从而减轻创新者的心理负担，激发其持续创新的勇气与决心。

在具体实施层面，大型国有企业应积极借鉴国内外先进企业的成功经验，精心构建风险容忍度指标与评估体系。通过定期且系统地评估创新活动的风险水平与容忍度状况，大型国有企业能够灵活调整风险管理策略，优化资源配置，确保创新活动始终在风险可控的轨道上稳健前行。加强对创新活动的持续跟踪与综合评估同样不可或缺，大型国有企业应密切关注创新进展，确保每一项创新尝试都能在风险可控的前提下顺利推进，为第二曲线创新的繁荣发展注入不竭动力。

（五）政策利用与外部环境协同

1. 深度挖掘国家政策优势，加速第二曲线创新步伐

近年来，国家密集出台了一系列旨在支持大型国有企业创新发展的政策措施，为大型国有企业开启并加速第二曲线创新提供了强有力的政策保障。大型国有企业应敏锐捕捉并充分利用这些政策优势，深度挖掘其内在潜力，以推动创新活动的全面深入开展。一方面，大型国有企业应积极主动争取国家科技计划、创新基金等专项政策的支持，为第二曲线创新活动提供坚实的资金保障，确保创新项目的顺利推进与实施。另一方面，大型国有企业应充分利用税收减免、人才引进等优惠政策，有效降低创新成本，吸引并集聚高端创新人才，为第二曲线创新注入强大的智力支撑与人才动能。

在具体操作层面，大型国有企业应利用自身政策优势，加强与政府部门的紧密沟通协调，建立常态化的政策信息获取机制，及时了解政策动态与申报要求，确保政策资源的精准对接与有效利用。同时，大型国有企业应构建政策跟踪评估体系，对政策实施效果进行定期评估与反馈，以便及时调整创新策略与资源配置，确保最大化释放政策红利。此外，大型国有企业还应积极参与国家创新体系的建设，充分发挥自身在技术研发、成果转化等方面的独特优势，推动产学研用深度融合与协同发展。通过共建创新平台、开展联合攻关、共享创新资源等方式，不断提升企业的创新能力与核心竞争力，加速科技成果的产业化进程，为第二曲线创新的繁荣发展贡献更大的力量。

2. 深化第二曲线创新合作，携手外部力量共筑创新生态

在奋力开启第二曲线创新的征程中，大型国有企业须深刻认识到合作的力量，积极加强与政府、行业协会及科研机构的全方位合作，共同构筑创新生态，形成强大的创新合力。一方面，大型国有企业应积极与政府紧密携手，共同推动创新政策的制定与实施，为第二曲线创新活动提供坚实的政策支撑与保障，通过政策引导与资源倾斜，激发企业的创新活力，加速创新成果的涌现与转化。另一方面，大型国有企业应与行业协会深化合作，积极参与行业标准制定、市场趋势分析等重要活动，这不仅有助于提升企业在行业内的地位与影响力，更能准确把握市场动态，为第二曲线创新提供精准的方向指引。同时，大型国有企业应与科研机构开展深度合作，共同探索前沿技术领

域，推动人才培养与技术交流，不断提升企业的技术实力与创新能力。通过共建第二曲线创新研发中心、开展联合研发项目等方式，大型国有企业能够加快技术创新步伐，促进科技成果的高效转化。

为此，大型国有企业应建立与政府、行业协会及科研机构的定期沟通机制，确保信息的及时传递与共享，通过深入探讨创新方向与合作领域，共同规划创新路径，实现优势互补、资源共享。此外，积极参与行业论坛、学术会议等高端交流平台，加强与同行企业的交流与合作，共同推动整个行业的创新发展，为第二曲线创新的蓬勃兴起贡献力量。

3. 深化第二曲线创新，积极拓展国际市场，参与全球竞争与合作

在全球化浪潮席卷的今天，大型国有企业需积极把握时代机遇，深化第二曲线创新，积极拓展国际市场，全面参与国际竞争与合作，以提升企业的国际影响力和竞争力。一方面，通过并购重组、设立海外第二曲线创新研发中心等战略举措，精准布局海外市场，积极探索新业务曲线，为企业开辟更广阔的发展空间。另一方面，主动参与国际标准和规则制定，积极参与全球创新治理，提升企业在国际舞台上的话语权和影响力，为第二曲线创新营造更为有利的国际环境；同时，与国际知名企业开展深度合作，共同推动技术创新和产业升级，通过技术合作、市场拓展等多元化活动，实现互利共赢，共同提升全球产业的竞争力。

具体而言，大型国有企业应深化对国际市场的调研与分析，精准把握当地市场需求和政策环境，科学制定切实可行的市场进入策略；同时，加强与国际知名企业、顶尖科研机构的合作与交流，共同开展前沿技术研发和市场开拓活动，通过引进国际先进技术和管理经验，不断提升企业的技术水平和创新能力，为第二曲线创新注入强劲动力。此外，大型国有企业应建立国际化、专业化的人才队伍和管理体系，打造全球视野下的第二曲线创新团队，为企业的国际化发展提供坚实的人才支撑和管理保障。在拓展第二曲线国际市场的过程中，大型国有企业还应高度重视风险防范和合规管理，加强对国际贸易规则、知识产权保护等方面的学习和培训，提高员工的合规意识和风险防控能力；同时，建立完善的合规管理体系和风险防范机制，确保企业在国际市场上的稳健运营和可持续发展，为企业的第二曲线创新之路保驾护航。

第七章　跨界融合：构建开放创新生态系统

第二曲线创新是企业跨越传统增长极限，实现新一轮高速增长的关键。它要求企业必须深入挖掘现有市场潜力，勇于探索未知领域，开辟全新的市场空间。对大型国有企业而言，这不仅是一次业务上的拓展，更是一次战略思维上的飞跃，而构建开放创新生态系统，正是实现这一飞跃的重要支撑。通过跨界融合，大型国有企业能够打破行业界限，吸纳不同领域的创新资源，形成协同创新、资源共享的良好氛围。在开放创新生态系统中，大型国有企业可以充分利用外部的创新力量，加速新技术的研发与应用，推动产品与服务的持续创新，进一步提升企业的市场竞争力。同时，开放创新生态系统能够促进产业链上下游企业的紧密合作，形成优势互补、互利共赢的产业生态，实现资源的优化配置与创新能力的全面提升。更为重要的是，构建开放创新生态系统有助于大型国有企业形成持续的创新机制，为第二曲线创新提供源源不断的动力。大型国有企业可以不断汲取新的创新灵感，推动技术与商业模式的双重创新，确保企业在激烈的市场竞争中始终保持领先地位。因此，大型国有企业应主动构建开放的创新生态系统，通过跨界融合与资源共享实现第二曲线创新。

一、跨界融合与第二曲线创新的关系

（一）大型国有企业跨界融合的动因

1. 市场环境变化驱动跨界融合

随着市场经济的深入发展和市场需求的多样化趋势日益明显，大型国有企业传统的业务模式已难以满足市场需求，跨界融合成为企业应对市场需求变化的有效途径之一。通过跨界融合，大型国有企业可以整合不同行业的资源和优势，提供更加多样化的产品和服务，满足市场的多元化需求。同时，跨界融合提供了突破传统竞争格局的契机。通过跨界融合，大型国有企业可以与其他行业的企业建立合作关系，共同开发新产品、新技术，提升企业的核心竞争力。此外，大型国有企业还可以与科研机构、高校等合作，共同开展技术研发和创新，推动科技成果转化，这种合作模式不仅有助于企业提升技术水平，还能帮助企业开拓新的市场空间，实现业务的快速增长。

2. 技术创新驱动跨界融合

随着人工智能、大数据、云计算等新兴技术的不断涌现，大型国有企业面临着前所未有的技术创新机遇，新兴技术为企业提供了全新的发展模式和业务模式，推动了大型国有企业的转型升级。跨界融合成为大型国有企业利用新兴技术实现创新的重要手段，通过跨界融合，大型国有企业可以与其他行业的企业合作，共同研发新技术、新产品，推动技术创新和产业升级。技术融合是跨界融合的重要特征之一，通过技术融合，不同行业的技术可以相互借鉴、相互融合，产生新的技术创新点和业务增长点。大型国有企业可以将人工智能技术与制造业相结合，推动智能制造的发展，同时将大数据技术与零售业相结合，实现精准营销和个性化服务等。技术融合不仅有助于提升技术水平，还能开拓新的市场空间，提升企业的市场竞争力。

3. 产业升级需求推动跨界融合

随着经济的持续发展和产业结构的不断优化，传统产业升级转型已成为必然趋势，大型国有企业作为传统产业的重要组成部分，必须积极应对产业升级转型的挑战，寻求新的发展模式。跨界融合为大型国有企业提供了产业升级转型的有效途径，推动传统产业的数字化转型，以及产业科技创新。新兴产业是未来发展的重要方向，也是企业跨界融合的重要领域。通过跨界融合，大型国有企业可以积极参与新兴产业的培育和发展，推动产业结构的优化和升级，有助于企业拓展新的业务领域，提升企业的创新能力和市场竞争力。

4. 国际化机遇促进跨界融合

随着全球化的不断深入，国际市场已成为企业发展的重要方向。通过跨界融合，大型国有企业可以与其他国家的企业建立合作关系，共同开拓国际市场，与国际贸易组织合作，推动国际贸易的便利化和自由化。这不仅可以帮助企业拓展新的市场空间和业务范围，还可以帮助企业提升国际化水平，增强国际竞争力。在国内市场方面，跨界融合也为大型国有企业提供了广阔的发展空间。通过跨界融合，大型国有企业可以与其他行业的企业合作，共同开发国内市场，显著提升市场占有率，帮助企业拓展新业务和增长点。

5. 政策支持与引导推动跨界融合

国家政策在推动大型国有企业跨界融合方面发挥着重要作用。国家通过制定相关政策和规划，引导大型国有企业向新兴领域和新技术领域发展，推动产业结构的优化和升级。地方政府通过提供财政补贴、税收优惠等政策措施，鼓励企业投资新兴产业和新技术领域，支持企业进行跨界融合和创新。行业协会和联盟在推动企业跨界融合方面也发挥着重要作用。行业协会和联盟通过组织行业交流、技术研讨等活动，促进不同行业之间的合作与交流。

（二）大型国有企业跨界融合的主要类型

1. 纵向跨界融合：深化产业链整合，提升综合竞争力

纵向跨界融合是指大型国有企业沿着产业链上下游进行资源整合和业务延伸，以实现产业链的深度整合和综合竞争力的提升，这种融合方式有助于大型国有企业在特定领域内构建完整的产业链体系，提高产业链的协同性和整体竞争力。纵向跨界融合主要包含以下形式。

第一，上游资源整合与战略控制。大型国有企业通过并购、合资、战略联盟等方式，整合上游原材料供应商、技术研发机构等资源，确保原材料的稳定供应和质量控制，提高供应链的安全性和稳定性，使大型国有企业在产业链上游环节形成战略控制，增强对产业链关键环节的掌控力；同时，大型国有企业可以加强对上游技术研发的投入，推动技术创新和产业升级，通过引进先进技术和管理经验，提升上游环节的技术水平和生产效率。

第二，中游生产优化与协同制造。中游环节是产业链的核心部分，在纵向跨界融合中，大型国有企业可以通过优化生产流程、提高生产效率、降低生产成本等方式，实现中游环节的优化；通过加强与上下游环节的协同制造，

提高产业链的协同性和整体竞争力。为此，大型国有企业需要建立完善的协同制造体系，包括信息共享平台、协同研发平台、协同生产平台等，以实现上下游环节之间的信息共享和协同作业，提高产业链的协同效率和整体竞争力。

第三，下游市场拓展与品牌建设。下游环节是产业链的价值实现环节，在纵向跨界融合中，大型国有企业可以通过并购下游销售渠道、建立自主品牌、拓展国际市场等方式，实现下游市场的拓展和品牌建设。同时，大型国有企业需要注重品牌建设和市场推广，提升品牌知名度，增强市场竞争力。此外，大型国有企业还可以通过与下游环节的深度合作，共同开发新产品、新技术和新市场，实现产业链的价值共创和共享。

2. 横向跨界融合：拓展业务领域，实现协同发展

横向跨界融合是指大型国有企业在同一产业或相关产业之间进行资源整合和业务扩展，以实现业务领域的拓展和协同发展，这种融合方式不仅可以降低对单一业务的依赖，提高抗风险能力，还可以拓展新的业务领域，实现业务的持续增长。并购整合是大型国有企业实现横向跨界融合的重要手段，通过并购同一产业或相关产业的企业，大型国有企业可以实现资源的整合和业务的协同，不仅有助于扩大生产规模、提高市场份额，还可以实现业务之间的协同效应，提高整体竞争力。

横向跨界融合主要包含以下两点。一是战略合作与资源共享。大型国有企业通过与同一产业或相关产业的企业建立战略合作关系，降低交易成本、提高资源利用效率，实现技术、市场、品牌等方面的资源共享和协同发展。在战略合作过程中，大型国有企业需要注重合作，通过共同研发、市场拓展、品牌建设等方式，实现双方互补和协同。二是业务拓展与创新发展。大型国有企业通过积极拓展新的业务领域，降低经营风险、提高盈利能力，拓展新的市场空间和增长点，实现业务的多元化和创新发展。在业务拓展过程中，大型国有企业需要注重市场趋势和需求的变化，通过市场调研、产品创新、服务升级等方式，实现业务的多元化和创新发展。

3. 多元化跨界融合：探索新业务领域，实现多元化发展

随着全球化和信息化的发展，大型国有企业面临着传统业务模式的局限

性。为了提升市场竞争力，大型国有企业需要通过多元化跨界融合，探索新业务领域和增长点。多元化跨界融合是指大型国有企业在不同产业之间进行资源整合和业务扩展，突破传统业务模式的局限性，拓展新的业务领域，实现业务的多元化和可持续发展。多元化跨界融合主要包含以下形式。

产业转型与升级是大型国有企业多元化跨界融合的重要途径。通过引入新技术、新工艺和新模式，大型国有企业推动传统产业的转型与升级，实现新业务领域的培育发展。在产业转型与升级过程中，大型国有企业需要注重技术创新和产业升级的协同推进，通过加大技术研发、人才培养、市场拓展等方面的投入，推动传统产业向高端化、智能化、绿色化方向发展，实现新业务领域的拓展和增长点的培育。

新业务领域拓展是大型国有企业多元化跨界融合的重要手段。通过积极拓展新的业务领域，大型国有企业可以实现业务的多元化和创新发展，拓展新的市场空间和增长点。在新业务领域拓展过程中，大型国有企业需要加强与不同产业之间的融合和合作，实现资源的共享和协同发展。

跨行业合作是大型国有企业多元化跨界融合的重要方式。大型国有企业通过与不同行业的企业和创新主体建立合作关系，实现资源的共享和协同创新。这种合作不仅有助于降低交易成本、提高资源利用效率，还可以实现技术、市场、品牌等方面的共享和协同发展。在跨行业合作过程中，大型国有企业需要注重合作双方的互补性和协同性，通过共同研发、市场拓展、品牌建设等方式，实现资源的共享和协同创新，提升整体创新能力。

（三）大型国有企业第二曲线创新与跨界融合的协同

1. 跨界融合对第二曲线创新的推动作用

资源获取的推动。跨界融合为大型国有企业提供了获取新技术、新人才和新资金等资源的重要途径，通过与不同领域企业的合作，接触到最新的科研成果和技术趋势，为第二曲线创新提供技术支持和创新灵感。同时，跨界融合可以吸引优秀人才，为大型国有企业注入新的活力和创造力。此外，金融机构和风投公司为大型国有企业第二曲线创新提供了资金支持。

技术创新的推动。跨界融合能够激发大型国有企业的技术创新思维，推动其在新技术领域的探索和应用。不同领域之间的技术交流和合作有助于大型国有企业了解前沿技术的发展趋势和应用前景，为其在第二曲线创新过程中提供技术指导和支持。同时，跨界融合可以促进技术的交叉融合和创新，为大型国有企业带来新的技术突破和应用场景。

市场拓展的推动。跨界融合有助于大型国有企业了解不同领域的市场需求和趋势，为第二曲线创新提供市场洞察和拓展机会。通过与不同领域企业的合作，大型国有企业可以接触到更广泛的市场需求，为其在第二曲线创新过程中提供市场定位参考。跨界融合还可以帮助企业拓展新的市场渠道和销售渠道，提高其产品的市场占有率和竞争力。

2. 第二曲线创新对跨界融合的促进作用

战略协同的促进。第二曲线创新有助于大型国有企业形成新的战略方向和业务布局，为跨界融合提供战略协同的基础。通过第二曲线创新，大型国有企业可以明确自身的核心竞争力和市场定位，为跨界融合提供明确的战略导向和目标。同时，第二曲线创新可以促进大型国有企业与不同领域企业之间的战略协同和资源整合，共同推动产业升级和转型。

产业升级的促进。第二曲线创新能够推动大型国有企业在新技术、新产品和新服务方面的探索与应用，为产业升级提供动力。通过跨界融合，大型国有企业可以将新技术和新模式应用到传统产业中，提高生产效率和产品质量，推动产业升级和转型。同时，第二曲线创新可以促进大型国有企业与不同领域企业之间的产业协同和创新合作，共同推动产业链的延伸和拓展。

生态构建的促进。第二曲线创新有助于构建开放、包容的创新生态体系，为跨界融合提供生态基础。第二曲线创新可以吸引更多不同领域的企业和机构参与合作与创新，形成创新资源和创新要素的集聚效应；同时，第二曲线创新可以促进不同领域企业之间的生态协同和资源共享，共同推动创新生态的构建和完善。

3. 第二曲线创新与跨界融合的协同效应

创新资源的优化配置。第二曲线创新需要跨界融合提供新技术、新人才和新资金等资源支持，同样地，跨界融合需要第二曲线创新推动技术创新和市场拓展，实现资源的有效整合和利用，这种创新资源的优化配置有助于提升大型国有企业的创新能力和市场竞争力。

创新模式的转型升级。一方面，第二曲线创新要求大型国有企业具备前瞻性和创新性，能够主动调整战略方向并实现业务模式的转型和升级；另一方面，跨界融合鼓励大型国有企业跨越传统边界，寻求与不同领域企业的合作机会，以便共享资源、技术和市场，协助企业在激烈的市场竞争中保持领先地位并实现可持续发展。

产业生态的协同发展。第二曲线创新能够激发大型国有企业的技术创新思维并推动其在新技术领域的探索和应用；同时，跨界融合有助于大型国有企业了解不同领域的市场需求和趋势，为第二曲线创新提供市场洞察和拓展机会，形成完整的产业链和生态圈，提升整个行业的竞争力和可持续发展能力。

二、大型国有企业跨界融合的价值体现、面临挑战与主要模式

（一）大型国有企业第二曲线创新的跨界融合作用

1. 第二曲线创新的资源互补、风险分散

第一，在资源互补的维度上，大型国有企业在长期的发展历程中，积淀了深厚的行业资源、技术底蕴和管理智慧。然而，面对瞬息万变的市场环境，单一领域的资源累积已难以支撑企业多元化发展的需求。跨界融合为大型国有企业开辟了与其他行业企业合作的新路径，实现了资源的深度互补与高效共享。在这一进程中，大型国有企业应积极与科技型企业合作，引入前沿的研发技术和颠覆性的创新理念。科技型企业具有强大的研发能力和技术创新能力，而大型国有企业则拥有广阔的市场应用和丰富的实战经验。两者的强强联合不仅实现了技术资源的优势互补，更在第二曲线创新的道路上迈出了坚实的步伐，加速了新技术、新产品的孵化与落地。

此外，大型国有企业在长期的经营管理实践中，积累了宝贵的管理经验，而新兴行业的企业则以灵活高效的管理机制见长。跨界融合如同一座桥梁，促进了双方管理经验的深度交流与融合，为大型国有企业管理模式的革新与升级注入了新的活力。

第二，在降低经营风险层面上，大型国有企业往往深耕于某一个或少数几个行业领域，这些领域可能面临周期性波动、政策调整等不确定因素。通过跨界融合，大型国有企业能够勇敢地跨越传统边界，将业务拓展至不同行业领域，实现风险的有效分散。

同时，跨界融合为大型国有企业拓展新市场区域提供了契机，降低了对单一市场的过度依赖，通过与不同地域的合作伙伴建立紧密的合作关系，大型国有企业能够进一步分散市场风险，提升整体抗风险能力。尤为重要的是，新技术的研发与应用往往伴随未知与挑战。通过跨界融合，大型国有企业能够携手外部企业共同面对技术风险，双方可以共享研发成果、分摊研发成本，从而减轻单一企业承担技术风险的压力，在这个过程中，第二曲线创新理念得到充分践行，为大型国有企业的可持续创新发展奠定了坚实的基础。

2. 第二曲线创新加速与市场拓展

作为推动第二曲线创新的关键路径，跨界融合为大型国有企业开辟了与外部企业深度协作的新路径，这种协作模式极大地激发了企业的创新潜能，加速了前沿技术的研发步伐及其市场化应用。首先，跨界融合催化了跨领域的协同创新生态构建。大型国有企业携手科技型企业、高等学府及研究机构，形成紧密的合作伙伴关系，共同投身于技术研发与产品创新的前沿阵地。这一协同创新机制不仅有效整合了多方资源，还显著提升了创新效率与质量，为第二曲线的发展奠定了坚实的基础。其次，跨界融合成为大型国有企业孕育第二曲线创新人才的摇篮。通过与外部企业的深度合作，大型国有企业得以引进并培育一批拥有跨学科知识背景与创新思维的人才，他们在不同领域间搭建桥梁，推动创新活动向更深层次、更广领域拓展，为第二曲线的崛起注入了源源不断的智力支持。再次，跨界融合为大型国有企业开辟新市场、挖掘新增长点提供了前所未有的机遇。借助跨界融合的力量，大型国有企业得以涉足如新能源、智能制造、数字经济等新兴领域，这些领域不仅代表了未来产业的发展方向，更为企业打造了新的增长极，有力推动了第二曲线的快速发展。最后，跨界融合显著增强了大型国有企业的品牌影响力。通过与知名品牌及行业领军企业的战略合作，大型国有企业得以借助对方的品牌效应与市场影响力，实现自身品牌知名度与美誉度的双重提升，为第二曲线创新市场拓展赢得了更广泛的社会认可与支持。

3. 生态构建、持续成长与第二曲线创新

跨界融合不仅是大型国有企业突破传统边界的关键举措，更是其构建产业生态圈、推动第二曲线创新的重要途径。通过这一过程，大型国有企业能够形成具有显著竞争力的产业集群，引领行业发展的新潮流。在产业链上下游整合方面，大型国有企业充分利用跨界融合的优势，深度整合产业链上下游的资源，打造出一条完整的产业链条。这不仅有助于显著降低生产成本、大幅提高生产效率，更为企业的持续竞争力注入了强劲动力。在这一整合过程中，第二曲线创新理念得到充分贯彻，为大型国有企业的转型升级提供了有力支撑。在产业协同与合作方面，跨界融合促进了不同产业间的深度融合与紧密合作。大型国有企业积极与相关产业的企业建立稳固的合作关系，共同投身于技术研发、市场开拓等前沿领域。这种产业间的协同与合作不仅形成了优势互补、资源共享的产业生态圈，更为第二曲线创新的实践提供了广阔舞台。在创新平台搭建方面，大型国有企业更是走在前列，通过积极搭建创新平台，广泛吸引外部企业、高校、研究机构等创新主体参与其中。创新平台不仅有效整合了各方资源，更推动了创新成果的快速转化与应用，为第二曲线创新的蓬勃发展注入了强大活力。在人才培养与引进方面，跨界融合为大型国有企业带来了前所未有的机遇，通过与外部企业的深度合作，大型国有企业得以引进一批具有跨学科背景和卓越创新能力的人才；同时，它们注重培养内部员工的创新能力和跨领域合作能力。这一举措不仅为大型国有企业的持续成长提供了坚实的人才保障，更为第二曲线创新的深入推进奠定了坚实的基础。

4. 第二曲线创新下企业灵活性增强

作为第二曲线创新的重要驱动力，跨界融合深刻影响了大型国有企业的决策机制优化。通过与外部企业的深度合作，大型国有企业得以吸收对方的先进决策流程与管理经验，进而推动自身决策机制的创新与变革。这一变革不仅显著提高了决策效率与准确性，还有效降低了决策成本，为大型国有企业的第二曲线发展奠定了坚实的决策基础。同时，跨界融合促使大型国有企业对组织架构进行深度调整，以适应跨界合作的新需求。通过建立更加灵活高效的团队与部门，大型国有企业实现了组织架构的优化升级，显著提高了企业的运作效率与市场响应速度，为第二曲线创新的快速推进提供了有力的组织保障。

此外，跨界融合为大型国有企业再造业务流程提供了宝贵机遇。通过与外部企业的紧密合作，大型国有企业得以深入了解不同行业的业务流程与管理精髓，进而对自身的业务流程与管理模式进行深度优化，实现了业务流程的再造与升级，为第二曲线的创新发展注入了新的活力。更重要的是，跨界融合显著增强了大型国有企业的市场适应性，企业通过与不同行业的广泛合作，得以全面洞察不同市场的独特需求与竞争态势，以及竞争对手的动态与策略。这一洞察能力使大型国有企业能够迅速调整市场策略与产品策略，灵活应对市场变化，从而在激烈的市场竞争中保持领先地位，为第二曲线的持续增长提供了保障。

5. 新业务模式探索实践与第二曲线创新

跨界融合如同一扇大门，为大型国有企业探索和实践新业务模式开辟了广阔天地，引领第二曲线创新的浪潮。首先，在平台化运营的探索方面，大型国有企业凭借跨界融合的独特优势，积极寻求平台化运营模式的新突破。通过搭建开放、协同、共享的平台，大型国有企业广泛吸引外部企业、创业者等创新力量参与其中，共同推动创新成果的快速转化与应用。这一平台化运营模式不仅整合了各方优质资源，更为第二曲线创新的蓬勃兴起提供了有力支撑。其次，在数字化转型的实践方面，跨界融合成为大型国有企业加速数字化转型的重要推手，大型国有企业通过与科技企业的深度合作引入了前沿的数字化技术和创新理念，对业务流程进行了深刻的数字化、智能化改造。这一转型不仅显著提升了企业的运营效率和服务质量，更在客户心中树立了崭新的品牌形象，为第二曲线创新的深入发展奠定了坚实的基础。最后，在共享经济模式的探索方面，大型国有企业再次展现了跨界融合的独特优势，通过整合闲置资源、优化资源配置，实现了资源的共享与高效利用。这种共享经济模式不仅降低了生产成本、提高了资源利用效率，更为企业第二曲线创新和竞争力的增强注入了新的活力。

（二）大型国有企业第二曲线创新的跨界融合挑战

1. 内部资源与能力对第二曲线创新支撑不足

技术与人才瓶颈。在探索第二曲线创新的跨界融合之路上，大型国有企业常需跨越原有的技术领域，涉足全新的业务范畴。然而，受历史发展路径的束缚，这些企业在新技术领域的积累可能相对薄弱，面临技术储备匮乏、专业人才稀缺等难题。例如，从传统制造业向智能制造业转型的大型国有企业，亟须掌握物联网、大数据、人工智能等前沿技术，而这些领域的人才和技术积累往往难以在短期内实现。加之体制机制的约束，大型国有企业在人才激励、职业发展等方面可能缺乏灵活性，导致高端技术人才和创新型人才的流失，进一步加剧了技术与人才瓶颈，对第二曲线创新的推进构成严峻挑战。

资金与财务压力。作为第二曲线创新的关键路径，跨界融合往往需要巨额资金投入，涵盖技术研发、市场推广、人才引进等多个环节。然而，大型国有企业在资金筹集和使用方面可能面临诸多限制。一方面，融资渠道相对有限，主要依赖银行贷款、政府补助等传统方式，难以满足跨界融合过程中的大规模资金需求；另一方面，严格的财务制度和监管要求可能限制资金使用的灵活性和效率。此外，新业务的发展往往需经历较长的投入期，短期内难以产生显著经济效益，这可能加剧大型国有企业的财务压力，甚至引发经营风险，对第二曲线创新的可持续性构成威胁。

管理与运营挑战。跨界融合意味着大型国有企业需进入全新的业务领域和市场环境，这对管理和运营能力提出了更高要求。然而，受历史原因和体制机制的限制，大型国有企业在管理和运营方面可能存在问题，如决策效率低下、市场反应迟钝、创新能力不足等。这些问题可能成为第二曲线创新路上的绊脚石，阻碍企业的快速发展和有效竞争。特别是在新业务的管理和运营方面，大型国有企业需构建全新的组织架构、业务流程和绩效考核体系，但这些变革往往伴随巨大的阻力和挑战，需要企业付出巨大努力和时间成本，以突破管理与运营的第二曲线创新瓶颈。

2. 外部环境挑战与政策法规约束下的第二曲线创新策略

市场环境变化的挑战。在全球化加速推进与科技日新月异的背景下，市场环境越发复杂多变，这对大型国有企业的跨界融合进程构成了首要挑战。新兴市场的蓬勃兴起、市场需求的多元化趋势以及竞争对手数量的激增，均使大型国有企业在探索新业务领域时面临巨大的市场风险和不确定性。特别是在跨界融合的新战场上，大型国有企业必须展现出敏锐的市场洞察力与迅捷的市场反应能力，以便灵活调整战略导向和业务模式，有效应对市场环境的瞬息万变。在此过程中，第二曲线创新的思维和实践成为大型国有企业突破重围、引领变革的关键。

政策法规限制的应对。政策法规的约束同样是大型国有企业在跨界融合道路上不得不面对的严峻挑战。鉴于大型国有企业的特殊地位和社会影响力，其跨界融合行为往往受到政府及相关监管部门的严格审视与监管。此外，不同行业间的政策法规差异也为大型国有企业的跨界融合增添了复杂性。例如，从制造业向服务业转型的大型国有企业需适应全新的行业标准和监管框架，这无疑增加了其跨界融合的难度。面对这些挑战，大型国有企业需积极寻求政策法规的灵活应对之道，以第二曲线创新的策略突破政策法规的束缚，实现跨界融合的顺利推进。

3. 第二曲线创新视角下的行业准入限制与政策障碍

行业壁垒与第二曲线创新的准入挑战。不同行业间存在的壁垒与准入门槛，构成了大型国有企业跨界融合探索第二曲线创新的重要阻碍。技术壁垒、资金壁垒、人才壁垒等多重障碍，使大型国有企业难以轻松跨越至新行业开展业务。这些壁垒在高新技术与新兴产业领域中尤为突出，不仅要求高度的技术积累与创新实力，还伴随严格的监管要求与烦琐的审批流程。这些壁垒共同提高了大型国有企业在这些领域跨界融合的难度与成本，为其在第二曲线创新推进的过程中设置了重重挑战。

政策调整与第二曲线创新的不确定性。政策环境的动态变化与不确定性，是大型国有企业在跨界融合探索第二曲线创新过程中不得不面临的又一关键挑战。随着市场环境与技术发展的日新月异，政府可能会对相关行业实施政策调整或推出新的法规措施。这些政策变动可能涉及审批程序的增加、监管要求的提升等，对大型国有企业的跨界融合计划产生直接影响。此外，政策的不确定性还可能导致企业在跨界融合过程中遭遇潜在的政策风险与法律风险，如政府对特定行业的业务活动进行限制或禁止，这无疑增加了大型国有企业在第二曲线创新道路上探索的不确定性与复杂性。

4. 跨界合作中的第二曲线创新资源整合与协同挑战

合作伙伴甄选与合作模式创新。在跨界合作的过程中，大型国有企业首要面对的是合作伙伴的精心甄选与合作模式的创新设计，这构成了第二曲线创新战略的关键一环。大型国有企业需要寻找到那些拥有互补优势、能产生强烈协同效应的合作伙伴；同时，需要探索出既能实现资源共享、优势互补，又能平衡控制权与收益分配的合作新模式。然而，实践中往往面临诸多挑战，潜在的合作伙伴或者资源匮乏、能力不足，或者在战略愿景、企业文化上与大型国有企业大相径庭。此外，合作模式的创新亦非易事，如何在控制权与收益间找到最佳平衡点，实现双方共赢，成为亟待解决的难题。

资源整合难题与第二曲线创新策略。在跨界合作中，大型国有企业需打破不同企业和行业间的资源壁垒，整合来自多元领域的技术、人才、资金等关键资源，这一过程充满了挑战与不确定性，往往伴随高昂的时间成本与努力成本。面对这些难题，大型国有企业需采取第二曲线创新的资源整合策略，以开放的姿态拥抱变革，勇于突破传统框架，探索高效、灵活的资源整合路径。同时，协同效率的提升不容忽视，不同企业和行业间的业务模式与运营流程差异，可能导致协同效率低下。为此，大型国有企业需与合作伙伴共同进行业务流程的重构与优化，通过创新的管理手段和技术手段打破行业壁垒，提升协同效率，实现双方的协同发展与资源共享。

5. 第二曲线创新中的管理机制与文化冲突挑战

管理机制的第二曲线创新挑战。作为推动企业转型升级、探索第二曲线创新的关键路径，跨界融合往往伴随管理机制的深刻变革。然而，部分大型国有企业因历史沿革和体制机制因素，在管理机制变革上显得力不从心，面临决策效率低下、市场响应滞后、创新能力匮乏等瓶颈。这些问题不仅成为跨界融合过程中的绊脚石，阻碍企业的快速发展与有效竞争，而且变革本身往往伴随重重阻力和挑战。在组织架构调整、业务流程优化、绩效考核体系革新等方面，大型国有企业需要付出巨大的努力和时间成本，还可能面临一系列风险和不确定性，为第二曲线创新的推进增添了诸多难度。

文化冲突与第二曲线创新的融合难题。在跨界合作探索第二曲线创新的过程中，大型国有企业还需直面文化冲突与融合的严峻挑战。由于不同企业和行业间存在文化差异与壁垒，大型国有企业在跨界合作中难免会遇到来自不同文化背景和地域的合作伙伴。这种多元化的文化交融虽能激发创新灵感，但也会导致双方在沟通、协作和决策等方面产生摩擦与障碍，为第二曲线创新的顺利实施增添了不确定因素。因此，如何在尊重多元文化的基础上，实现文化的有效融合与协同，成为大型国有企业在跨界融合中必须攻克的难题。

（三）大型国有企业第二曲线创新跨界融合的主要模式

1. 技术驱动型跨界融合

在第二曲线创新的浪潮中，技术驱动型跨界融合成为大型国有企业探索新路径、开拓新天地的关键模式。这一模式的核心在于，借助前沿科技的力量，对传统业务进行颠覆性升级，或是迈入前所未有的业务领域，从而打造出全新的增长引擎。

第一，新旧技术深度融合，第二曲线创新加速。大型国有企业积极拥抱人工智能、大数据、云计算等尖端科技，对传统业务流程实施智能化重塑，极大地提升了运营效率。在制造业领域，大型国有企业依托智能制造技术，实现了生产流程的自动化、数字化与智能化飞跃，不仅大幅提高了生产效率和产品质量，更为精准营销与客户关系管理开辟了新天地，助力企业在新市场中稳健前行。

第二，技术跨界应用，第二曲线创新拓展新边界。大型国有企业将成熟的科技成果跨界迁移至其他领域，催生出新的业务增长点。例如，电信企业凭借其在通信技术领域的深厚积累，跨界至智慧城市、智慧医疗等前沿阵地，提供智能化的解决方案与服务，不仅拓宽了企业的业务版图，更推动了新技术在更广泛领域的深度应用与普及。

第三，技术创新引领新业务，第二曲线创新激发新动能。通过自主研发或携手合作伙伴进行创新，大型国有企业打造出具有自主知识产权的新技术，并以此为基础，开拓全新的业务领域。在新能源领域，大型国有企业充分利用其在电力、能源等方面的技术积淀，潜心研发太阳能、风能等新能源技术，积极进军新能源市场。这种以技术创新为驱动的新业务探索，不仅为企业开辟了新的增长源泉，更为行业的科技进步与产业升级注入了强劲动力。

2. 产业协同型跨界融合

作为大型国有企业在探索第二曲线创新路径中的又一关键模式，产业协同型跨界融合的核心在于，通过深化产业链上下游的协同合作，实现资源共享、优势互补与协同发展，共同绘制第二曲线创新的蓝图。

第一，产业链延伸，打造第二曲线创新的新引擎。大型国有企业积极向产业链上下游延伸，构建完整的产业链条，以此提升整体竞争力，为第二曲线创新提供强大动力。以煤炭行业为例，大型国有企业不仅深耕煤炭开采，更向煤电联营、煤化工等方向积极拓展，形成煤炭资源的综合利用链条，实现了资源利用效率的最大化，降低了生产成本，显著增强了企业的抗风险能力和第二曲线创新能力。

第二，产业间协同，共筑第二曲线创新的新高地。通过与其他产业的紧密协同合作，大型国有企业实现了资源共享和优势互补，共同开辟了第二曲线创新的新天地。例如，在农业领域，大型国有企业与农业科技企业强强联合，引入前沿的农业技术和设备，推动农业生产效率和质量的双重提升。同时，大型国有企业依托自身的销售渠道和品牌优势，将农产品推向更广阔的市场，不仅促进了农业的现代化转型，更为企业带来了新的增长点，为第二曲线创新增添了浓墨重彩的一笔。

第三，跨界共建创新平台，激发第二曲线创新的新活力。大型国有企业积极携手其他行业的企业、科研机构等共建创新平台，共同开展技术研发和成果转化，为第二曲线创新注入源源不断的活力。例如，在智能制造领域，大型国有企业与高校、科研院所等深度合作，共建智能制造创新中心，推动智能制造技术的研发和应用，不仅提升了企业的创新能力，更促进了新技术的推广和应用，为第二曲线创新的发展提供了有力支撑。

3. 市场导向型跨界融合

作为大型国有企业在第二曲线创新中的重要布局，市场导向型跨界融合深度聚焦市场需求与消费者体验的升级。此模式的核心在于，通过跨界携手精准捕捉并满足消费者多元化、个性化的需求，进而扩大品牌影响力，提升市场竞争力。

第一，跨界营销，第二曲线创新点燃品牌新活力。大型国有企业积极与不同行业的品牌开展跨界营销活动，巧妙融合双方优势，显著提升品牌知名度。例如，在旅游领域，大型国有企业与航空公司、酒店等携手，推出联名旅游产品，精准触达更广泛的市场群体，不仅大幅拓宽了市场份额，更树立了鲜明的品牌形象。

第二，定制化服务，第二曲线创新满足个性化新需求。大型国有企业依托跨界合作，精心打造定制化服务与解决方案，精准对接市场需求。例如，在金融领域，大型国有企业与科技企业强强联合，运用大数据与人工智能技术，为消费者量身定制金融服务与产品，不仅极大地提升了消费者满意度与忠诚度，更为企业开辟了新的增长极。

第三，市场共享与渠道拓展，第二曲线创新拓宽发展新版图。通过与其他行业企业的深度合作，大型国有企业实现市场与渠道资源的共享，共创互利共赢的新局面。例如，在零售领域，大型国有企业与电商平台紧密携手，充分利用电商平台的流量红利与渠道优势，将优质产品推向更广阔的市场。同时，大型国有企业依托自身丰富的线下门店与物流体系，为电商平台提供优质的线下体验与高效的物流配送服务，这种深度的市场共享与渠道拓展，不仅显著扩大了市场覆盖范围，更在提升运营效率与服务品质方面取得了显著成效。

4. 政策引导型跨界融合

政策引导型跨界融合是大型国有企业在第二曲线创新征途中积极响应国家政策导向的一种关键模式。该模式的核心在于，通过跨界合作驱动产业升级转型，加快经济高质量发展的步伐，为第二曲线创新开辟广阔天地。

国家战略产业深度融合。大型国有企业紧跟国家发展战略步伐，主动与新能源、新材料等战略性新兴产业进行深度融合，共同探索第二曲线创新的新路径。凭借自身在资金、技术和管理方面的深厚积累，大型国有企业与这些新兴产业携手共进，推动产业升级转型，不仅为新兴产业的茁壮成长提供坚实支撑，更为企业自身开辟了全新的增长点，为第二曲线创新增添强劲动力。

区域协同下的第二曲线共创。大型国有企业通过与其他地区的国有企业或民营企业开展跨界合作，共谋区域协同发展大计。例如，在京津冀协同发展等国家重大战略中，大型国有企业积极作为，与其他地区企业携手推进基础设施建设、产业升级和生态保护等重大项目，不仅促进了区域经济的均衡协调发展，更为企业带来了新的发展机遇，为第二曲线创新铺设了坚实的基石。

绿色发展与可持续创新。大型国有企业积极响应国家绿色发展和可持续发展战略，与环保产业进行跨界携手，共同谱写绿色发展的新篇章。例如，在环保领域，大型国有企业依托自身资金和技术优势，与环保企业深度合作，开展污染治理、生态修复等绿色项目，不仅推动了环保产业的蓬勃发展，更为企业树立了绿色、可持续的社会形象，为第二曲线创新注入了绿色动能。

三、开放创新生态系统：大型国有企业第二曲线创新的核心策略

（一）强化内部创新机制与能力建设

在构建开放创新生态系统的征途中，强化内部创新机制与能力建设是大型国有企业不可或缺的一环，为跨界融合的第二曲线创新奠定了坚实的基础。

1. 组建跨部门协同创新团队

作为大型国有企业内部创新的先锋队，跨部门协同创新团队是推动第二曲线创新的关键组织形式。通过打破部门壁垒，大型国有企业能够优化资源配置，实现高效利用，为跨界融合注入强劲动力。首先，明确目标与任务，引领第二曲线创新方向。大型国有企业需精准定位跨部门团队的组建目标与任务，紧密围绕企业战略规划与业务需求，明确研究方向与重点任务，为第二曲线创新指明方向。其次，科学管理，确保团队高效运作。建立科学的团队管理机制，细化团队成员职责与分工，确保团队工作有条不紊地推进，通过定期召开团队会议、技术交流与培训活动，加强成员间的沟通与协作，激发团队整体创新潜能。最后，制定激励机制，激发创新活力。构建完善的激励机制，鼓励团队成员积极投身创新实践，为大型国有企业的第二曲线创新贡献力量。在跨部门团队的协同作用下，大型国有企业能够汇聚各方智慧与

资源，共同推动新业务的发展，形成强大的创新合力，引领企业迈向第二曲线创新的新征程。

2. 第二曲线创新下的研发平台建设

研发平台与团队建设是大型国有企业在探索第二曲线创新路径中的重要基石和保障。通过构建前沿的研发平台，培育卓越的研发团队，大型国有企业能够加速新技术的研发与应用，为企业的创新发展注入源源不断的活力。

第一，大型国有企业应加大对研发平台的投入，致力于建设世界级的研发设施，包括先进的实验室、测试中心等，为研发人员提供顶尖的工作环境和条件，助力他们突破技术瓶颈，实现第二曲线创新的飞跃。同时，大型国有企业应深化与高校、科研机构等外部机构的战略合作，共同搭建产学研用一体化平台，推动技术创新与产业升级的深度融合，为第二曲线创新提供强大的智力支持。

第二，大型国有企业应高度重视研发团队的建设和培养，通过引进国内外顶尖人才、加强内部培训等方式，不断提升研发团队的整体素质和能力，打造一支具有创新精神和实战能力的精英团队。同时，大型国有企业应建立科学合理的激励机制，激发研发人员的创新热情和创造力，鼓励他们积极参与创新活动，为企业的第二曲线创新贡献力量。

（二）深化第二曲线创新跨界融合协同机制构建

深化第二曲线创新跨界融合与协同机制构建，是大型国有企业在构建开放创新生态系统中迈出的关键步伐。通过这一战略，大型国有企业能够充分利用外部资源，加速新技术的研发与应用，驱动新业务板块的蓬勃发展。同时，协同合作有助于大型国有企业拓宽市场领域，提升品牌影响力，迈向第二曲线创新的新高度。

1. 第二曲线创新跨界资源整合与协同机制

跨界资源整合作为大型国有企业实现第二曲线创新跨界融合的前提，要求企业积极探寻与自身业务紧密相关的外部资源，如前沿技术、顶尖人才、充沛资金等，并进行高效整合与优化配置。这一过程不仅有助于大型国有企业补齐自身在某些领域的短板，更能在整体上提升企业的核心竞争力。而协同机制则是保障第二曲线创新跨界融合顺利推进的关键所在。大型国有企业需构建科学的协同机制，确保不同领域、不同企业间的资源能够无缝衔接、高效协同与共享，这涵盖了建立信息共享云平台、制定协同工作流程与标准、构建协同成效评估体系等多个维度。通过协同机制的完善，大型国有企业能够确保跨界融合项目的稳步推进与成果的高效转化，为第二曲线创新提供坚实支撑。

为了进一步深化第二曲线创新跨界融合，大型国有企业需要加强与外部机构的合作与交流，共同推动技术创新与产业升级，打造创新驱动的产学研用一体化生态。同时，大型国有企业需要与产业链上下游企业建立紧密的合作关系，共同构建协同共生的产业生态圈，实现产业链、价值链的深度融合与提升；此外，大型国有企业应与互联网企业、金融机构等开展跨界合作，探索全新的商业模式与盈利模式，开辟第二曲线创新的蓝海。

2. 第二曲线创新下的产业链上下游深度合作

产业链上下游合作是大型国有企业在探索第二曲线创新路径中，实现跨界融合与协同创新的关键举措。通过与产业链上下游企业的紧密携手，大型国有企业能够构建起产业链协同优势，共同推动技术创新、产业升级与业务转型，开启第二曲线创新的新跨越。

在产业链上游，大型国有企业积极与原材料供应商、零部件制造商等开展深度合作，共同研发新材料、新工艺和新技术，旨在提升产品的核心竞争力，为第二曲线创新奠定坚实的基础。这种合作不仅促进了上游企业的技术升级与产品优化，更为大型国有企业提供了源源不断的创新源泉，共同推动产业链的向上跃升。在产业链下游，大型国有企业与销售商、服务商等紧密合作，共同拓展市场、提升品牌影响力。通过共享市场洞察、优化营销策略等手段，大型国有企业与下游企业共同构建了强大的市场优势，为第二曲线创新的市场开拓提供了有力保障。

为了深化产业链上下游合作，推动第二曲线创新的持续深化，大型国有企业需要建立科学完善的合作机制与流程，明确合作目标与任务、制订详尽的合作计划与进度安排、建立高效的沟通渠道与协作机制等。同时，大型国有企业需要加强与产业链上下游企业的信息共享与协同工作，确保合作项目的顺利推进与成果的有效转化，共同形成第二曲线创新合作共赢的局面。

3. 构建创新联合体，驱动第二曲线创新协同

作为大型国有企业探索跨界融合与第二曲线协同创新的重要途径，构建创新联合体日益成为推动技术创新与产业升级的关键力量。这一松散型组织由多元主体——企业、高校、科研机构等共同构成，旨在通过资源共享与深度协同，开辟技术创新的新路径，引领产业升级的新浪潮。大型国有企业应积极投身创新联合体的建设与发展，携手其他成员单位，共同开展技术研发、产品创新及市场拓展等多元化活动。通过创新联合体的强大平台，大型国有企业能够充分利用外部资源与技术优势，加速新技术的研发与迭代，为第二曲线创新业务的发展注入强劲动力。

（三）优化第二曲线创新生态系统外部环境

优化第二曲线创新生态系统外部环境，是构建开放、协同、高效创新生态系统的重要基础。通过深度完善市场机制、强化法律法规建设，并积极参与行业标准制定及市场竞争合作，大型国有企业能够为跨界融合与第二曲线创新发展提供强有力的外部支撑与保障。

1. 市场机制与法律法规的深度完善

市场机制与法律法规构成了第二曲线创新生态系统外部环境的核心框架，一个健全的市场机制和完善的法律法规体系，能够为大型国有企业的创新活动提供坚实的制度基石与政策导向。

第一，深化市场机制改革，强化市场体系建设，打造更加公平、公正、开放的市场竞争环境，为大型国有企业的第二曲线创新活动铺平道路。通过加大市场监管力度、推动市场进一步开放、优化资源配置等多个维度，激发市场活力，促进创新资源的有效流动与高效利用。

第二，强化法律法规建设，特别是加强知识产权保护等关键领域的法律法规制定与完善，为大型国有企业的创新成果提供强有力的法律护盾。通过一系列举措，大型国有企业能够在更加法治化、规范化的市场环境中实现创新，同时能更有效地维护自身的知识产权等核心利益，为第二曲线创新的持

续深化与拓展奠定坚实的基础。

2. 参与行业标准制定与市场竞争合作新范式

对大型国有企业而言，作为市场竞争的导航标，参与行业标准制定与修订不仅是确立市场地位的关键，更是激发第二曲线创新活力的重要源泉。

第一，主动引领行业标准制定。大型国有企业需密切关注行业动态与技术前沿，积极投身于行业标准的制定与修订中，以前瞻性的视角和深厚的创新实力，为行业标准的升级注入新鲜血液。通过深度参与，大型国有企业不仅能精准把握行业规范与要求，为自身的创新活动提供明确指引，更能以此为契机，推动行业向更高水平迈进，引领第二曲线创新的潮流。

第二，深化市场竞争合作新生态。在激烈的市场竞争中，大型国有企业应秉持开放合作的理念，与竞争对手携手共进，探索共赢发展的新路径。这包括开展技术合作，共同研发前沿技术；共同开拓市场，实现资源共享与优势互补；建立产业联盟，推动整个产业链的协同创新发展。通过这种深度的市场竞争合作，大型国有企业能够加速新技术的应用与推广，推动产业向更高质量、更高效率的方向转型升级，为第二曲线创新提供强有力的支撑。

第三，推动产业创新升级，引领未来发展。借助参与行业标准制定与市场竞争合作的契机，大型国有企业应勇于扮演行业领导者的角色，积极推动新技术、新产品的应用与普及，引领整个产业向智能化、绿色化、服务化等方向转型升级。这不仅有助于企业在新业务领域取得突破性进展，为企业的持续发展注入强劲动力，更能为整个行业第二曲线的创新发展贡献重要力量。

四、大型国有企业创新联合体：构建开放创新生态系统的有效路径

大型国有企业创新联合体通过构建创新生态系统，汇聚了产业链上下游企业、科研机构及高校等多方力量，形成了资源共享、优势互补的创新网络，有效促进了知识、技术和资本的深度融合，为第二曲线创新提供了肥沃的土壤。在生态系统中，各方资源得以高效整合与利用，不仅加速了前沿技术的研发与应用，还激发了新产业、新业态的孕育与发展。这种全方位、开放式的创新合作模式，极大地增强了大型国有企业在面对市场变革时的适应力和竞争力，有力推动了其向第二曲线创新的跨越发展。

（一）大型国有企业组建创新联合体的现状

1. 形成政策推动与企业主导的体系化布局

当前，各级政府纷纷出台支持创新联合体组建的相关政策，提出推动国有企业，特别是中央企业牵头组建创新联合体，聚焦关键核心技术的协同攻关。上述政策明确了创新联合体组建的目标和条件，基本形成了“核心层+合作层+协作层”的组建路径，这些政策不仅为大型国有企业创新联合体的组建提供了方向指引，还为其发展提供了必要的政策保障。在实践层面，以中央企业为代表的大型国有企业纷纷探索创新联合体的建设路径。当前，20 余家中央企业围绕工业母机、新材料、人工智能、二氧化碳捕集利用等新兴产业和未来产业，牵头组建了 24 个创新联合体。这些创新联合体通过产学研深度融合，整合产业链资源，有效推动了技术创新和产业升级。

2. 聚焦任务凝练，发挥大型国有企业的示范作用

作为创新联合体的牵头单位，大型国有企业以关键核心技术突破为导向，站在国家层面，从基础源头出发，实现了从问题凝练、系统解决到标志性成果取得的一体化技术攻关路径，带动其他创新主体共同进行研发和创新，突破了一批制约行业和企业发展的关键核心技术，切实维护了产业链、供应链安全稳定。在示范引领方面，作为行业佼佼者，大型国有企业不仅拥有深厚的科研实力和技术积累，还具有较强的资源整合能力和影响力，依托自身优势吸引产业链上下游企业、高校、科研院所等创新主体加入创新联合体。一些大型国有企业，如中国交通建设集团有限公司联合清华大学等 24 家高校院所、12 家大型民营企业，组建海洋工程技术创新联合体，在提升自身创新能力的同时，通过科技资源优化配置、创新协同合作等方式，带动了产业链上各类型企业的技术升级，对于行业创新能力的整体跃迁具有十分重要的意义。

3. 多种模式并存的灵活创新

在大型国有企业创新联合体的建设中，涌现出了多种组织模式和运作方式。这些模式各具特色、灵活多样，为创新联合体的发展提供了丰富的实践经验。一是大型国有企业牵头组建模式。这种模式下的大型国有企业凭借自身实力吸引其他创新主体加入，其优势在于目标明确、责任清晰、协同高效。

当前国务院国资委启动的中央企业创新联合体建设多数为该种模式。二是大型国有企业参与组建模式。大型国有企业作为参与者加入由其他企业、高校或政府主导的创新联合体。在中国石油与西南石油大学共建的创新联合体中，作为参与者，中国石油提供资金、技术和市场等方面的支持，西南石油大学负责具体组织实施，推动技术创新和成果转化。三是创新平台支撑的组建模式。这种模式下创新联合体通常依托国家或行业创新平台，开展研发和产业化应用，优势在于资源丰富、信息畅通、合作紧密。潍柴集团依托燃料电池技术创新中心、国家内燃机产业计量测试中心等多个国家级创新平台，组建创新联合体，提升企业的技术实力。此外，还有基于任务场景驱动的创新联合体、基于专利标准聚合的创新联合体等多种模式。这些模式各有侧重、相互补充，共同构成了大型国有企业创新联合体的多元化发展格局。

（二）大型国有企业组建创新联合体的主要问题

1. 体制机制有待进一步健全

尽管大型国有企业创新联合体的建设取得了一定成效，但在体制机制方面仍存在一些不足之处。一方面，大型国有企业创新联合体作为新型创新形式处在探索阶段，尚未形成可遵循的组建路径，创新联合体的组建和管理缺乏统一的标准与规范，导致创新联合体的运作模式和管理机制差异较大，较难发挥国家战略和市场需求牵引下的协同攻关效应。另一方面，创新联合体的内部治理结构和决策机制尚不完善，在风险收益、权责利、成果归属、许可使用等方面，还没有建立明确的管理机制，难以保证联合体内部成员的利益诉求得到充分表达和平衡。

2. 资源整合能力不足

创新联合体的核心在于资源整合，然而在实际运作过程中，部分大型国有企业组建的创新联合体在资源整合方面存在能力不足的问题。一方面，创新联合体主要为协议约定，由于各创新主体的目标、利益以及合作机制的不一致或不完善，创新联合体容易出现“有实力、有意愿、难协调”“联而不合”的现象。特别是存在一定的“信任”危机，部分参与主体出于自身技术和商业保密的考虑，对深度合作存在顾虑。另一方面，部分联合体在资源整合方面缺乏有效手段和机制，较难调动各成员单位协同合作的积极性。部分创新联合体内部的研发协作大多为单一的“点对点”模式，未形成一个系统的创新网络，在资源整合过程中存在信息不对称等问题，导致资源整合效果不佳。

3. 大型国有企业“出题者”能力有待进一步提高

一是市场牵引力亟须加强。作为牵头单位，大型国有企业通常具有雄厚的技术资源优势，但也存在一定的创新路径依赖，对于重大科技创新缺少市场敏感性。因此，应积极吸引科技型民营企业参与创新联合体建设，实现国有、民营等不同类型企业的优势互补与融通创新。二是创新联合体的项目实施多采用重大科技专项推动的运行模式，部分参与主体认为项目仍是政府主导的技术攻关，缺乏可持续的市场动力。三是面向先导产业的大型国有企业创新联合体数量不足。虽然绝大多数大型国有企业提出要前瞻性布局未来产业，但一些创新联合体仍集中在建筑、电力、能源等传统领域，在引领性产业中，大型国有企业创新联合体数量不足，势必影响未来的产业竞争优势。

4. 资金投入与融资渠道有限

大型国有企业创新联合体面向的往往是国家战略领域，需要大量的长效资金支持。在实际运作中，部分创新联合体在资金筹集方面缺乏有效手段和渠道，相较于重大市场需求的创新活动，社会资本对国有企业主导的创新联合体难以产生兴趣。另外，由于创新活动的风险性和不确定性较高，金融机构对大型国有企业创新联合体的支持力度有限，导致创新联合体在资金方面难以满足实际需求。

（三）大型国有企业组建创新联合体的提升路径

1. 进一步完善组建模式和运行机制

推动大型国有企业创新联合体健康发展，必须完善相关体制机制建设。首先，要明确创新联合体的主体结构。制定统一的标准和规范，明确创新联合体的组建、管理、运营等方面的要求，进一步细化其功能定位、组建条件、组建程序，明确创新联合体中产业链上下游企业、高校、科研院所等不同成员单位的数量结构和具体类型。其次，选择合适的组织模式。大型国有企业可以根据自身情况和创新联合体的特点，选择合适的组织模式，如任务型联合体或公司型联合体。任务型联合体适合有明确项目周期和目标的创新活动，而公司型联合体则更适合长期、稳定的创新合作。最后，完善大型国有企业创新联合体的组织结构。明确牵头单位统筹项目总体调度，按需协调各方资源开展联合攻关；选聘领域内学术成就突出、熟悉产业发展的领军人才担任技术负责人，共同推进创新联合体的创新发展。同时，政府可考虑派驻项目专员协调跨部门、跨领域的创新资源，推动创新联合体协议有效落实。

2. 进一步发挥大型国有企业的牵头引领作用

大型国有企业既要做好“出题者”，更要做好“答题人”。一是作为我国科技创新的中坚力量，大型国有企业应进一步明确在创新联合体中的定位。这要求大型国有企业不仅应积极参与创新联合体的组建和运营，还应整合各类创新资源，在原始创新、科技成果转化等方面发挥带动作用，推动创新联合体整体水平的提升。二是大型国有企业应进一步发挥自身独特优势，加强前沿技术和颠覆性技术的研发与攻关，带动高校院所、优秀民企等实现融通创新。同时，大型国有企业要进一步夯实基础研究，加强原创技术供给，为创新联合体提供源头创新支撑。在此基础上，加快创新链与产业链的深度融合，推动科技成果产业化应用。三是大型国有企业要树立好创新标杆，通过技术创新、管理创新等一系列创新实践，在创新联合体中形成好的经验和做法，为创新联合体各参与主体提供可供借鉴的经验和模式。

3. 明确成员单位的权责利益

大型国有企业组建的创新联合体不仅要“组好局”，还要“下好棋”。一是探索创新联合体组建的新模式。在不断完善协议共建的同时，条件成熟时积极探索以资金投入、技术入股等方式组建创新联合体的新路径，系统推进创新联合体的实体化运行方式，确保创新联合体的高质量运行。二是建立利益共享机制。根据大型国有企业创新联合体中各参与主体的实际情况，明确创新联合体的利益共享和分配制度，商定违约追责的具体方式，确保信息公开透明。此外，创新联合体形成的知识产权应由创新联合体参与者共享，并可向创新联合体外部单位开放，收取一定的转让和使用费。三是完善量化评价机制。健全创新联合体的考核评价机制和监督机制，对科技攻关的全流程进行实时监测，制定相应的考评节点，用“看得见”的指标衡量创新联合体的实施效果。此外，建立有效的激励和约束机制，通过设立奖励基金、提供技术支持和资金支持等方式，激励各参与主体为创新联合体的发展作出贡献。

4. 完善政策设计和政策衔接

一是加大创新保障力度，包括科研设施、实验平台、检测中心等，为大型国有企业创新联合体提供优质的科研条件。同时，搭建大型国有企业创新联合体公共服务平台，提供信息咨询、技术转移、人才培养等一站式服务，降低企业创新风险。此外，加大对创新联合体知识产权的保护力度，营造公平、公正的创新环境。二是进一步探索大型国有企业创新联合体在不同阶段的发展定位，围绕关键核心技术在突破和应用中遇到的障碍，给予包括产业化对接服务、投融资、首台（套）政策、政府采购等方面的政策支持，降低企业创新成本。同时，在经费使用、攻关任务分配等方面，赋予国有企业更大的自主权，为国有企业的引领工作做好政策保障。三是建立多元化金融服务方式，在政策上鼓励牵头企业通过撬动社会资本搭建创新联合体。大型国有企业通过与政府共同成立种子基金，以市场化方式撬动社会资本进入，项目最终转化的部分效益可以继续投入种子基金，形成长期的资金支持。

第八章　全球视域：国际化战略与创新路径

第二曲线创新已成为推动企业跨越发展瓶颈、实现可持续增长的关键路径。特别是在传统增长模式逐渐失效、市场竞争日益激烈的背景下，如何通过国际化战略有效实施第二曲线创新，不仅关乎企业的转型升级和长远发展，更关乎国家经济竞争力的提升。对大型国有企业而言，这既是业务层面的拓展，也是战略层面的飞跃。而国际化战略正是推动大型国有企业实现这一飞跃的重要抓手。通过国际化战略，大型国有企业能够深入全球市场，了解不同国家和地区的消费需求、技术趋势与产业动态，从而为企业第二曲线创新提供丰富的启示与实践平台。

国际化战略的实施意味着大型国有企业将拥有更广阔的市场空间与更丰富的资源平台，大型国有企业能够积极参与全球市场竞争，接触到先进的技术、管理经验与商业模式，推动技术创新与产业升级，为第二曲线创新提供源源不断的动力。同时，通过与国际先进企业的交流与合作，大型国有企业能够不断提升自身的创新能力与核心竞争力，形成独特的竞争优势。此外，国际化战略还有助于大型国有企业拓展全球化市场空间，实现业务的快速增长与可持续发展。因此，从全球视域出发，探索国际化战略与创新路径的深度融合，对于大型国有企业实现第二曲线创新、培育新的增长点具有深远意义，这不仅是大型国有企业自身转型升级的必然选择，更是提升国家经济竞争力的重要举措。

一、国际化战略与第二曲线创新的融合

（一）国际化战略对第二曲线创新的影响

1. 加速第二曲线创新引领的新业务领域全球化拓展

在国际化战略的强力驱动下，第二曲线创新成为推动企业新业务领域全

球化拓展的核心引擎。面对全球市场的瞬息万变，大型国有企业原有的核心业务可能逐渐遭遇市场饱和、竞争加剧等严峻挑战。第二曲线创新以其独特的视角和路径，助力企业发掘全新的业务领域和市场机会，将这些新兴领域打造成为强劲的业务增长点，从而在全球市场中稳固并提升企业的竞争优势。

首先，第二曲线创新助力精准市场细分与定位。通过深入剖析全球市场趋势，大型国有企业能够捕捉到新的市场细分和定位机会。这种基于第二曲线创新的市场细分与定位策略，有助于企业在全球市场中塑造独特的品牌形象，构建难以复制的竞争优势。其次，第二曲线创新引领跨行业融合与创新方向。随着科技的迅猛发展，不同行业之间的壁垒逐渐消融，大型国有企业借助第二曲线创新的思维，积极探索跨行业融合的新路径，发掘全新的业务领域和市场机会。例如，将信息技术与制造业深度融合，推出智能制造解决方案，这种基于第二曲线创新的跨行业融合与创新策略，使得企业在全球市场中实现了业务的多元化和差异化。最后，第二曲线创新推动全球供应链与价值链的深度整合。通过构建全球供应链和价值链体系，大型国有企业能够实现资源的优化配置和成本的显著降低。同时，借助第二曲线创新，整合全球范围内的先进技术和优质资源，开发出满足全球市场需求的创新产品和服务，在全球市场中实现规模经济和协同效应的显著提升。

2. 推动第二曲线创新引领的新技术全球化应用与升级

当前，新技术的涌现为企业开辟了广阔无垠的发展蓝海，借助第二曲线创新的强大动力，企业能够主动拥抱新技术，并将其深度融入全球市场。一方面，强化技术引进与深度消化吸收。通过与全球顶尖企业的紧密合作，或战略性地购入技术专利，大型国有企业迅速获得国际前沿技术，并对其进行深度消化吸收，结合自身特色进行创新改进，使企业在全球技术竞赛中实现弯道超车，占据领先地位。另一方面，深化技术合作与共享，共筑创新生态。大型国有企业积极与国际知名企业、顶尖科研机构等建立广泛的技术合作关系，共同分享技术资源和创新成果，携手推动新技术的全球化应用与升级，从而促进了技术资源的优化配置，更激发了协同创新的新活力，使企业在全球市场中实现了技术互补和协同创新的新飞跃。

3. 提升企业全球化适应与创新能力的核心作用

第二曲线创新在国际化战略中的核心地位不仅体现在推动企业新业务、

新技术或新模式的突破上，更在于增强企业的全球化适应能力和创新能力。面对全球市场竞争的日益白热化，企业亟须借助第二曲线创新灵活应对各种挑战。一是深化全球化思维与视野的培育。借助第二曲线创新契机，企业加强与国际领先企业的交流与合作，不仅拓宽了全球化视野，更深刻洞察了全球市场的最新趋势，实现了全球化思维与实战能力的双重提升。二是构建第二曲线创新生态系统。企业依托第二曲线创新的理念，积极打造开放、协同的全球创新生态系统，通过建立跨国创新实验室、孵化器等平台，吸引创新资源和合作伙伴，共同探索新业务、新技术或新模式，加快了企业的创新步伐，更为企业在全球市场中赢得了创新引领者的地位。

（二）第二曲线创新与国际化战略的契合点

1. 新业务探索与国际化战略前瞻性的深度融合

第二曲线创新理念敦促企业在原有业务步入成熟期或显露衰退迹象之前，积极挖掘并培育新的业务增长点，这一战略导向不仅要求企业具有高度的前瞻性，还要求企业具备敏锐的市场洞察力，并果断提前布局新兴业务领域。与此同时，国际化战略凸显了战略前瞻性的重要性。在全球化浪潮席卷之下，企业亟须不断拓展国际市场版图，以获取更为丰富的资源和抓住更多的市场机遇。

第二曲线创新与国际化战略在战略前瞻性层面展现出显著的协同效应。两者均强调企业应秉持长远的眼光和敏锐的市场感知力，以提前布局新兴业务领域并大力拓展国际市场。借助第二曲线创新，企业应不断推出创新产品、前沿技术和优质服务，精准满足市场需求的不断演变，进而在国际舞台上赢得显著的竞争优势。同时，国际化战略的深入实施将为企业开辟更为广阔的市场空间，为第二曲线创新提供更为丰厚的资源和更为广阔的舞台，实现两者相辅相成、共同促进的良性循环。

2. 第二曲线创新业务开发与国际化市场拓展契合

第二曲线创新的核心在于不断挖掘并培育新兴业务领域。通过持续的探索与尝试，企业能够敏锐地捕捉到新的市场机遇，这些新业务不仅为企业带来了业务的多元化与差异化优势，还开辟了新的利润增长点，为企业的长远发展注入了强劲动力。国际化战略侧重于企业通过跨国经营的方式，积极拓展国际市场，以获取更丰富的资源与更广阔的市场机遇。

第二曲线创新与国际化战略在新业务开发与市场拓展层面，展现出了显著的契合与协同。一方面，第二曲线创新促使企业不断研发出满足国际市场多样化需求的新产品或新服务，赢得更为显著的竞争优势。另一方面，国际化战略的实施不仅为企业带来了更为丰富的市场机会与资源，更为新业务的开发与培育提供了更为广阔的舞台与空间。通过国际化市场拓展，企业能够进一步推动新业务的快速发展与壮大，实现第二曲线创新的持续引领与突破。

3. 第二曲线创新机制与国际化资源整合的深度契合

第二曲线创新不仅要求企业拥有卓越的创新能力和健全的创新机制，更强调企业持续投入研发资源和创新资源。在这一过程中，创新机制的建设显得尤为重要，其能够助力企业有效应对市场风险和不确定性。国际化战略着重于企业通过跨国经营，广泛整合全球范围内的优质资源，以提升自身的国际竞争力和综合实力。

第二曲线创新与国际化战略在创新机制和资源整合层面的契合与协同表现为：一方面，企业通过第二曲线创新机制的持续优化，不断提升产品的品质和性能，从而赢得更为广阔的市场份额和显著的竞争优势；另一方面，国际化战略的实施为企业开辟了新的资源和市场机遇，为创新机制的建设与升级提供了更为广阔的舞台和无限可能。通过全球资源的深度整合，企业能够显著提升自身的创新效能和综合竞争力，实现企业的长远发展和全球领先地位的稳固确立。

4. 第二曲线创新与国际化战略协同下的企业文化重塑

第二曲线创新的核心在于塑造一种开放、包容且极富创新精神的企业文化，这种文化氛围能够激发企业的创新潜能与创造力，推动企业不断跨越发展。国际化战略不仅要求企业具备跨文化交流与沟通的能力，更要求企业深刻理解不同国家和地区的文化、法律及市场环境，以便和谐融入当地。

第二曲线创新与国际化战略在企业文化重塑方面展现出深度共鸣。一方面，第二曲线创新推动企业不断推出新技术和新产品，而作为创新的催化剂，开放的企业文化则进一步激发企业创新的激情与创造力。另一方面，国际化战略的实施同样需要企业文化的升级与战略的协同。跨文化沟通与协作的能力成为企业融入全球市场、应对复杂环境的关键。通过深化企业文化建设，企业得以在全球化中稳健应对市场的挑战与竞争的压力。

（三）第二曲线创新下的国际化战略核心要素

1. 创新思维与战略框架

第二曲线创新在企业第一曲线增长趋于饱和时，通过非线性增长模式实现战略突围，驱动企业实现倍速的迅猛增长。国际化战略则更加侧重全球市场的深度拓展与资源整合，涵盖了加速增长、全球诞生路径、协作路径、有机增长路径以及传统国际化路径等多种模式。在整合第二曲线创新与国际化战略的过程中，企业需将创新思维深度融入国际化战略框架之中。通过敏锐捕捉技术革新、市场需求变迁等单一要素的变化，企业能够在全球新兴市场中迅速锁定增长点。同时，将本土市场的成功经验与全球化视野紧密结合，实现资源的高效配置与市场的快速扩张，从而在全球市场中开创出一片崭新的天地。

2. 技术与市场的双轮驱动协同

在第二曲线创新与国际化创新的协同中，技术创新与市场开拓犹如双轮驱动，共同引领企业迈向新起点。作为第二曲线创新的核心引擎，技术创新驱动企业不断突破传统业务模式的束缚，开辟全新的发展路径。市场开拓则是国际化创新进程中的关键一环，企业需要深刻洞察目标市场特色及政策导向，在新兴市场中迅速站稳脚跟，抢占市场份额。技术与市场的双轮驱动协同，为企业竞争力的提升注入了强劲动力。一方面，技术创新为企业带来新颖独特的产品与服务，助力企业实现快速的市场扩张与业务布局；另一方面，市场反馈成为技术创新的宝贵源泉，企业根据市场反馈持续优化技术方案，形成创新与市场的良性互动，推动业务的持续增长与繁荣。在这一协同进程中，第二曲线创新不仅引领企业跨越传统边界，更在国际化进程中起到决定性的作用。

3. 组织能力与资源整合优化

组织能力构成了企业探索第二曲线创新的坚固基础，企业通过持续强化组织灵活性与管理精进力，构建敏捷应变的组织结构及高效决策体系，使企业能够精准把握技术创新带来的崭新机遇，为第二曲线创新铺设坚实道路。与此同时，资源整合在国际化创新进程中扮演着不可或缺的支撑角色。在国际化战略背景下的第二曲线创新中，组织能力与资源整合实现了深度的协同优化。企业不断优化内部组织结构，提升管理效能，以确保技术创新与市场开拓资源的无缝衔接和高效利用。此外，通过建立广泛的价值网络与战略联盟，企业不仅实现了资源的共享与优化配置，还有效分散了风险，增强了整体的抗风险能力，共同推动了第二曲线创新的稳健前行。

二、大型国有企业第二曲线创新的国际化典型模式

（一）第二曲线创新的“安营扎寨”模式

1. 模式的特点

“安营扎寨”模式作为大型国有企业第二曲线创新国际化战略的关键一环，旨在通过目标国际市场深度布局生产基地、研发中心及销售网络，实现属地化经营，深度融入并引领当地市场环境变革，从而开辟全新的第二曲线增长点，推动业务的国际拓展与持续跃升。该模式的核心策略在于，借助深度本地化运营，构筑企业在海外的稳固根基与长期竞争优势，为第二曲线创新奠定坚实的基础。

“安营扎寨”模式的鲜明特点包括以下三点。一是深度本地化融合。大型国有企业在海外设立的生产、研发与销售体系需与当地市场需求紧密对接，精准捕捉并满足消费者的个性化需求与偏好，为第二曲线创新提供市场洞察与需求导向。二是长期投资与战略耐心。“安营扎寨”模式初期往往需要巨额投资，用于构建生产基地、研发中心等基础设施，以及培育本地化团队。这不仅是对未来的坚定信念，更是为第二曲线创新积蓄力量，奠定坚实基础。三是多元化业务布局与第二曲线探索。通过属地化经营，大型国有企业得以逐步拓展业务边界，不仅在传统领域深耕细作，更勇于开辟新领域，如智能交通、智慧城市等，实现业务的多元化与持续增长，为第二曲线创新开辟广阔空间。

2. 典型案例

中国土木工程集团有限公司（以下简称“中国土木”）在“一带一路”共建国家的第二曲线创新实践。中国土木作为中国基础设施建设领域的领军企业，积极响应“一带一路”倡议，通过“安营扎寨”模式，在全球布局，推动业务国际化进程。在业务布局方面，中国土木在土耳其、埃塞俄比亚、吉布提及西非等地承建了一系列重大基础设施项目，展现了强大的全球布局能力。在属地化经营方面，企业不仅招聘当地员工，利用当地资源，降低成本，提高项目接受度，更在当地设立研发中心，聚焦技术创新与产品研发，精准对接市场需求，为第二曲线创新提供源源不断的动力。尤为重要的是，在“安营扎寨”模式的推动下，中国土木不仅在传统基建领域持续领跑，更成功拓展至智能交通、智慧城市等新兴领域，实现了业务的多元化与持续增长，成功开辟了国际市场上的第二曲线，为企业带来了新的增长点，彰显了第二曲线创新的巨大潜力与价值。

（二）第二曲线创新的“农村包围城市”模式

1. 模式的特点

“农村包围城市”模式在大型国有企业国际化中，被赋予了新的内涵——第二曲线创新。这一模式强调，大型国有企业在踏入国际市场之初，应优先瞄准相对较小或边缘的市场进行布局，通过在这些市场上深耕细作积累宝贵的经验和资源，进而以更加稳健的步伐向主流市场或大城市市场迈进。“农村包围城市”模式的核心在于，通过选择相对容易的路径切入，逐步构建企业的国际化版图，并在这一过程中不断探索和开拓新的增长点，即“第二曲线”。“农村包围城市”模式的特点鲜明地体现了第二曲线创新的理念。一是市场选择。大型国有企业先选择相对较小的市场或边缘市场作为起点，这不仅降低了进入门槛和风险，更为后续的第二曲线创新提供了肥沃的土壤。二是经验积累。在较小市场上，大型国有企业得以在实战中磨砺自我，积累宝贵的国际项目经验和技术实力。这些经验和资源如同种子般孕育着第二曲线的萌芽。三是逐步渗透。随着经验和资源的不断累积，大型国有企业开始逐步向主流市场或大城市市场渗透。在这一过程中，大型国有企业不仅巩固了已有的市场份额，更在不断探索第二曲线的新业务领域和增长点。

2. 典型案例

国家电网在巴西市场开展的第二曲线创新实践。国家电网在进入巴西市场时，巧妙地运用了“农村包围城市”模式，并在此基础上实现了第二曲线创新。首先，国家电网选择了巴西的偏远地区作为切入点，这些地区虽然电力基础设施相对落后，但蕴含着巨大的发展潜力。通过在这些地区的项目投资和建设，国家电网不仅积累了丰富的国际项目经验和技术实力，还与当地政府和企业建立了良好的合作关系。

随着经验和资源的不断积累，国家电网逐步向巴西的主流市场渗透。在这一过程中，国家电网不仅成功中标了巴西历史上最大的输电项目之一——美丽山特高压输电项目，还不断拓展业务领域，将触角延伸至智能电网、可再生能源等前沿领域。这些新业务不仅成为国家电网在巴西市场上的第二曲线，更为其带来了全新的增长点和持续的发展动力。综上所述，“农村包围城市”模式在大型国有企业国际化进程中展现出了强大的生命力和创新力。通过巧妙地运用这一模式，大型国有企业得以在较小的市场上积累经验和资源，进而以更加稳健的步伐向主流市场迈进，并在这一过程中不断探索和开拓新的增长点——第二曲线。

（三）第二曲线创新的“借船出海”模式

1. 模式的特点

“借船出海”模式作为一种高效的市场进入策略，是指大型国有企业通过与海外企业的深度合作，充分利用对方的品牌效应、渠道资源和技术优势，迅速切入海外市场并展开业务合作。“借船出海”模式的核心在于，通过资源共享与优势互补，大幅降低海外市场进入的门槛与风险，同时为企业的第二曲线创新铺设道路。“借船出海”模式的特点具体表现为以下三点。一是资源共享，深度协同。通过与海外企业的紧密合作，大型国有企业能够共享对方的品牌资源、成熟渠道及先进技术，并以此作为跳板，快速跨越海外市场的高门槛，降低未知风险，为第二曲线创新提供坚实支撑。二是优势互补，互利共赢。合作双方各展所长，大型国有企业依托海外企业的品牌影响力与销售渠道，快速打开市场；而海外企业则凭借大型国有企业的强大生产能力与成本优势，实现共赢。这种互补不仅加速了市场渗透，更为企业的第二曲线创新提供了丰富的资源与灵感。三是快速响应，抢占先机。通过合作，大型国有企业能够迅速进入海外市场，抓住稍纵即逝的市场机遇，占据有利地位，为后续的第二曲线创新赢得宝贵的时间窗口。

2. 典型案例

中国一汽与德国大众汽车集团（以下简称“大众”）的合作创新之路。中国一汽携手大众，不仅成功引入了大众的品牌影响力、先进技术和广泛的销售渠道，更在合作中汲取了大众的先进管理经验，实现了从“借船出海”到自主创新的华丽转身。中国一汽通过消化吸收再创新，推出了多款符合市场需求的新产品，不仅推动了中国一汽自身的第二曲线创新，更为中国汽车产业的转型升级贡献了重要力量。

唐山钢铁集团有限责任公司（以下简称“唐钢集团”）与瑞士德高国际贸易控股公司（以下简称“德高”）的“借船出海”创新实践。唐钢集团与全球钢铁贸易巨头德高携手，开创了一条独具特色的出口新路径。借助德高遍布全球的营销网络和庞大的客户基础，唐钢集团不仅获得了稳定的订单来源和销售渠道，更在德高的技术支持与服务下，实现了产品质量的飞跃和竞争力的显著提升。这一合作模式不仅加速了唐钢集团的国际化步伐，更为其带来了显著的经济效益和品牌价值的提升，为唐钢集团的第二曲线创新注入了强劲动力。

（四）第二曲线创新的“品牌共享”模式

1. 模式的特点

“品牌共享”模式作为大型国有企业在第二曲线创新的重要路径，其核心在于通过与国际知名品牌的深度合作共同推广和使用品牌，以此开辟企业在国际市场上的第二曲线创新之路。“品牌共享”模式不仅有助于提升大型国有企业在国际舞台上的知名度和影响力，还能激发企业的创新活力，实现品牌的跨越式发展。“品牌共享”模式的特点深刻体现了第二曲线创新的精髓。首先，品牌合作与共创。大型国有企业通过与国际知名品牌携手，共同打造和推广品牌，这种跨界合作不仅为双方带来了品牌价值的提升，更为企业开拓了全新的市场领域和增长点，即第二曲线。其次，知名度与影响力的双重飞跃。通过品牌共享，大型国有企业能够迅速提升在国际市场上的知名度和影响力，这种提升不仅体现在品牌形象的塑造方面，更体现在企业整体竞争力的增强，为第二曲线的崛起提供了坚实支撑。最后，市场拓展与资源共享。借助国际知名品牌的全球渠道和资源，大型国有企业能够以前所未有的速度拓展国际市场，同时，双方资源的共享为企业在新市场中的深耕细作提供了有力保障，为第二曲线创新提供市场支撑。

2. 典型案例

中国五矿集团有限公司（以下简称“中国五矿”）在全球化品牌战略中进行第二曲线创新。中国五矿作为中国金属矿业领域的佼佼者，与澳大利亚力拓集团（以下简称“力拓集团”）的合作堪称“品牌共享”模式的典范。双方共同出资成立合资公司，携手开发矿产资源，并在全球范围内推广双方的品牌，这一合作不仅提升了中国五矿在国际矿业市场的知名度和影响力，更为其带来了品牌上的飞跃和市场上的拓展，形成第二曲线全新增长点。

在合作过程中，中国五矿充分利用力拓集团在全球市场的品牌优势和渠道资源，实现了自身品牌形象的升级和市场竞争力的提升。同时，力拓集团借助中国五矿在中国市场的深厚根基和丰富经验，成功打开中国市场的大门，实现了对中国市场的深度拓展。这一双赢的合作不仅为中国五矿带来了品牌上的提升和市场上的拓展，更为其未来的国际化发展铺设了坚实的基石。

中国五矿与力拓集团的合作经验充分证明，“品牌共享”模式是一种极具前瞻性和创新性的国际化战略。通过与国外企业共享品牌资源，大型国有企业不仅能提升品牌知名度和影响力，增强市场竞争力，还能分散市场风险，降低单一企业进入新市场的风险。这种战略不仅有助于大型国有企业拓展国际市场，提升整体价值，更能激发企业的创新活力，推动企业在国际市场上实现跨越式发展，开创出属于自己的第二曲线创新之路。

（五）第二曲线创新的“海外战略资源获取”模式

1. 模式特点

“海外战略资源获取”模式作为大型国有企业在全球化浪潮中探索的第二曲线创新路径，其核心在于通过并购、合作等多元化手段，精准获取并整合海外的矿产、能源等关键战略资源。“海外战略资源获取”模式不仅着眼于当下的资源保障，更致力于构建企业的长期竞争优势与可持续发展能力，为大型国有企业的第二曲线创新提供坚实的资源支撑。“海外战略资源获取”模式的主要特点体现在以下三个方面。一是资源获取与第二曲线布局。通过并购、合作等创新方式，大型国有企业积极获取海外战略资源，为企业的第二曲线创新奠定物质基础。二是供应链安全与灵活性提升。海外战略资源的获取有效分散了供应链风险，降低了对单一市场的过度依赖，提高了供应链的灵活性与韧性，为大型国有企业的第二曲线创新提供了稳定保障。三是长期发展与创新驱动。资源的全球化配置不仅提升了企业的国际竞争力，更为企业的长期发展与第二曲线创新提供了基础保障。

2. 典型案例

中国远洋海运集团有限公司（以下简称“中远海运”）的海外港口布局与第二曲线创新。作为中国航运与物流领域的领军企业，中远海运在国际化进程中巧妙运用“海外战略资源获取”模式，通过并购与合作，在全球范围内成功布局多个港口资源，开启了企业的第二曲线创新之旅。第一，在资源获取与物流网络构建方面，中远海运通过并购与合作，迅速扩大了其海外港口资源版图，这些港口不仅增强了其航运能力，更为其构建了覆盖全球的物流网络，为第二曲线创新提供了坚实的物理基础。第二，在供应链优化与第二曲线布局方面，中远海运在希腊比雷埃夫斯港等关键节点的投资，不仅提升了港口的运营效率，更使其成为连接欧洲与中国的重要物流枢纽，优化了全球供应链布局，降低了对单一市场的依赖，为第二曲线创新提供了灵活性与安全性。第三，在业务拓展与第二曲线增长方面，在稳固港口资源的基础上，中远海运积极拓展冷链物流、智能物流等新兴市场，这些新业务不仅丰富了其产品与服务体系，更为其在国际市场上开辟了新的增长点，实现了从传统航运到多元化物流服务的第二曲线创新。第四，在社会责任与共赢发展方面，中远海运在利用港口资源推动自身发展的同时，积极促进当地经济的繁荣与产业升级，实现了与当地社会的共赢发展，为企业的第二曲线创新营造了良好的外部环境。

（六）第二曲线创新的“全球研发网络构建”模式

1. 模式的特点

“全球研发网络构建”模式作为大型国有企业探索的第二曲线创新路径，其核心是通过在全球范围内精心布局研发中心与合作研究机构，实现创新资源的全球化整合与优化配置。“全球研发网络构建”模式不仅推动企业的技术创新与产品迭代，还通过构建全球研发网络激发企业的创新潜能，开辟全新的增长曲线。

“全球研发网络构建”模式的特点深刻体现了第二曲线创新的核心理念。首先，全球化配置与资源整合。大型国有企业跨越国界，在全球范围内精准捕捉优质的创新资源与顶尖人才，通过整合与配置构建起覆盖全球的研发网络。这一举措不仅拓宽了企业的创新视野，更为第二曲线的孕育提供了肥沃的土壤。其次，高效利用与协同创新。借助全球研发网络，大型国有企业得以实现创新资源的高效流转与深度协同，推动技术创新与产品升级，使其步伐显著加快。这种高效利用与协同创新的方式正是第二曲线创新得以迅速崛起的关键所在。最后，竞争力重塑与持续领先。全球研发网络的构建不仅显著提升了大型国有企业的技术创新实力，更为其保持市场竞争力注入了强劲动力。在日益激烈的市场竞争与技术变革中，大型国有企业得以保持领先地位，持续引领行业发展潮流，为第二曲线创新奠定了坚实的基础。

2. 典型案例

中国石化积极践行第二曲线创新战略，通过构建全球研发网络，在新加坡、欧洲等地设立研发中心，专注于高端石化产品的研发与创新。这些研发中心不仅汇聚了全球的创新资源，还吸引了大量顶尖的研发人才，为企业的持续发展注入了强劲活力。通过全球研发网络的高效运作，中国石化的创新能力得到显著提升，产品更新换代速度加快，市场竞争力显著增强，成功开辟了全新的增长曲线。

南方电网在国际化进程中同样展现出对第二曲线创新的深刻洞察。南方电网在欧洲、北美等地设立研发中心，与当地科研机构及企业深度合作，共同探索智能电网、新能源等领域的前沿技术。这一举措不仅使南方电网紧跟国际技术动态，及时引进先进技术，还通过设立海外研发中心，培养了大量具备国际视野的研发人才，为企业的国际化发展提供了有力支撑。通过全球研发网络的构建，南方电网成功实现了技术创新与产品升级，为企业的持续成长注入了强劲动力，开辟了全新的增长路径。

三、大型国有企业第二曲线创新的国际化实施路径

（一）市场洞察与定位：锚定第二曲线创新的新领域

1. 全球化市场趋势的深度剖析与机遇捕捉

在国际化战略的强劲驱动下，大型国有企业需要拓宽全球化的市场视野，深度剖析全球市场的趋势与变迁。这涵盖了全面理解各国经济环境、政策法规、文化背景及消费者偏好的差异，同时精确洞察全球市场的竞争格局与新兴机遇。借助对全球化市场趋势的敏锐捕捉，大型国有企业能够精确锁定那些能驱动第二曲线创新的全球市场机遇。例如，鉴于全球范围内对可持续发展议题的日益关注，绿色经济与环保技术已成为不可忽视的市场潮流。大型国有企业可推出环保型产品或服务，精准对接消费者对环保与可持续性的迫切需求。此类基于市场趋势的创新策略，不仅助力企业在全球舞台上独树一帜，更显著提升大型国有企业的品牌形象与社会责任担当。

2. 精准定位第二曲线创新的新业务领域

在深度剖析全球化市场趋势的基础上，大型国有企业需要精准锚定那些能引领第二曲线创新的新业务领域。这要求大型国有企业紧密结合自身的核心竞争力与资源优势，精心挑选那些具备高增长潜力且紧密贴合市场需求的新领域。同时，大型国有企业需要审慎考量新业务领域与现有业务的协同效应与互补性，以确保第二曲线创新与现有业务能够无缝衔接、协同发展。这

一精准定位不仅助力企业在新领域中迅速建立竞争优势，还通过技术的革新与升级有力推动大型国有企业第二曲线创新和转型升级。

3. 制定差异化市场进入策略以驱动第二曲线创新

面对全球范围内不同国家和地区市场的独特性与多样性，大型国有企业需精心策划差异化市场进入策略，深度融入第二曲线创新的核心理念。这涵盖了精心挑选适宜的进入模式（如独资、合资或并购等创新路径）、精准界定目标市场的细分区间与品牌定位，以及设计具有针对性的营销策略与渠道布局。通过一系列差异化的战略部署，大型国有企业能够精准对接不同市场的需求脉络与竞争态势，有效提升市场占有率与品牌影响力，同时借助全球市场细分与差异化策略的智慧运用，大型国有企业能在多元市场中实现精准落点与差异化竞争，为第二曲线创新的发展注入强劲动能。

4. 持续优化市场布局以赋能第二曲线创新

在全球市场瞬息万变、竞争日益激烈的背景下，大型国有企业需秉持持续优化的理念，不断调整与优化市场布局，以应对挑战并把握机遇。这要求企业根据市场动态的微妙变化，灵活调整市场进入策略，探索新的市场领域与细分蓝海，同时深化与国际合作伙伴的战略协同。通过一系列优化市场布局的举措，大型国有企业能够保持对全球市场趋势的敏锐感知与高度适应性，不断挖掘新的增长点与创新源泉，为第二曲线创新的持续推进提供市场动力与战略支撑。

（二）资源配置与整合：构建全球资源网络，赋能第二曲线创新

1. 全球资金的战略优化配置与利用

作为第二曲线创新不可或缺的关键要素，资金的优化配置至关重要。在国际化战略的引领下，大型国有企业应积极拓展多元化的融资渠道，充分利用全球金融市场的丰富资源，为新业务的孵化与成长提供坚实的资金支持。这包括与国际顶级金融机构建立深度合作关系、发行国际债券以吸引全球资本以及积极引入外资等多元化策略。同时，大型国有企业应持续优化资金结构，力求降低融资成本，提高资金利用效率。例如，通过设立海外子公司或分支机构，巧妙利用当地的金融优惠政策与税收减免，进一步降低资金成本，

并加强内部财务管理与风险控制体系，确保资金使用的安全性与高效性，为第二曲线创新提供源源不断的资金动力。

2. 全球顶尖人才与技术的引进和深度融合

人才与技术是推动第二曲线创新的核心驱动力。在国际化战略的指导下，大型国有企业应积极引进全球范围内的顶尖人才与技术资源，以加速新业务的发展与突破。一方面，大型国有企业应通过设立海外研发中心、招募外籍专家、与国际知名高校及科研机构建立深度合作等方式，广泛吸纳全球顶尖的技术人才与创新资源。这些人才与资源的引入将为大型国有企业带来前沿的技术研发能力与创新能力，助力企业在新技术领域实现重大突破与领先。另一方面，大型国有企业应注重内部人才的培育与团队建设。通过提供丰富的培训与发展机会，大型国有企业充分激发员工的创新潜能与创造力，并建立完善的激励机制与绩效考核体系，充分鼓励员工积极投身于第二曲线创新活动中，形成内外结合、协同创新的良好氛围。

3. 全球供应链与物流网络的构建

在全球化浪潮中，供应链与物流网络构成了大型国有企业开展跨国业务的基石。为了在全球市场中稳固根基并驱动第二曲线创新，大型国有企业必须着手构建全球化的供应链与物流网络，确保新产品或新服务能以迅捷且精准的方式触及全球消费者。这要求企业深化与国内外供应商的合作关系，建立稳固且持久的战略联盟。同时，优化供应链管理流程，增强供应链的透明度与协同效率，使之成为第二曲线创新的加速器。此外，大型国有企业还需强化物流配送体系建设，提升物流服务的质量与效率，为第二曲线创新铺设坚实的物流基石。通过这一系列的布局，大型国有企业不仅能降低运营成本，提高市场竞争力，更为第二曲线创新提供了坚实的保障和强大的推动力量。

4. 全球市场的渠道拓展与品牌建设

在全球化市场的广阔舞台上，渠道拓展与品牌建设成为跨越式增长的关键引擎。为了在全球市场中抢占先机，大型国有企业必须积极践行国际化战略，大力开拓海外市场，构建多元化的销售渠道与分销网络。这涵盖了设立海外销售子公司或分支机构、携手当地经销商、利用电商平台与社交媒体等新兴渠道进行市场推广等多重策略。通过这些多元化的渠道布局，大型国有企业能够迅速扩大市场份额，提升品牌知名度与美誉度，为第二曲线创新奠定坚实的市场基础。

与此同时，大型国有企业需将品牌建设提升至战略高度，致力于提升品牌的核心价值与差异化竞争力，在精心制定品牌策略、加大品牌宣传与推广力度、优化品牌体验与服务质量等多个方面努力。通过品牌建设举措，大型国有企业在全球市场中树立起独特的品牌形象，塑造品牌价值，为第二曲线创新注入强大的品牌力量与市场影响力，使之成为推动企业持续成长与创新的重要支柱。

（三）组织变革与文化融合：构建第二曲线创新的高效支持体系

1. 组织结构优化与第二曲线创新支持机制

为了全力推动第二曲线创新的实施，大型国有企业必须对组织结构进行深度优化与调整，尤其是设立专注于新业务探索与发展的专项部门或创新团队，精简并优化决策流程以提升响应速度以及全面增强组织的灵活性与适应性。具体而言，大型国有企业可以创建创新加速器或前沿技术研发中心，专门负责新业务的孵化、研发及市场推广。同时，大型国有企业可以构建跨职能协作网络，打破部门壁垒，促进知识与资源的自由流动，通过一系列的组织结构调整，构建起一个高度灵活且高效运转的创新支持体系，为第二曲线创新提供坚实的组织保障。

2. 高效协同体系打造与第二曲线创新一体化推进

为了进一步提升组织的协同创新能力，大型国有企业必须精心构建一套高效协同的运作体系，搭建先进的信息共享与协作平台、优化工作流程以减少冗余，以及全面提升团队协作能力以增强凝聚力。通过信息共享平台，大型国有企业能够实现跨部门、跨地域的即时沟通与协同作业，显著提升决策效率与执行力。工作流程的优化旨在消除不必要的步骤，提升工作效率与成果质量，而团队协作能力的强化，则通过增强团队成员间的信任与默契，构建起坚不可摧的团队合作防线。在这些综合措施共同作用下，大型国有企业形成了一个高度协同、反应迅速的运营体系，为第二曲线创新的持续突破与成功落地提供了强有力的支撑。

3. 跨文化管理与第二曲线创新的文化融合

在国际化战略的引领下，大型国有企业需跨越不同文化界限，应对多元背景下的员工沟通与协作挑战。为了推动文化的深度融合与第二曲线创新的实现，大型国有企业亟须强化跨文化管理策略，具体包括：提供深度的跨文化培训，以增进员工对不同文化的认知与尊重，从而有效减少文化差异造成的沟通壁垒；构建多元化且极具包容性的企业文化，营造开放、包容的工作环境，以此激发员工的创新激情与第二曲线创造力。此外，积极开展员工间的文化交流活动，不仅能加深员工间的友谊与信任，还能显著提升团队的凝聚力与向心力，为全球化发展与文化融合注入新的活力。

4. 第二曲线创新文化的培育与传承

创新文化是推动企业开展第二曲线创新的关键，大型国有企业需不遗余力地培育并深化创新文化，将创新精神植根于企业的每一个角落。大型国有企业应鼓励员工勇于尝试、敢于创新；通过设立创新奖励机制、组织创新大赛等多元化活动，充分点燃员工的创新热情与第二曲线创造力；建立科学的容错机制，让员工在创新探索中敢于犯错、勇于试错，从而有效降低创新风险。更重要的是，大型国有企业应通过持续传承与弘扬创新文化，形成企业独树一帜的创新氛围与核心价值观，在全球化竞争中始终保持第二曲线创新的活力与竞争优势。

（四）风险管理与控制：确保第二曲线创新稳健发展

1. 深化第二曲线创新的市场调研与风险评估

在探索第二曲线创新过程中，大型国有企业应将加强市场调研与风险评估视为风险管理工作的根本。在进入新市场之前，大型国有企业应开展详尽的市场调研，洞察当地市场需求、竞争态势、法律法规及文化背景等关键要素。同时，构建一套完善的风险评估体系，对潜在的市场风险、文化风险、法律风险和运营风险进行全面而深入的剖析，为制定精准有效的风险管理策略奠定坚实的基础。通过这一系列举措，大型国有企业能够精准捕捉市场机遇，有效规避风险点，为第二曲线创新的顺利推进提供强有力的支持。

2. 构建第二曲线创新的跨文化管理体系

为了在新市场中成功推广新业务、新模式，大型国有企业需要将跨文化管理体系的构建置于重要位置，通过加强跨文化沟通与培训，不断提升员工对不同文化的理解与尊重，消除文化隔阂。同时，大型国有企业需要紧密结合当地市场的文化背景与消费者偏好，灵活调整营销策略、产品设计及服务方式，以满足不同市场的独特需求。通过这一跨文化管理体系的构建，大型国有企业能够跨越文化鸿沟，与当地市场实现深度融合，显著提升新业务、新模式的接受度与市场认可度，为第二曲线创新的成功落地与持续繁荣注入强劲动力。

3. 完善第二曲线创新的法律风险防控

大型国有企业应构建全面且先进的法律合规体系，以深度融入第二曲线创新的战略蓝图。这不仅要求大型国有企业加强对国际法律法规的深入研究和理解，确保企业在全球市场的每一步都合法合规，还要求大型国有企业着重强化知识产权保护，坚决防范知识产权侵权风险，为第二曲线创新的成果筑起坚固的法律防线。通过这一体系的建立，大型国有企业能够规范自身行为，大幅降低法律风险，从而为第二曲线创新的顺利推进提供坚实的法律支撑。

4. 加强第二曲线创新的运营风险管控

大型国有企业需要不断优化运营管理体系，以提升运营效率并增强市场竞争力，为第二曲线创新注入动力，包括加强供应链管理，确保供应链的坚韧与可靠，有效抵御供应链中断的风险，为第二曲线创新提供稳定的后台支持；同时，深化人力资源管理，着力培养一支具有国际视野和跨文化沟通能力的精英团队，为第二曲线创新提供人才供给。通过这一系列优化措施，大型国有企业能够大幅提升运营效率与市场竞争力，为第二曲线创新的实施提供全方位的有力支持。此外，在国际化进程中推进第二曲线创新时，大型国有企业应积极寻求与当地企业和机构的深度合作与交流，通过资源共享、成本降低、效率提高，共同应对国际市场的风险与挑战。这种合作与交流不仅能促进技术转移和产业升级，还能加速新业务、新模式的蓬勃发展，为第二曲线创新开辟更加广阔的天地。

第九章　大型国有企业第二曲线创新的实践探索

作为一种前瞻性的发展战略，第二曲线创新为大型国有企业开辟了新的发展道路，引领企业向更高质量、更有效率、更加可持续的发展方向迈进。对大型国有企业而言，这一创新实践不仅关乎企业自身的生存与发展，更承载着推动国家经济结构调整、产业升级和高质量发展的历史使命。近年来，一些具有前瞻性和创新精神的大型国有企业，开始探索并在第二曲线创新的实践中取得了显著成效，通过布局新赛道、新技术与新模式等一系列举措，成功打造了新的业务增长点，实现了由传统优势领域向新兴领域的拓展和转型。这些成功的创新实践为大型国有企业自身的发展注入了新的活力。为此，有必要深入剖析大型国有企业在第二曲线创新方面的实践探索，提炼其成功的经验和做法，为相关企业提供有益的参考和启示。在新时代背景下，通过对这些成功案例的深入剖析，期望能够揭示出大型国有企业在第二曲线创新过程中的关键要素，帮助更多国有企业以更加开放的心态和创新的思维，积极应对市场挑战，探索适合自身发展的第二曲线创新路径。

一、中储粮集团：数字化转型开辟第二曲线创新新赛道

自 2000 年成立以来，中国储备粮管理集团有限公司（以下简称“中储粮集团”）便肩负着执行国家粮食储备政策和宏观调控的重任。2016 年，中国储备棉管理总公司的整体并入进一步壮大了中储粮集团的实力。目前，中储粮集团下设分公司 24 家、专业化子公司 12 家，以及直属库和分库 980 余家，已成为全球最大的农产品储备集团，是国家粮食安全保障体系的中流砥柱。

中储粮集团的数字化转型经历了从“信息化”到“智能化”，再到“智慧化”的三个阶段，是其第二曲线创新战略的重要组成部分。在信息化管理

阶段，中储粮集团实现了信息与人、财、物的深度融合，大幅提升了粮棉油业务的操作效率和经营管理水平。进入智能化管理阶段后，中储粮集团对980余家直属库和分库进行了智能化改造，实现了仓储管理的远程实时监控和粮情的即时变化感知。而在智慧化管理阶段，中储粮集团更是利用大数据、人工智能、物联网、5G等前沿技术，推动了“智能管理”向“智慧管理”的跨越，为储粮全过程的监管提供了有力支撑，也为行业的创新与发展树立了典范。

（一）数字化转型：第二曲线创新实践

1. 强化国家宏观调控政策的有效落实

中储粮集团积极践行第二曲线创新战略，推动“互联网+粮食”产业的融合发展。利用大数据技术，中储粮集团能够准确研判市场，持续监控分析国内外主要粮油品种的市场价格和供需状况，及时掌握粮油市场的动态变化。这不仅为国家宏观调控提供了有力支持，也为企业运营执行提供了决策依据。通过建设高效运行的一体化信息管理系统，中储粮集团确保了中央政府储备粮的数量真实、质量良好，能够在国家急需时迅速调拨使用。同时，中储粮集团创新推出了“中储粮网”交易平台，通过“条件专场”“邀标竞价”“购销双向竞价”“基差竞价”等多样化的交易模式，精准服务储备粮油的轮换工作。此外，中储粮集团还通过聚合粮油产业链、供应链，推出“物流服务”交易模式，利用大数据和云计算技术统筹调度社会运输资源，既降低了物流成本，又促进了粮食市场的稳定和产业链循环的畅通。

2. 提升服务售粮农民和用粮企业的水平

中储粮集团深知农民和用粮企业的重要性，因此在第二曲线创新实践中，特别注重提升对他们的服务水平。中储粮集团建设并推广了“一卡通”出入库系统，实现了实时支付农民售粮款，有力保障了农民的利益和中央强农惠农政策的落实。同时，通过“一卡通”系统与业务信息系统、司库管理系统的联动，进一步规范了粮食收购流程，堵塞了管理漏洞。针对农民卖粮和粮企用粮高峰期带来的排队问题，中储粮集团及时开发应用了“惠三农”App综合服务平台，为广大农户和粮食企业提供售粮预约、提货预约、产销对接、物流供需、信息资讯等一站式服务。这一创新举措让售粮农民享受到了移动互联网的便利，实现了数据的快速流通和农民的便捷售粮。截至目前，“惠三农”综合服务平台注册用户已超过 80 万人，预约售粮超过 9000 万吨，成为粮食行业为农服务的典范平台。

3. 优化升级企业精细化管理

中储粮集团积极践行第二曲线创新理念，先后构建了业务管理、协同办公、财务管理、资金管理、人力资源管理、数据共享等 40 余个先进的信息系统，充分利用信息化手段强化管控，实现了人、财、物的系统性、精细化、创新化管理。通过业务管理、政策性粮管理、统计综合分析等信息系统，实现了对粮棉油计划、购销、轮换、仓储、统计等业务环节的全流程监管、精细化运营和第二曲线创新。

同时，中储粮集团实现了集团公司、分（子）公司流程流转的自动化、程序化及创新优化。在财务管理方面，中储粮集团推动了由传统分散型向现代集约型的转变，通过财务集中管理、司库管理等系统，实现了对全系统资金的实时监控、统筹调度和第二曲线创新；此外，还建设了安全生产管理系统，涵盖风险辨识管理、隐患排查治理等八大功能模块，有效解决了安全生产中的信息不对称、激励约束不对称、管理权责不对称等问题，为企业的安全稳定发展提供了有力保障。在法治建设方面，中储粮集团打造了法治中储粮数字化管理系统，包括法律事务、合规管理、全面风险、内控体系建设、法治队伍等五大模块，助推“法治中储粮”建设的深入发展。在人力资源管理方面，中储粮集团通过建设人力资源系统，实现了对全系统人力资源的统一管理、优化配置和创新发展，促进了企业人力资源管理的集中化、规范化和第二曲线创新。

4. 引领粮食仓储行业绿色转型升级

中储粮集团坚持数字化、绿色化协同转型发展的战略导向，积极推进产业数字化与绿色化的深度融合，探索用数字技术、绿色技术改造提升传统产业的新路径，实现用数字技术赋能绿色转型和第二曲线创新。中储粮集团强化了创新发展的顶层设计，积极组建科创联合体，打造技术创新平台，探索出一条藏粮于技、创新驱动的科技创新之路。在绿色储粮技术应用方面，中储粮集团重点应用了内环流控温储粮、智能氮气储粮、空调控温储粮等新技术，有效保障了库存粮食的质量良好、储存安全。其中，内环流控温储粮技术是中储粮集团的原创性、标志性成果之一，技术应用达到国际领先水平。氮气气调技术则代表了储粮技术的最新发展趋势，被誉为“粮食储藏的一次技术革命”，它实现了粮食储藏环节的绿色无污染，同时保障了仓储保管人员的职业健康。目前，中储粮集团已形成了北方地区以低温和准低温储粮为主、南方地区以控温和气调储粮为主的技术体系，绿色储粮技术覆盖率高达 98%，中央战略储备粮宜存率均在 98%以上，综合损耗率控制在 1%左右。这些成就不仅彰显了中储粮集团在粮食仓储行业的领先地位，更为行业的绿色转型升级和第二曲线创新提供了有力支撑。

5. 深入实施“技防技控”项目

中储粮集团秉持前瞻性的战略眼光，深入实施“技防技控”项目，以“六统一”（统一规划、统一标准、统一设计、统一管理、统一实施和统一运维）管理模式为核心，全面推动数字化转型。全系统共部署光纤网络超过 400 万米，接入粮温传感器 430 余万个，安装高清摄像头 8 万余个，并对 1270 余套地磅系统进行了智能化改造。同时，配套建设了粮情监测、数量监测、智能出入库、智能通风、智能气调等五大信息化系统，实现了 980 余家直属库和分库的智能监管全覆盖，构建了粮食行业内规模最大的“物联网”，成功打造“智能化粮库”。

在此基础上，中储粮集团持续优化提升库外储粮智慧监管平台，有效联通了 5000 余家租仓和委托库点的数据，确保中央事权粮食无论储存在哪里，智慧监管系统都能实现无缝覆盖。这一举措不仅彰显了中储粮集团在技术创新方面的领先地位，更为行业的数字化发展树立了新的标杆。

中储粮集团采用“物联网+人工智能”的先进理念，创新性地应用大数据和人工智能算法，实现了自动扦样、检验、检斤等全流程的自助办理和可视监测。系统自动分析判断并进行风险预警，显著强化了智能储粮、在线监控和风险预警三大功能。同时，中储粮集团建设了粮食安全卫士系统，从数量、质量、安全等多个维度对库存粮食进行全方位的分析评测，实现了对全库区的粮食健康诊断与精准预测。通过实施数字化转型升级，中储粮集团不仅实现了地域分散、空间隔离的众多粮库的互联互通，还构建了“总部—分（子）公司—直属库”三级架构的全方位实时监管体系。这一体系的建立使中储粮集团垂直管理体系的穿透力得到有效增强，全国布局、全网协同的体系优势进一步彰显，服务保障国家粮食宏观调控的能力也持续增强。

最终，该项目凭借其卓越的创新性和实践成果，荣获了国务院国资委国资监管数字化、智能化提升专项行动的“优秀”等次。这一荣誉不仅是对中储粮集团第二曲线创新实践的肯定，更是对未来持续推动数字化转型、引领行业发展的鼓舞和鞭策。

第一，自主攻关，开创第二曲线创新，研发智能扦检设备。粮食收购智能扦检平台作为国内粮食行业首个“机器人技术+模块化”智能化集成设备的里程碑，彰显了“全粮种覆盖”“全国产化”“高度易拓展”的三大核心优势，并集成了智能扦样、样品自动流转、智能检测、数据汇集四大前沿功能。自 2022 年起，中储粮集团瞄准智能化、无人化的未来趋势，积极投身于粮食收购智能扦检平台的研发，历经三次迭代升级，该平台已成功实现稻谷、小麦、大豆、玉米四大粮种收购环节的自动扦样及所有质量指标的全流程无人化检验。这一突破性进展不仅颠覆了传统粮食行业收购扦检环节智能化、自动化程度低的旧有格局，更引领了粮食收购入库扦检模式的新变革。粮食检验效率因此提升至 60%，同时实现了粮食收购入库定等定级的无人为干预，从源头上根除了“抬级抬价”“压级压价”“以次充好”等不良现象，确保了公平、公正、高效的目标达成。智能扦检一体化设备的集成研发与应用，不仅大幅提升了工作效率，还有效节约了人工成本，推动了降本增效的第二曲线创新实践。

第二，改造升级，打造第二曲线创新，建成智能出入库系统。以智能“一卡通”为纽带，对粮食出入库系统进行了全面改造升级，实现了从入门登记到自动结算的全流程智慧化管理，粮食收储效率得到了显著提升。该系统全面实现了全流程无人自助作业，集成了自助登记终端、高频智能扦样机、自助检化验一体机、自助计量终端等一系列尖端设备，作业过程中的数据实现了自动采集，极大地减少了人为干预。同时，该系统实现了业务全流程的可追溯性，对登记、检验、结算等各个环节的数据进行自动留痕，各环节的视频、图片、业务数据紧密相连，可通过车牌号、单据编号轻松追溯全流程，查看每笔单据的粮食、称重、检验等出入库信息，真正实现了“生产有记录、流向可追踪、质量可追溯、责任可界定”。此外，该系统还具备购销监管风险预警功能，通过对视频、图片等数据进行深度对比分析，能够及时发现购销过程中的重量异常、又购又销、车卡不一、套牌等多种违规行为，并可迅速终止作业，有效遏制了“转圈粮”情况的发生。出入库系统的运用使部分生产作业环节解放了人力，减少了岗位设置和用工职数，降低了人工成本，实现了工作效率的显著提升，进一步推动了第二曲线创新的深入发展。

第三，开拓第二曲线创新，重塑智慧监管平台。致力于构建风险早发现、早预警、早处理的闭环防控新体系，推动监管模式由传统的“靠人找问题”向先进的“问题主动找人”转变，实现了人工智能识别与预警的深度融合。通过综合运用大数据分析、人工智能等前沿技术，紧密围绕粮食的“购、销、调、存”核心业务环节，精心打造单仓档案与数据模型。借助人工智能手段，对业务数据、物联网数据及视频图像进行深度融合分析，创新开发了涵盖粮食数量、粮食质量、人车行为、安全生产及购销业务监管五大类共计 25 种预警算法，实现了对全库区粮食健康的全面诊断与精准预测。

在此基础上，中储粮集团建立了风险闭环管理机制，实现了事前、事中、事后风险处置情况的全流程跟踪，有效解决了风险监管中人手不足、监管死角及风险提前识别难等痛点问题，进一步夯实了储备安全的根基。同时，中储粮集团注重人员素质的提升，通过搭建 3D 立体可视化粮库与智慧监管平台，推出掌上粮仓 App，实现了对异常情况的即时风险预警。这一创新举措将整库巡检从原先每天一次的人工作业升级为全天 24 小时的智能巡检，不仅大幅提升了粮食保管能力，更彻底颠覆了传统粮食行业的工作模式，使仓储保管员逐步成长为具备更高综合素质的复合型人才。

6. 深化数据治理，塑造数字新生态

中储粮集团加速推进“上云用数赋智”行动，倾力建设大数据中心，推动数字化与企业业务链的协同创新与深度融合，以数据为驱动赋能企业管理升级。积极拥抱云网融合的新型信息化基础设施，构筑起自主可控的“数字化”底座。借助云计算、物联网、边缘计算及人工智能等尖端技术，中储粮集团构建了新一代数字技术基础设施，并基于云原生、容器化、分布式及微服务架构，精心打造了企业数字化能力平台。

此外，中储粮集团持续深化云平台应用，精心构建了“1+N+M”国资央企混合云体系，并部署了统一运管平台，实现了多云资源的集中管理。这一创新举措在集团范围内实现了云资源的合理分配与高效调度，显著提升了云平台的基础服务能力，为中储粮集团的数字化转型与数字新生态的构建奠定了坚实基础。

第一，践行第二曲线创新，深化数据分类定级，构筑数据质量体系基石。依据中储粮集团业务特性，细致地对数据进行分类，构建了统一、精确且完备的数据架构，实现了数据的集中化、专业化、标准化管理新高度。围绕国资监管、粮食购销监管及企业管理需求，遵循规则将数据存入数据库，并提炼为数据模型，打造出详尽的数据采集指标库；同时，积极建立健全数据质量体系，制定严格的数据质量管理规范，清晰界定数据采集、汇聚存储、共享使用、开发利用等环节的安全管理标准。在此基础上，实施高效的数据质量监控机制，迅速识别数据的完整性、一致性、准确性等问题，并提供精准的错误数据定位功能，确保数据质量的全生命周期得到有效管理，推动第二曲线创新在数据治理领域的深入实践。

第二，加速第二曲线创新步伐，提升数据共享开放水平，促进数据汇聚融合新生态。全面整合企业内部经营数据、外部涉粮数据、国家部委数据及物联网感知数据，构建起目录明晰、规范统一的大数据中心，强化了中储粮集团各级单位、各部门间的业务数据共享，有效消除信息孤岛现象，显著提升数据治理能力，优化运营关键指标的监管效率。精心编目主要业务数据资源，形成涵盖仓储、统计、购销等九大类近800项业务数据指标的目录体系，构建起标准统一、动态更新、有序开放的中储粮数据资源新生态，为第二曲线创新提供坚实的数据支撑。

第三，拓展第二曲线创新应用，强化专业化数据服务能力，拓宽数据应用场景边界。依托数据共享平台和在线监测平台，汇聚各系统业务数据，对重点业务指标进行多维度综合分析，对重大任务落实、业务监管和风险防范等情况实施全面监测，构建起全面、透明的管理视图。全力打造中储粮集团

"智慧大脑"，围绕经营和管控核心，运用数据仓库、在线分析、数据挖掘等先进技术，实现辅助决策分析的新飞跃。深入挖掘数据价值，构建覆盖全业务场景的主题数据模型库，开发出储备管理、购销分析、客户分析、业务诊断、监测预警等一系列智慧业务测算模型，为综合分析、趋势研判、成果共享、风险防范等提供强有力的数据支撑，有效管控运营风险，提升服务宏观调控效能，为保障国家粮食安全贡献第二曲线创新的力量。

（二）突破第二曲线创新，深化数字化转型的关键挑战

1. 受管理对象特殊性制约，数字化投资短期经济效益难以显现

中储粮集团管理的农产品，如粮食、棉花、食用油等，其特殊性在于标准化程度低，物理属性复杂，保管核心在于品质保持而非自然增值。作为产业链中游的关键环节，中储粮集团需兼顾上游农民的利益保护与下游民众的食品安全，导致粮食储备与流通环节附加值有限。数字化项目投资大，效益评估时往往侧重投入产出比，而中储粮集团的数字化项目更多展现为社会与公益价值，短期内经济效益难以显现，成为第二曲线创新路上的首要难题。

2. 调控政策动态变化，信息化建设的策略调整挑战

中储粮集团肩负国家宏观调控重任，管理物资归属中央，运营遵循国家计划性指令。宏观调控政策受国内外复杂经济环境与市场行情影响，呈相机调控特性，其不确定性给信息化规划与实施带来策略调整的挑战。加之信息系统长期运维与适时改造需求，要求持续的数字化建设投入，对以公益为重的中储粮集团而言，如何在政策波动中保持信息化建设的稳定性与前瞻性，成为第二曲线创新路径上的又一考验。

3. 数字化转型的人才与理念瓶颈

在传统管理模式的影响下，粮食行业思想解放与观念更新尚不能完全适应数字时代的发展要求。数字化转型不仅是技术层面的革新，更是企业经营战略、治理体系、组织文化、生产方式及运营模式的全面重塑。当前，粮食行业面临数字化专业人才短缺与管理理念滞后的问题，特别是在基层企业更为凸显，要想突破这一瓶颈，就需要加强人才培育，引进先进管理理念，将

数字化转型视为推动企业跨越第二曲线、实现可持续发展的关键驱动力，不断在实践中探索与提升。

（三）数字化转型的体会与第二曲线创新建议

1. 关于第二曲线创新实践

强化顶层设计，奠定第二曲线创新基石。中储粮集团党组深刻认识到，加强顶层设计是企业数字化转型与第二曲线创新的根本所在。中储粮集团持续巩固企业科技创新的主体地位，推动现代化产业体系的构建，全面提升“技防技控”能力，引领粮食行业数字化转型升级的新浪潮。通过制定清晰明确的数字化发展战略，中储粮集团结合制度化、流程化、精细化和标准化管理要求，在信息系统中固化了管理制度、业务流程和标准规范，实现了信息化与业务的深度融合，为第二曲线创新提供了坚实的支撑。中储粮集团还发布了《信息化标准管理办法》《信息化标准体系》等制度文件，并申报了多项国家行业（团体）标准，为粮食仓储企业的数字化转型提供了有益的借鉴。

坚持统一模式，确保第二曲线创新质量。在数字化转型过程中，中储粮集团始终坚持“六统一”策略，确保数字化项目的建设进度和总体质量达到行业领先水平。中储粮集团统一规划技术方案、建设思路、推进方法，制定企业信息化建设标准，设计重要信息系统的建设方案，管理重大信息化建设项目，实施招标选定团队，并统一运维管理平台，对运维厂商进行严格的监督管理；通过成立信息化建设领导小组、工作专班及专项工作组，建立健全定期调度、现场协调、监督检查、评审验收等推进机制，确保项目建设高质量、高效率推进，为第二曲线创新提供了有力的保障。

深化应用实践，推动第二曲线创新落地。中储粮集团高度重视数字化应用工作，建立健全应用管理制度，坚持边建设、边应用的原则。中储粮集团甄选北京顺义和八达岭两家直属库作为试点单位，通过在实践中不断发现问题、解决问题，推动“智慧粮库”的持续完善与升级；坚持创新引领驱动，引进国内顶尖信息化企业，建立技术适配实验室，联合开展重大技术攻关，形成了“新库一步到位”“老库迭代升级”两种建设模式，为改革全面推行提供了可复制、可推广的样板。其中，北京顺义直属库的“智慧粮库”项目荣获首届大型国有企业数字场景创新一等奖，充分展示了第二曲线创新的成果与实力。

聚焦数据整合，激发第二曲线创新潜能。强化数据整合利用是激活数据要素潜能、优化资源配置、赋能企业发展的关键所在。中储粮集团经过多年的“智慧粮库”建设实践，积累了大量的数据资源。中储粮集团不断丰富数据归集渠道，提高数据采集质量，提升多元化数据采集能力，加大数据整合共享应用力度；着力加强数据治理，统一数据标准和管理规范，制定多项企业制度，提升数据质量，通过对数据资源的整合、分析和应用，最大限度发挥了数据资源的价值，有力支持了轮换购销、仓储保管、风险监管、提质增效等工作，为第二曲线创新注入了强大的动力。

2. 展望与建议：开拓第二曲线创新，引领粮食行业转型升级

积极培育和发展粮食行业新质生产力，面对国内外新兴技术的不断涌现，粮食行业尚需更多专门性、突破性的技术创新。中储粮集团应深入贯彻创新驱动战略，因地制宜地推动粮食行业新质生产力的成长，全面加速科技创新与产业创新的融合，引领粮食仓储行业向自动化、数字化、绿色化、现代化的第二曲线转型。通过数字化转型升级，中储粮集团将强化数据的全面感知、自动预判、自主决策与自我演进能力，助力企业实现智慧仓储、智慧协同、智慧监管、智慧经营与智慧决策的全新模式。针对粮食购销和储备管理中的共性难题，中储粮集团应加大研发力度，探索人工智能“大模型”在预警分析中的应用，解决粮食出入仓作业的“自动化替代人”难题，推广绿色储粮技术，以及利用区块链技术实现溯源等；参照工业 4.0 和智能制造的高标准，突破关键核心技术，利用人工智能对传统设备进行升级改造，特别是在出入仓、熏蒸等高强度、高危险作业中减少人工依赖，从而打造出符合工业级标准的“智慧粮库”，开启粮食仓储的新篇章。

持续优化和完善监管功能，加快建设自主可控的信息化基础设施，打造迭代更新、有序开放的大数据算法平台和模型库。加强国家平台与中储粮集团平台在模型算法、知识图谱、智能应用等方面的共享，借助“3D 可视化”“虚拟现实”“工业互联网”等先进技术，实现动态监测、智能监测和实时在线指挥调度，全面覆盖粮食购销领域的数字化监管。强化数据和视频的综合分析预警能力，不断提升穿透式监管水平，为粮食行业的稳健发展提供坚实

保障。

持续加大对粮食行业数字化转型的投入，作为传统行业，粮食行业信息化水平仍有待提升。粮食安全关乎国家大局，粮食稳定是社会稳定、民心安定的基石。因此，建议国家有关部门继续高度重视粮食行业的数字化转型，鉴于粮食行业低附加值和公益性的特点，通过多种方式加大对粮食企业数字化转型的投入，共同推动行业数字化、智能化水平的提升，为粮食行业的未来发展注入强劲动力。

构建全产业链数字化转型升级的协同创新机制，应以龙头企业为引领，联合粮食行业产业链、供应链的上下游企业、科研院所，共同建设涵盖全产业链、供应链的协同创新平台，形成产学研用深度融合的良性循环。推动攻克"卡脖子"技术难题，提高核心技术的国产化比例，确保产业链、供应链的安全稳定。同时，构建充满活力与创新力的生态产业链，以国家级产业基金为纽带，强化产业链资本的联动效应，构建自主可控、安全可靠的生产供应体系，进一步夯实并提升产业链、供应链的韧性，为粮食行业的可持续发展奠定坚实的基础。

二、中国石化：以国际化战略开辟第二曲线创新蓝海

在全球经济一体化日益加深的今天，企业的国际化战略已成为驱动业务飞跃与转型升级的核心引擎。作为中国能源版图上的领航者，中国石化凭借国际化战略成功开辟了一条通往第二曲线创新的崭新航道。

近年来，全球能源市场风云变幻，传统石油化工行业正面临着前所未有的转型挑战。一方面，国内市场需求持续攀升，对石化产品和服务的品质与多样性提出了更为严苛的要求；另一方面，国际舞台竞争白热化，跨国石油公司纷纷借助技术创新与业务版图扩张，探寻新的增长极。在此背景下，中国石化亟须发掘新的增长引擎，以支撑其可持续发展之路。作为一家肩负国家能源安全重任与社会经济发展使命的大型国有企业，中国石化在辉煌的发展历程中，也遭遇了资源瓶颈、环境约束、成本压力等多重挑战。面对这些难题，中国石化深知唯有通过创新方能突破发展困境，实现转型升级的华丽蜕变。

第二曲线创新为中国石化的前行指明了方向，企业成长有其固有的生命周期与规律，当步入成熟期后，唯有探索新的增长点方能延续辉煌。作为国内石油化工行业的佼佼者，中国石化已跨越快速发展的成长期，步入了稳健的成熟期。为了继续引领行业潮流，实现可持续发展，中国石化毅然踏上了第二曲线创新的征途。通过国际化战略，中国石化不仅在全球能源市场中占据了有利地位，更在国际合作与技术交流中汲取了创新灵感，为企业的转型升级注入了源源不断的活力。中国石化正以国际化战略为引领，以前所未有的决心与勇气，开辟着第二曲线创新的广阔蓝海，书写着中国能源行业的新篇章。

（一）中国石化国际化战略驱动第二曲线创新的主要阶段

中国石化作为中国能源行业的领航者，其国际化战略的演进历程鲜明地体现了从“走出去”到“走进去”，再到“走上去”的三大跨越，这一历程不仅彰显了中国石化在全球市场中的积极探索精神，更深刻映射出中国石化在企业第二曲线创新领域的国际化战略部署与实践智慧。

1.“走出去”阶段：初探国际蓝海，奠定全球化基石

20 世纪 90 年代末至 21 世纪初，随着经济全球化浪潮的汹涌澎湃和中国加入 WTO 的历史性时刻，国际国内市场竞争的白热化态势越发明显。面对国际石油石化市场的广阔天地与国内市场的资源瓶颈，中国石化毅然踏上了“走出去”的征途，旨在开辟国际新战场，实现业务的全球化布局。在这一阶段，中国石化采取了一系列创新举措，为企业第二曲线的拓展奠定了坚实基础。

海外机构布局。中国石化在新加坡、美国等全球关键区域设立了境外常驻办事机构，这些机构在组织架构、人员配置及职责界定上持续优化，成为中国石化国际化征程中的坚实后盾。

国际油气勘探开发。凭借上中下游一体化的综合优势，中国石化敏锐捕捉到国际石油工程市场的动态变化，通过成功并购 Addax 公司、Talisman 特立尼达和多巴哥资产等海外项目，不仅获得了丰富的油气资源储备，更积累了宝贵的国际油气勘探开发经验，为企业第二曲线的开拓提供了丰富资源。

国际炼化工程推进。中国石化秉持“四统一”原则，全力开拓境外炼化工程市场，通过签订一系列大型炼化工程合同，迅速在国际炼化工程承包领

域崭露头角，形成了梯次化、滚动式的市场开发模式，为企业第二曲线的成长注入了强劲动力。

国际贸易与合资合作。中国石化充分发挥国内外一体化采购优势，拓展全球资源渠道，原油进口贸易实现多元化战略，同时稳步推进化工产品、炼化产品及设备材料的进出口贸易，通过大型合资合作项目的改扩建，如扬巴、赛科等，中国石化不仅扩大了经营规模，更优化了石化产业结构，为企业第二曲线的多元化发展奠定了坚实基础。

尤为值得一提的是，在“走出去”阶段，中国石化并未止步于传统业务的国际化拓展，而是积极寻求第二曲线的创新突破。一方面，通过深化国际油气勘探开发和炼化工程项目的推进，中国石化构建了油气勘探开发、炼油化工、销售贸易等多元化业务体系；另一方面，中国石化更是前瞻性地布局新能源、新材料等新兴产业领域，如太阳能、风能等可再生能源项目，以及氢能等清洁能源的研发，通过与国际顶尖企业的深度合作，中国石化在新能源领域取得了显著成就，为企业转型升级和可持续发展开辟了广阔空间，真正实现了从“走出去”到“走进去”，再到“走上去”的华丽蜕变，开启了企业第二曲线创新的新篇章。

2. *“走进去”深化阶段：以第二曲线创新引领国际合作与国际竞争力跃升*

历经“走出去”战略的初步探索，中国石化在国际舞台上初露锋芒，但仍需直面国际石油石化市场日益加剧的竞争态势及复杂多变的国际政治经济形势。在此背景下，中国石化审时度势，提出了“走进去”深化战略，旨在通过第二曲线创新，深化国际合作，实现国际竞争力的全面跃升。在“走进去”深化阶段，中国石化聚焦以下四大核心举措，以第二曲线创新为引擎，推动国际合作迈向新高度。

第一，深化与国际巨头的战略协同。中国石化主动牵手国际石油石化领域的领军企业，通过合资合作、资源共享等模式，共同开发油气资源、打造炼化项目、拓宽销售网络渠道。这一系列合作不仅显著增强了中国石化的国际竞争力，更引入了前沿的技术和管理智慧，为第二曲线创新注入活力。

第二，构建境外加工基地，优化全球资源配置。中国石化充分利用全球石化加工能力的过剩与市场结构的互补性，精心布局境外加工基地。这些基地灵活应对各国市场需求，实现产品的多流向、多渠道分销，不仅优化了资源配置，更在激烈的市场竞争中展现了第二曲线创新的独特魅力。

第三，强化国际贸易与风险管理，稳固第二曲线创新基石。中国石化在国际贸易中充分发挥国内外一体化采购优势，通过多元化战略和资源获取能力的提升，进一步增强了市场运作能力和综合贸易实力。同时，中国石化不断完善国际贸易风险管理机制，为第二曲线创新提供了坚实的保障。

第四，推动海外机构转型升级，加快第二曲线创新步伐。中国石化积极推动海外机构的资源整合与业务拓展，通过优化布局、提升效率、强化跨文化管理，打造了一支具有国际化运营能力的海外团队。这一系列举措不仅提升了海外机构的运营效率和服务水平，更为第二曲线创新在全球范围内的落地生根提供了有力支撑。

在“走进去”深化阶段，中国石化持续深化第二曲线创新的探索与实践。一方面，中国石化加大在新能源、新材料等新兴产业领域的投入力度，推动企业的转型升级与可持续发展；另一方面，中国石化积极探索数字化转型和智能化发展的新路径，通过数字化工厂建设、大数据应用等举措，实现了生产过程的自动化、智能化和可视化，不仅提高了生产效率和产品质量，更降低了生产成本和安全风险。同时，中国石化利用数据分析与预测能力，为企业的战略决策提供了有力支持，展现了第二曲线创新在推动企业高质量发展中的关键作用。

3.“走上去”阶段：塑造全球领军企业，引领第二曲线创新的高质量飞跃

历经“走出去”与“走进去”阶段的深厚积淀，中国石化在国际舞台上取得了斐然成就，国际竞争力实现了质的飞跃。然而，面对全球能源市场的深刻转型与国内外市场的白热化竞争，中国石化毅然决然地迈入了“走上去”的新征程，旨在打造全球领先的能源企业典范，引领第二曲线创新的高质量飞跃。在此阶段，中国石化主要采取了以下创新举措。

第一，推动国际化经营战略的全面升级。中国石化积极响应习近平总书记提出的“四个革命、一个合作”能源安全新战略、“一带一路”倡议及“更高水平的对外开放”等战略导向。通过国际化经营战略的全面升级，中国石化成功构建了上中下游业务协同并进、投资贸易工程深度融合、国内国际

双循环相互促进的新发展格局，为企业的全球竞争力提供了动力基础。

第二，深化国际合作与资源的高效整合。中国石化充分利用境内外市场的丰富资源与广阔空间，坚定不移地推进高质量发展。通过与全球顶尖企业的深度合作与资源整合，中国石化在油气勘探开发、炼油化工、销售贸易等传统领域取得了显著成就。同时，中国石化更以前瞻性的战略眼光积极布局新能源、新材料等新兴产业领域，通过第二曲线的探索与实践，为企业的可持续发展注入了活力。

第三，加快数字化转型与智能化发展的步伐。中国石化持续深化数字化转型与智能化发展的探索与实践，通过数字化技术的广泛应用与智能化水平的显著提升，实现了生产过程的全面自动化、智能化与可视化；同时，中国石化积极探索大数据、云计算等前沿技术在企业管理中的创新应用，通过数据分析与预测能力的跃升，为企业的科学决策提供了坚实支撑。这些举措不仅大幅提升了生产效率与产品质量，更实现了生产成本与安全风险的双重降低。

第四，强化品牌建设与市场营销的创新升级。中国石化高度重视品牌建设与市场营销工作，通过加大品牌宣传与推广力度，显著提升了品牌的知名度与美誉度。同时，中国石化不断优化市场营销策略与渠道布局，通过对新零售、电子商务等新型营销模式的积极探索与实践，为企业的市场拓展开辟了全新路径。

在“走上去”阶段，中国石化将第二曲线探索与实践推向了新的高度。一方面，中国石化持续加大在新能源、新材料等新兴产业领域的投入力度，通过氢能产业的积极布局与对太阳能、风能等可再生能源项目的深入探索，推动企业的转型升级与高质量发展；另一方面，中国石化积极探索新业务与新模式的创新路径与商业模式变革。在数字化转型与智能化发展的浪潮中，中国石化通过建设智慧加油站、推广电子商务等创新举措，不仅提升了企业的服务品质与市场竞争力，更为企业的高质量发展提供了源源不断的创新活力与增长动力。

（二）国际化战略驱动第二曲线创新的具体举措

1. 前瞻性战略布局：引领第二曲线创新的航向

中国石化致力于国际化市场的深度探索与前瞻性战略布局，通过详尽的市场调研与精准的策略规划，引领第二曲线创新的航向。中国石化组建精英团队，对海外市场展开全面而深入的调研，涵盖市场需求、竞争格局、政策法规及文化习俗等多维度信息，确保精准捕捉市场动态与趋势；调研手段多样，包括实地考察、详尽问卷调查及高端专家访谈，积累了海量市场数据与洞察，为后续精准市场定位与业务布局奠定了坚实基础。

中国石化构建了市场调研的长效机制，确保能持续追踪与分析海外市场动态，及时调整市场策略，保持市场敏感度与灵活性。通过一系列深入的市场探索，中国石化不仅明确了海外市场的拓展重点与方向，更为制定差异化、精准化的市场策略提供了科学依据，驱动第二曲线创新的持续深化。在战略布局层面，中国石化基于详尽的市场调研，精心规划国际化战略的整体蓝图与实施路径。中国石化依据海外市场的独特性与需求，精准定位重点业务领域与市场区域，确保战略部署的针对性与有效性。同时，中国石化积极加强与国际顶尖企业和科研机构的深度合作，构建技术创新与产品研发的全球网络，为第二曲线创新提供源源不断的智力支持与技术储备。

为确保战略布局的高效实施，中国石化构建了科学的组织架构与管理体系，明确各部门职责与分工，形成协同作战的强大合力。中国石化通过并购、合资等资本运作手段，整合国内外优质资产，实现资源的优化配置与高效整合，如成功收购某国际知名石油公司股权，实现了资源共享、优势互补的战略目标。此外，中国石化深化与国内外供应商的战略合作，优化资源配置与供应链管理，为第二曲线创新的稳健推进提供坚实的供应链支撑。

2. 全球市场拓展：构建第二曲线创新的基础支撑

中国石化凭借设立海外分支机构、并购海外企业等前瞻性战略，成功跨越国界，深入多个海外市场，并逐步构建以第二曲线创新为核心的多元化业务版图。在市场拓展上，中国石化不仅在传统石油化工领域稳扎稳打，更在新能源、新材料等前沿领域大展拳脚，以丰富的产品矩阵和创新服务精准对接全球市场需求。通过海外分支机构的设立与国际展会的积极参与，中国石化展示了其最新的技术成果与产品亮点，有效推广了品牌形象与产品价值；同时，中国石化搭建与当地政府和企业的合作桥梁，为市场拓展铺设了坚实的基石。这一系列市场拓展举措，不仅吸引了众多潜在客户与合作伙伴的目光，更成功助力中国石化在多个海外市场站稳脚跟，构建起稳固的客户关系与市场渠道。为进一步巩固与拓展海外市场，中国石化与当地经销商和代理商携手并进，共同编织出一张覆盖广泛、稳定可靠的销售网络。

在业务布局方面，中国石化在稳固传统石油化工业务的同时，积极拥抱新能源、新材料等新兴领域，以第二曲线创新为驱动，推动业务结构的优化与升级。通过并购海外企业、设立研发中心等关键举措，中国石化在新兴业务领域加大了布局与投入力度。此外，中国石化还积极寻求与国际知名企业和科研机构的深度合作，共同探索新技术、新产品的广阔天地。这一系列业务布局的调整与优化，不仅展现了中国石化由传统石油化工业务向多元化业务转型的决心与行动，更彰显了其在第二曲线创新道路上的坚定步伐。

在国际合作与交流的舞台上，中国石化与国际知名企业并肩作战，共同研发出多项具有行业影响力的新技术与新产品，有力推动了产业升级与转型的步伐；同时，中国石化积极参与国际石油和化工组织的各项活动与技术交流会议，不断加强与国际同行的沟通与协作，共同开创行业发展的新篇章。

3. 全球创新与品牌建设：驱动第二曲线创新的核心引擎

中国石化致力于通过加大研发投入、引进尖端技术等方式，全面提升自身的技术实力与创新能力，并以此为核心驱动力引领第二曲线创新。同时，中国石化高度重视品牌建设与市场推广，力求在国际市场中树立卓越的品牌形象与影响力。此阶段采取了以下关键举措。

技术创新引领第二曲线。中国石化在海外战略性地设立了多个研发中心与实验室，深化与国际顶尖企业和科研机构的合作与交流，共同探索技术前沿；大幅增加了研发投入，引进了一批世界领先的技术和设备，通过持续的技术创新与研发攻关，在新能源、新材料等前沿领域取得了突破性成果。这些创新成果不仅显著提升了中国石化的技术实力与创新能力，更为中国石化的业务拓展与市场开拓铺设了坚实的基石。为确保技术创新的持续性与高效性，中国石化建立了完善的激励机制与考核体系，激发了员工参与技术创新与研发的热情和创造力。

品牌建设强化国际影响力。在品牌建设方面，中国石化通过一系列国际化营销策略与品牌推广活动，显著提升了品牌知名度与国际影响力。中国石化在海外市场精心策划并举办了多场品牌宣传活动与技术交流会，充分展示了中国石化的技术实力与产品优势，积极参与国际知名展会与技术论坛，向全球业界分享创新成果与行业经验。同时，中国石化深化与国际知名企业和科研机构的合作，共同提升品牌在国际市场的认知度与影响力。为了塑造更加鲜明的品牌形象，提升市场口碑，中国石化加大了品牌宣传与推广力度，通过创意广告、公关活动等多元化手段，进一步提升了品牌的知名度与美誉度。中国石化始终坚持以客户为中心，不断提升产品与服务品质，赢得了国内外客户的广泛认可与信赖。通过一系列品牌建设与市场推广举措，中国石化成功树立了国际化、专业化的品牌形象，赢得了良好的市场口碑。

全球化运营体系的构建。中国石化构建了全球化的运营体系，实现了国内外市场的无缝衔接与高效协同。中国石化加强与国际知名石油和化工企业的战略合作，共同推动全球供应链与价值链的整合及优化，提升运营效率与市场竞争力。同时，中国石化积极拓展与国际金融机构的合作，拓宽融资渠道，强化风险管理能力，为公司的全球化战略提供坚实的金融支撑。通过这些举措，中国石化不仅巩固了在全球能源市场的领先地位，更为公司的可持续发展与第二曲线创新奠定了坚实基础。

（三）国际化战略驱动第二曲线创新的关键因素

1. 战略定位与规划

在国际化战略的蓝图中，战略定位与规划扮演着引领第二曲线创新的关键角色。中国石化精准把握自身在全球能源版图中的定位，明确发展方向，精心绘制市场拓展与业务发展的宏伟蓝图。这一战略规划不仅确保了中国石化国际化业务的精准发力，还避免了盲目扩张导致的资源浪费，更为第二曲线创新指明了前进的道路。

2. 技术创新与研发

技术创新与研发是中国石化国际化战略中驱动第二曲线创新的重要动力。中国石化不断加大技术创新与研发投入，力求在关键核心技术上取得突破，推动产品创新，提升产品附加值与市场竞争力。通过技术创新与研发的持续驱动，中国石化正加速向新能源、新材料等前沿领域迈进，为第二曲线创新注入源源不断的活力。

3. 国际化人才队伍建设

国际化人才队伍建设是中国石化国际化战略中构建第二曲线创新智力支撑的重要一环。中国石化致力于培养一支具备国际化视野、跨文化沟通能力的人才队伍，为国际化业务的快速发展提供坚实的人才保障。这支人才队伍不仅是中国石化适应国际市场变化、应对国际竞争的利器，更是推动第二曲线创新、引领企业转型升级的中坚力量。

4. 风险管理与合规经营

风险管理与合规经营是中国石化国际化战略中确保第二曲线创新稳健前行的关键环节。中国石化建立健全风险管理和合规经营体系，有效识别和应对各种风险与挑战，为国际化业务的稳健发展保驾护航。在风险管理与合规经营的坚实支撑下，中国石化得以在全球化浪潮中乘风破浪，稳健推进第二曲线创新战略，开创国际化业务新局面。

（四）第二曲线创新：新业务、新模式与国际化战略的深度融合

1. 第二曲线创新的深度展现

依托国际化战略，中国石化成功开辟了第二曲线创新。在战略引领下，中国石化积极拓展海外市场，拓宽业务领域，实现了业务结构的全面优化与升级。同时，中国石化高度重视技术创新与研发投入，致力于关键核心技术的突破与产品创新，推动了由传统石油化工业务向新能源、新材料等多元化业务的华丽转身，完美诠释了第二曲线创新的深刻内涵。

2. 新业务的蓬勃兴起

在国际化战略的推动下，中国石化积极探索并拓展新业务领域，特别是在新能源领域，加大了投入力度，成功开发了一系列具有市场竞争力的新能源产品和技术。此外，中国石化还拓展了新材料、化工品等多元化业务领域，进一步丰富了产品线和服务内容。这些新业务的兴起不仅为中国石化注入了新的增长动力，还提升了中国石化的市场竞争力和品牌影响力，更为第二曲线创新注入了强劲活力。

3. 新模式的创新实践

在国际化战略中，中国石化勇于探索并实践新模式，通过与国际知名企业的深入合作与交流，推动了全球供应链和价值链的整合与优化，实现了资源的高效配置与利用。同时，中国石化加强与国际金融机构的紧密合作，拓宽了融资渠道，提升了风险管理能力。这些新模式的实践不仅为中国石化提供了更加灵活、高效的运营方式，更为中国石化带来了更多的合作机会与共赢效益，为第二曲线创新提供了有力支撑。

展望未来，中国石化将继续秉承国际化战略引领第二曲线创新的发展理念，深化与国际知名企业和科研机构的合作与交流，推动技术创新与产品研发的持续升级。同时，中国石化将积极探索更多新模式和新业务领域，进一步拓展海外市场和业务范围。通过不懈努力与创新实践，中国石化将为实现更高质量、可持续的发展目标而奋勇前行，不断开创第二曲线创新的新征程。

三、中国中车：跨界融合实现第二曲线创新生态构建

在全球经济一体化加速推进与科技迅猛发展的时代背景下，企业正置身于前所未有的挑战与机遇并存的复杂环境中。市场环境的瞬息万变导致传统单一业务模式难以满足企业的长远发展需求，探索新兴增长点、实现业务多元化已成为企业转型升级的必然趋势。作为全球轨道交通装备制造的领军企业，中国中车积极应对市场变迁，凭借跨界融合策略，精心构建创新生态系统，成功开辟出第二曲线创新路径，为企业的持续发展注入了澎湃动力。

自成立以来，中国中车始终深耕轨道交通装备领域，凭借卓越的研发实力与精湛的制造技术，积累了深厚的技术底蕴与市场资源。随着高铁技术的持续精进，中国中车在全球市场的竞争力不断攀升，赢得了广泛认可。然而，面对越发激烈的市场竞争环境及不断迭代的市场需求，中国中车深刻认识到，仅凭单一的高铁业务难以维系长期的可持续发展。因此，为了持续巩固竞争优势，中国中车毅然踏上了第二曲线创新的征途，积极探索跨界融合的新模式，致力于将高铁技术的先进理念与核心技术拓展至更多领域，以创新驱动业务多元化，实现企业的持续增长与繁荣。

在这一过程中，中国中车不仅注重技术的跨界应用，更致力于构建一个

开放、协同的创新生态系统，汇聚各方智慧与资源，共同推动第二曲线创新的深化与拓展，为企业的未来发展描绘出一幅更加广阔而光明的蓝图。中国中车第二曲线创新的主要阶段如下。

（一）第一曲线的深度突破——为第二曲线创新蓄力

技术积累与自主创新强化。自 1881 年起源至今，历经一个多世纪的洗礼，特别是 2015 年中国南车与中国北车战略合并后，中国中车跃升为全球轨道交通装备行业的领航者。在第一曲线的发展征途中，中国中车坚定不移地走自主创新之路，持续攻克技术难关，强化产品竞争力。从仿制起步，中国中车逐步构筑自主设计研制轨道交通装备的全面能力，从“八一号”蒸汽机车到“21 型”铁路客车，再到“巨龙号”内燃机车，每一步都为中国中车的技术积累奠定了坚实基础。步入 21 世纪，通过引进先进技术与联合设计生产，中国中车成功推出了 CHR 系列高速列车和 HXD 系列电力机车，实现了从技术追赶到并驾齐驱的历史性跨越，为第二曲线创新奠定了雄厚的技术基础。

市场需求精准捕捉与产品迭代优化。在第一曲线的突破与稳固阶段，中国中车不仅聚焦于技术创新，更深刻洞察市场需求，不断优化产品结构，提升用户体验。通过对全球轨道交通市场的深入剖析，中国中车精准把握了用户对安全、可靠、舒适、节能环保及智能化的迫切需求，并以此为导向，推动产品研发与迭代优化。例如，在高速动车组领域，中国中车成功研制出时速高达 380 公里的“和谐号”高速动车组，以及拥有自主知识产权的“复兴号”系列动车组，这些产品不仅在国内市场独占鳌头，更成功进军国际市场，成为中国高铁的金字招牌，为第二曲线创新的市场开拓奠定了坚实基础。

全球化战略深化与市场版图拓展。在第一曲线的稳固阶段，中国中车积极实施全球化战略，通过设立海外研发中心、建立海外生产基地、深化国际合作等举措，不断提升国际竞争力。同时，中国中车积极参与国际标准和规则的制定，推动中国高铁技术国际化。在这一阶段，中国中车不仅在国内市场巩固了领先地位，更在国际市场取得了辉煌成就，如成功中标土耳其伊斯坦布尔地铁车辆项目、美国波士顿地铁车辆项目等，实现了中国轨道交通装备在全球市场的广泛布局，为第二曲线创新的全球化战略实施积累了宝贵经验。

（二）跨界融合与资源整合：驱动第二曲线创新的战略路径

1. 跨界融合：探索第二曲线创新的无限可能

面对日益激烈的市场竞争和消费者需求的多元化，中国中车深刻认识到，单纯依赖轨道交通装备制造已难以满足未来的市场需求。因此，中国中车应积极寻求跨界融合的发展路径，通过与其他行业的深度合作与创新，开辟新的业务增长点，推动企业的第二曲线创新。在跨界融合的探索阶段，中国中车高度重视与金融、信息、人才等外部环境的互动。通过与金融机构的紧密合作，中国中车获得了充足的资金支持，为企业的创新发展提供了坚实的保障。同时，中国中车积极引入信息技术，推动数字化转型，提升生产效率和产品质量，打造智能化、数字化的生产体系。此外，中国中车还注重人才的培养和引进，打造了一支具备创新精神和高素质的创新团队，为企业的持续发展注入了新的活力。

2. 战略规划：明确第二曲线创新的方向与目标

在战略规划阶段，中国中车明确了企业的愿景与目标，即成为全球领先的交通与能源装备解决方案提供商。基于这一目标，中国中车对国内外市场进行了深入调研，分析了轨道交通、新能源汽车、风电装备等领域的发展趋势与潜在机遇；同时，借鉴了国内外成功案例，如特斯拉、马斯克无聊公司等，通过跨界融合实现业务创新的经验，为自身的战略规划提供有益的参考。在战略规划过程中，中国中车确定了以轨道交通装备为核心、以战略性新兴产业为主体的多元业务架构。这一架构不仅涵盖了传统的轨道交通装备业务，还拓展了风电装备、新能源客车、深海装备等新兴领域，为中国中车的第二曲线创新奠定了坚实的基础。通过这一战略规划，中国中车明确了企业的发展方向和目标，为未来的跨界融合与资源整合提供了清晰的指导。

3. 资源整合与优化配置：实现第二曲线创新的协同发展

在跨界融合的实践阶段，中国中车通过资源整合与优化配置，实现了不同业务板块的协同发展。中国中车充分利用自身在轨道交通装备制造领域的技术优势和品牌影响力，拓展相关领域的业务，如城市轨道交通、有轨电车、单轨交通等新型轨道交通装备的研发和制造；同时，积极寻求与外部企业的合作，通过并购、合资等方式，获取更多的资源和能力，推动企业的快速发展。在资源整合过程中，中国中车注重发挥不同业务板块之间的协同效应，实现资源共享和优势互补。例如，中国中车与国内外多家企业合作，共同开发智能驾驶技术、新能源汽车等领域的新产品，拓宽了业务领域，提升了在新兴市场的竞争力。这些合作不仅推动了中国中车的快速发展，还为其第二曲线创新提供了有力的支撑。

4. 创新生态系统的构建：推动第二曲线创新的持续发展

在跨界融合与资源整合的基础上，中国中车开始构建创新生态系统，为第二曲线创新提供持续的动力。创新生态系统包括技术研发平台、产业孵化平台、国际合作平台等多个方面。首先，在技术研发平台方面，中国中车设立了中车研究院和国家高速列车技术创新中心等机构，专注于轨道交通装备的前沿技术研发和创新。这些机构不仅为中国中车提供了强大的技术支持，还推动了整个行业的技术进步和产业升级。其次，在产业孵化平台方面，通过设立创业投资基金、孵化器等方式，中国中车支持内部员工和外部创业者的创新创业活动，上述孵化项目不仅为中国中车带来了新的业务增长点，还培养了更多的创新人才和团队，为中国中车的持续发展注入了新的活力。在国际合作平台方面，中国中车积极参与国际轨道交通装备行业的交流与合作，通过设立海外研发中心、参与国际标准制定等方式，推动中国高铁技术走向世界。同时，中国中车与国外企业开展联合研发、市场开拓等合作，共同推动全球轨道交通装备行业的发展和进步。通过这些国际合作与交流，中国中车不断拓宽视野和思路，为第二曲线创新提供了更多的机遇和可能。

（三）第二曲线创新的跃迁与生态体系构建

1. 第二曲线创新的深化与演进

历经跨界融合与资源整合的深度探索，中国中车成功实现了向第二曲线创新的跃迁。这一跃迁显著体现在新能源汽车、智能驾驶及智慧城市等新兴业务板块的蓬勃发展中。在这些前沿领域，中国中车凭借其深厚的技术积淀、敏锐的市场洞察力以及创新的战略思维，迅速成为行业内的佼佼者。

在新能源汽车领域，中国中车携手电池技术领域的领先企业，共同研发出高性能、长续航里程的电动汽车产品。这些产品不仅精准契合了消费者对环保、高效交通工具的迫切需求，更与中国中车致力于可持续发展的宏伟蓝图高度契合。随着电动汽车市场的蓬勃兴起，中国中车成功开辟了新的市场空间，实现了业务的快速增长与转型升级。

在智能驾驶领域，中国中车凭借其在传感器技术、控制系统及算法领域的深厚积累，成功研发出多款具备高度智能化、自主化能力的智能驾驶轨道交通车辆。这些车辆能够在复杂多变的环境中实现精准导航、智能避障及高效停靠，为公共交通领域的无人驾驶规模化应用奠定了坚实的基础。同时，中国中车将智能驾驶技术深度融入新能源汽车领域，进一步提升了车辆的智能化、自动化水平，为用户带来更加安全、便捷的出行体验。

在智慧城市领域，中国中车积极投身于城市轨道交通、智能交通系统的规划、建设与运营之中。通过提供智能化、高效化的综合解决方案，中国中车不仅为城市的交通出行、环境保护等方面作出了积极贡献，更在构建智慧城市生态体系的过程中发挥了举足轻重的作用。这些努力不仅彰显了中国中车在技术创新与产业升级方面的卓越实力，更为其实现第二曲线创新的持续跃升奠定了坚实的基础。

2. 第二曲线创新中的新业务拓展与技术生态构建

在第二曲线的跃迁与生态构建的关键阶段，中国中车不仅在传统业务领域内持续巩固其领先地位，更在新兴领域积极拓展，以创新驱动业务多元化发展。一是在智慧物流领域，中国中车通过引入自动化仓储系统与智能物流解决方案，实现了存储与配送过程的全面优化。这些创新方案不仅大幅提高了物流效率，还有效降低了物流成本，进一步增强了中国中车在供应链管理方面的竞争力，为第二曲线创新提供了有力的物流保障。二是在增值服务领域，中国中车与保险公司、金融机构等紧密合作，为用户提供定制化的保险与金融服务。这些增值服务不仅显著增强了用户黏性，还为中国中车开辟了新的收入来源，为第二曲线创新注入了新的活力。三是在风电领域，中国中车依托在高铁制动技术方面的深厚积累，成功研发出风力发电机，并将其推向市场。这一跨界创新不仅充分利用了中国中车在机械能转化电能方面的技术优势，还使其在风电装备产业链上拥有了国内最全的布局。如今，中国中车已累计交付风电整机超过 1.3 万台，风力发电机销量稳居国内首位，成为风电领域的领军企业。四是在储能领域，中国中车凭借其在电力电子、控制系统等方面的技术优势，成功研发出储能装备，并在市场上取得了显著成绩。2023 年，中国中车在储能装备领域的中标量位居国内第一，进一步巩固了其在新能源产业中的地位。五是在汽车领域，中国中车将高铁核心技术进行平移与突破，成功打造出纯电、混电两大电驱动系统集成平台，跻身我国汽车电驱动系统领域的领军企业。其中，中车时代电动汽车股份有限公司作为中国中车成立的国内第一家专业从事电动汽车研发制造的高新技术企业，2023 年新能源客车销量已位居行业第三，为中国中车在新能源汽车领域的发展奠定了坚实的基础。

在技术创新方面，中国中车持续加大研发投入，推动多项关键技术的突破与创新。依托在轨道交通领域的深厚积累，中国中车将芯片、驱动系统、控制系统、系统集成和无人驾驶等方面的先进技术转移至新能源客车、风电装备等新兴领域，实现了技术的跨界融合与创新应用。以新能源客车为例，中国中车基于全产业链覆盖优势，打造了零碳交通解决方案。零碳交通解决方案不仅显著提升了新能源客车的性能与舒适度，还有效降低了运营成本，赢得了市场的广泛认可。此外，中国中车还积极推动数字化、智能化技术的应用，通过大数据分析、云计算、物联网等技术优化生产流程，提高生产效率与质量。在数智化背景下，中国中车实现了设备互联、数据共享和智能化决策，使生产过程更加透明、高效和灵活。这些技术创新不仅提升了中国中车的核心竞争力，更为企业的第二曲线创新提供了有力的技术支撑和生态保障。

3. 第二曲线创新生态系统的深度完善与战略升级

在第二曲线的跃迁与生态全面构建阶段，中国中车致力于深度完善并战略升级创新生态系统。作为行业领军企业，中国中车充分发挥引领作用，与高校、科研院所等顶尖机构紧密携手，共同探索前沿技术，开展颠覆性创新。这些深度合作不仅显著增强了中国中车的自主创新能力，更推动了整个轨道交通及相关产业链的技术革新与协同发展，实现了产业链上下游企业的协同创新、互利共赢。同时，中国中车积极融入行业协会、产业联盟等权威组织，深度参与行业标准的制定与推广，不仅提升了自身的行业话语权与影响力，更促进了整个行业的规范化、标准化发展，为行业的健康可持续发展奠定了坚实的基础。

在创新文化的培育与传播方面，中国中车更是不遗余力。通过举办创新大赛、设立创新基金等多元化举措，中国中车成功激发了员工的创新潜能与创造力，营造了浓厚的创新氛围。同时，中国中车积极展示创新成果，分享创新经验，树立了企业鲜明的创新形象，为第二曲线创新注入了强大的文化动力。

在跨界融合与资源整合方面，中国中车更展现出了卓越的战略眼光与执行力。通过跨界合作与资源整合，中国中车成功构建了涵盖轨道交通、新能源汽车、风电装备等多个领域的创新生态系统，实现了第二曲线创新的战略突破。在这个过程中，中国中车不仅巩固了传统业务领域的领先地位，更在新兴领域开拓了新的业务增长点，为企业的持续发展与竞争力提升奠定了坚实的基础。综上所述，中国中车通过深度完善与战略升级创新生态系统，不仅提升了自身的自主创新能力与核心竞争力，更为行业的健康可持续发展贡献了重要力量，成功实现了第二曲线创新的战略目标。

（四）中国中车跨界融合实现第二曲线创新的关键要素

1. 强化技术研发与战略储备以赋能第二曲线创新

技术研发与战略储备是企业跨界融合与第二曲线创新的核心基础。中国中车深刻认识到这一点，尤其是在新能源与智能制造两大前沿领域，通过自主研发与开放合作的双轮驱动策略，积累了丰厚的核心技术资产。这些技术积淀为中国中车在新业务领域的拓展与深耕提供了坚实的支撑和无限可能，其关键驱动力细分如下。

首要驱动力——技术储备与洞察。中国中车对新能源与智能制造市场进行了深度剖析，以精准把握市场需求与技术前沿趋势。基于此，中国中车强化了在这些关键领域的技术储备，通过自主研发与携手业界伙伴联合研发，成功积累了一系列核心技术。此外，中国中车与新能源、智能制造领域的先锋企业建立了初步合作关系，共同推进了一系列创新项目，这些项目的成功实施不仅为中国中车积累了宝贵的实践经验，更为后续的第二曲线创新实践铺设了坚实的基石。

次要驱动力——技术平移与跨界创新。中国中车将轨道交通装备的深厚技术底蕴巧妙平移至风电装备领域，实现了技术的快速迭代与突破。通过自主研发与技术引进的有机结合，中国中车迅速掌握了风电装备的核心技术，并成功推出了一系列高性能风力发电机产品，展现了强大的跨界创新能力。

终极驱动力——产业链布局与生态构建。中国中车深谋远虑，积极布局风电装备产业链的上下游，精心打造了一个完整、高效的产业链生态体系。这一布局不仅显著提升了中国中车在风电装备领域的市场竞争力，更发挥了强大的产业协同效应，带动了相关产业的蓬勃发展，为第二曲线创新的持续深化与拓展提供了强有力的支撑。

2. 强化第二曲线创新合作模式与资源整合战略

在探索第二曲线创新与构建创新生态系统的过程中，深度合作模式的创新与资源整合能力的提升成为企业跨界融合与产业升级的核心驱动力。通过开创性的合作模式，企业能够与多元领域的伙伴实现优势互补，携手推进技术创新与产业革新。同时，企业强大的资源整合战略能够将内外部资源巧妙融合，为跨界融合与创新生态系统建设提供坚实支撑。以下为企业关键战略要素。

第一，构建战略联盟网络。中国中车与众多新能源及智能制造领域的领军企业携手，建立了广泛的战略联盟。这些联盟不仅促进了技术研发的深度协作与市场开拓的广度拓展，更为中国中车在新业务领域的深耕细作提供了强有力的战略支撑，加快了第二曲线创新的步伐。

第二，新业务的多元化拓展。在深度合作的坚实基础上，中国中车勇于探索，积极开辟新业务版图。在新能源领域，中国中车勇敢涉足风电装备、新能源汽车等前沿阵地；在智能制造领域，中国中车则全力推动轨道交通装备的智能化转型升级，不断拓展第二曲线的边界。

第三，技术创新的持续引领。中国中车始终将技术创新视为企业发展的核心动力，不断推陈出新，打造出一系列领先的新产品与新服务。在储能装备领域，中国中车成功研发并推出了多款高性能储能装备产品，迅速占领国内市场，展现了强大的技术创新能力与市场竞争力。

第四，产业链的深度延伸与多元化发展。中国中车凭借自身在核心技术上的深厚积累，将其广泛应用于更多领域，实现了业务的多元化布局。在汽车领域，中国中车凭借高铁核心技术的深厚底蕴，成功打造出纯电、混电两大电驱动系统集成平台，并一跃成为我国汽车电驱动系统领域的领军企业，为企业的第二曲线创新增添了浓墨重彩的一笔。

3. 第二曲线创新生态系统的构建与优化策略

构建并持续优化一个开放合作的第二曲线创新生态系统，对于企业实现持续创新至关重要。通过深化开放合作，与广泛的外部创新资源实现共享与互补，能够不断推动创新生态系统的迭代升级与发展壮大。其关键策略与要素如下。

第一，搭建多元化创新平台。中国中车积极构建多个第二曲线创新平台，涵盖技术研发平台、产业化推进平台、市场开拓平台等，这些平台的搭建为中国中车在新兴业务领域的发展提供了强有力的支撑。依托上述平台，中国中车注重高素质研发人才和创新人才的引进与培养。通过设立博士后科研工作站、与国内外知名高校深度合作等方式，中国中车成功吸引并培育了一批具备创新精神与实战能力的优秀人才，为第二曲线创新提供了人才保障。

第二，精准优化资源配置。在构建第二曲线创新生态系统的过程中，中国中车注重资源的精准配置与高效利用，将宝贵资源聚焦于关键领域与核心环节。同时，中国中车加强了内外部资源的深度整合与协同，显著提升了资源的利用效率与产出效益。

第三，跨界融合探索跨领域合作与创新。中国中车勇于探索，积极与港珠澳大桥、深中通道等重大基础设施建设项目合作，提供高性能的减振材料等创新产品与服务。同时，中国中车与互联网、云计算、大数据等前沿科技领域企业携手，共同推动轨道交通装备的智能化、数字化转型升级，为第二曲线创新开辟了新的路径。

第四，生态系统深度构建策略。通过构建完善的第二曲线创新生态系统，中国中车形成了从技术研发到产品生产，再到销售服务的完整创新链条与产业链条。在风电装备领域，中国中车构建了涵盖技术研发、生产制造、市场销售的全方位产业链生态体系；在汽车领域，中国中车则打造了从电驱动系统集成平台研发到产品生产、市场销售的完整产业链生态闭环，为第二曲线创新提供了坚实的产业基础。

4. 第二曲线创新与模式迭代升级

模式迭代与产业升级是企业实现第二曲线创新与持续发展的关键驱动力。中国中车在新能源与智能制造领域深入探索，积极寻求第二曲线创新与模式迭代升级的新路径，以推动企业的长远发展。其关键策略与成果如下。

强化自主研发与创新能力。中国中车持续加大自主研发投入，致力于提升自主创新能力。通过自主研发，中国中车在新能源与智能制造领域取得了多项核心技术突破，为第二曲线创新提供了坚实的支撑与源源不断的动力。

推动模式升级与业务重构。在持续创新的基础上，中国中车积极推动模式升级与业务重构。在新能源领域，中国中车开始探索风电装备的智能化运维与大数据应用，以数据驱动的方式提升运维效率与服务质量；在智能制造领域，中国中车则致力于推动轨道交通装备的数字化、网络化、智能化升级，打造智慧轨道交通的新生态。

产业集群构建策略。通过整合内外部资源，中国中车成功构建了轨道交通装备与清洁能源装备两大产业集群。在产业集群内，中国中车与其他企业之间形成强大的协同效应，共同推动产业升级与发展，为第二曲线创新提供了肥沃的土壤与广阔的空间。

通过跨界融合与创新生态系统的深度构建，中国中车成功实现了第二曲线创新的飞跃。在风电、储能、汽车等新兴业务领域，中国中车取得了令人瞩目的成绩：风力发电机销量稳居国内领先地位，储能装备中标量领跑国内市场，汽车减振及轻量化产品销售规模跃居全球前三。这些成绩的取得不仅为中国中车带来了新的增长点与竞争优势，更为企业的持续发展注入了强劲的动力与活力。

参考文献

［1］安文东．新质生产力背景下国有企业高质量发展的着力点和路径研究［J］．商业经济，2024（9）：128-131.

［2］陈劲．创新管理［M］．北京：清华大学出版社，2021.

［3］刘中云．以央企为核心的举国科技创新生态体系研究［J］．科教发展研究，2022（1）：44-69.

［4］刘长．第二曲线战略：开启十倍增长的定战略第一课［M］．北京：机械工业出版社，2023.

［5］刘斌，吴畅灏．上市公司第二增长曲线：通过创新思路与实践探索实现企业二次增长［M］．北京：北京大学出版社，2023.

［6］刘青山．以科技创新引领央企跨入“第二曲线”［J］．国资报告，2024（12）：1-2.

［7］刘国巍，邵云飞，李明昊．颠覆性创新视角下产业链技术共生界面整合机理研究：基于高新技术企业第二曲线“性能超越点”的解释［J］．科技进步与对策，2024，41（23）：74-85.

［8］王颖昕，纪长松，李曜．基于第二曲线创新理论的军工企业创新管理思考［J］．军民两用技术与产品，2022（6）：51-53.

［9］孙铮．基于第二曲线理论的海康威视创新生态系统发展过程［D］．北京：北京交通大学，2019.

［10］黄琰．大数据驱动的企业第二曲线创新：基于英臻科技，天合光能，车300和深圳人保的案例研究［D］．厦门：厦门大学，2021.

［11］康宇航．大型国企创新突破经验探究［J］．国资报告，2024（12）：73-76.

［12］李善友．第二曲线创新：第 2 版［M］．北京：人民邮电出版社，2021.

［13］克里斯坦森．创新者的窘境［M］．北京：中信出版社，2010.

［14］汉迪．第二曲线：跨越“S 型曲线”的二次增长［M］．北京：机械工业出版社，2017.

［15］莫里森．第二曲线［M］．北京：北京团结出版社，1997.

［16］张文魁．国企改革：路径与策略［M］．北京：中信出版社，2020.

［17］康宇航．董事会试点央企公司治理现状调查与建议［J］．中国发展观察，2019（14）：54-55，61.

［18］王石，郁亮．万科模式：从第一曲线到第二曲线［M］．北京：中信出版社，2019.

［19］黄旭．战略管理：思维与要径［M］．2 版．北京：机械工业出版社，2024.

［20］周其仁．改革的逻辑［M］．北京：中信出版社，2017.

［21］宁高宁．国企改革与创新［M］．北京：商务印书馆，2022.

［22］曾鸣．智能战略［M］．北京：中信出版社，2019.

［23］李稻葵．国企改革新思维［M］．北京：北京大学出版社，2020.

［24］金碚．论国有企业改革［M］．北京：经济管理出版社，2021.

［25］厉以宁．中国经济双重转型之路［M］．北京：中国人民大学出版社，2013.

［26］朱武祥．重构：数字化转型的逻辑［M］．北京：机械工业出版社，2022.

［27］李相银，廖月凤．中小企业跨越 S 曲线的途径研究［J］．改革与战略，2013，29（10）：39-43.

［28］康宇航．新一代人工智能赋能国企数字化转型打造高质量发展新引擎［J］．山东国资，2024（11）：92-94.

［29］康宇航．央企转制科研院所科技成果转化的经验与建议［J］．现代国企研究，2024（12）：55-59.

［30］王军．寻找中国经济发展的第二曲线［J］．清华金融评论，2019

（12）：60–64.

［31］武越洋．第二曲线理论在油气田企业中的应用［J］．上海企业，2024（3）：46–48.

［32］田野．产业链重构：寻找企业增长“第二曲线”［J］．中国石油企业，2021（6）：104–106，111.

［33］王昶，李芊．开辟增长的第二曲线：从湖南卫视到芒果 TV 的战略创业［J］．清华管理评论，2020（10）：118–125.

［34］周永亮．重构价值链，寻找第二曲线［J］．企业管理，2020（8）：6–9.

［35］郑琴琴．企业 ESG 创新：找到破局点迈向增长的第二曲线［J］．可持续发展经济导刊，2024（Z2）：34–38.

［36］张哲，阳镇，陈劲，等．国有企业数字化转型的多重模式比较：来自 50 个国有企业案例的分析［J］．科技进步与对策，2023，40（16）：1–11.

［37］金晓燕，任广乾．双循环新发展格局下国有企业数字化转型研究［J］．中州学刊，2022（5）：15–22.

［38］赵文成．中央企业培育发展战略性新兴产业思考［J］．交通企业管理，2025，40（1）：1–3.

［39］康宇航．国有企业组建创新联合体的现状及提升路径［J］．山东国资，2025（Z1）：113–115.

［40］乔梁，刘涛．数字化助推创建世界一流大型国有企业：基于汽车央企数字化转型案例研究［J］．学术交流，2023（7）：104–120.

［41］王振华，张阳，田鸣．“双循环”新发展格局下国有企业双向国际化的协同效应［J］．当代经济管理，2022，44（11）：39–45.

［42］张旭，郭义盟．中国国有企业国际化的时代背景、发展历程与世界意义［J］．理论学刊，2021（2）：79–89.

［43］刘建丽．国有企业国际化 40 年：发展历程及其制度逻辑［J］．经济与管理研究，2018，39（10）：13–30.

［44］牟宗艳．以文化融合促进国有企业国际化发展［J］．中国党政干部论坛，2019（10）：72–73.

［45］崔新生．中央企业聚焦战略性新兴产业和未来产业［J］．现代国企

研究，2024（6）：44-47.

［46］徐传谌，孔德海．中央企业国际化经营的战略定位研究［J］．厦门大学学报（哲学社会科学版），2013（1）：20-28.

［47］赵晶，刘玉洁，付珂语．大型国企发挥产业链链长职能的路径与机制：基于特高压输电工程的案例研究［J］．管理世界，2022，38（5）：221-240.

［48］吕建中．国有企业提升战略性新兴产业创新发展能力的思考［J］．北京石油管理干部学院学报，2023，30（4）：32-38.

［49］沈伯平．新质生产力发展与国有企业的使命任务［J］．红旗文稿，2024（10）：26-28.

［50］谭峰．培育战略性新兴产业的国企实践［J］．国资报告，2023（7）：25-28.

［51］周丽莎．国资央企布局战略性新兴产业和未来产业的实践路径研究［J］．现代国企研究，2024（6）：18-23.

［52］康宇航．大型国有企业创新问题现状调查［J］．国有资产管理，2020（7）：45-47.

［53］柳卸林．创新生态系统：理论、战略与实践［M］．北京：知识产权出版社，2022.

［54］杨志伟，范昊．服务经济视角下央企创新力模型构建及其实证检验［J］．中国软科学，2019（5）：151-159.

［55］杨思莹，白桦．国有企业创新质量提升的时代要求、理论逻辑与机制设计［J］．学习与探索，2024（10）：137-146.

［56］贾根良．国有企业的新使命：核心技术创新的先锋队［J］．中国人民大学学报，2023，37（2）：1-13.

［57］李波，王林丽．转型时期国有企业管理创新特征研究［J］．河南社会科学，2018，26（9）：72-76.

［58］齐平，宿柔嘉．国有企业基因重组实现创新驱动发展的机理研究［J］．经济体制改革，2017（6）：12-18.

［59］汤吉军，张壮．国有企业的创新障碍与现实选择［J］．江汉论坛，

2017（7）：5-10.

［60］李春瑜．国有企业股权激励对研发活动的影响［J］．经济与管理评论，2023，39（1）：134-149.

［61］孙哲，艾尼瓦尔．员工组织承诺与国有企业创新：员工持股计划的激励与约束双重逻辑［J］．武汉大学学报（哲学社会科学版），2024，77（6）：130-141.

［62］王媛，任嘉卉．新时期有效促进国有企业科技创新的科技人才激励机制构建：基于同步激励理论视角［J］．科技管理研究，2023，43（12）：165-175.

［63］周文斌，李宁，唐华茂．新时代人才强国战略下国有企业人才队伍建设研究［J］．企业经济，2023，42（4）：16-27.

［64］陈福中．改革开放以来国有企业改革的实践和制度创新［J］．兰州学刊，2021（1）：15-24.

［65］赵长轶，谢洪明，郭勇，等．大国重器研制的关键核心技术突破：东方电气集团 G50 重型燃气轮机纵向案例研究［J］．管理世界，2023，39（12）：20-39.

［66］贺俊，李伟，于江，等．央企作为领先用户牵引关键核心技术突破的机制与政策建议［J］．中国发展观察，2024（Z1）：131-136.

［67］陈劲，尹西明．建设新型国家创新生态系统加速国企创新发展［J］．科学学与科学技术管理，2018，39（11）：19-30.

［68］陈赟．国有企业价值创造的内容与路径［J］．国有资产管理，2023（6）：13-17.

［69］毛新述，于娜．产品市场竞争与商业类国有企业创新［J］．中央财经大学学报，2023（2）：52-62.

［70］周道洪．第二曲线的长成：来自宁德时代的启示［J］．上海国资，2023（8）：16.

［71］吴强．日本百年企业是如何打造第二曲线的？［J］．宁波经济（财经视点），2020（12）：56-57，59.

［72］王军，陈劲，刘沐洋．原创技术策源地的概念、特征与国有企业的

实现路径研究［J］. 创新科技，2023，23（11）：1-11.

［73］朱方伟，关月，杨筱恬. 使命驱动下如何勇当产业链链长：基于网络编配视角［J］. 管理评论，2024，36（11）：259-273.

［74］张玉卓. 推动国有企业在建设现代化产业体系、构建新发展格局中发挥更大作用［J］. 国有资产管理，2023（11）：4-6.

［75］于营丽，汪红，宗柳，等. 中央企业引领大中小企业融通创新现状与建议［J］. 石油科技论坛，2023，42（5）：13-20.

［76］张子欣. 市场环境下国有企业经营管理模式的创新研究［J］. 现代商业研究，2024（11）：179-181.

［77］柳卸林，常馨之. 构建市场导向的核心技术创新生态系统［J］. 科学学研究，2024，42（3）：614-623.